U0941653

文化产业研究丛书 TIYU SAISHI SHUANGBIAN SHICHANG GOUJIAN YU JINGZHENG YANJIU

体育赛事

双边市场构建与竞争研究

昝胜锋 朱文雁 著

海峡出版发行集团 THE STRAITS PUBLISHING & DISTRIBUTING GROUP | 福建人民出版社 FUJIAN PEOPLE'S PUBLISHING HOUSE

图书在版编目（CIP）数据

体育赛事双边市场构建与竞争研究/昝胜锋，朱文雁著. —福州：福建人民出版社，2014.6

（文化产业研究丛书）

ISBN 978-7-211-06902-6

Ⅰ. ①体… Ⅱ. ①昝… ②朱… Ⅲ. ①运动竞赛—体育产业—产业发展—研究—中国 Ⅳ. ①G812

中国版本图书馆CIP数据核字（2014）第043168号

体育赛事双边市场构建与竞争研究

TIYU SAISHI SHUANGBIAN SHICHANG GOUJIAN YU JINGZHENG YANJIU

作　　者：昝胜锋　朱文雁

责任编辑：江叔维

出版发行：海峡出版发行集团

福建人民出版社　　**电　　话**：0591-87533169(发行部)

网　　址：http://www.fjpph.com　　**电子邮箱**：fjpph7211@126.com

微　　博：http://weibo.com/fjpph

地　　址：福州市东水路76号　　**邮政编码**：350001

经　　销：福建新华发行（集团）有限责任公司

印　　刷：福州万达印刷有限公司

地　　址：福州市仓山区金山大道618号橘园洲工业园19号楼　　**邮政编码**：350002

开　　本：787毫米×1092毫米　1/16

印　　张：11.75

字　　数：197千字

版　　次：2014年6月第1版　　2014年6月第1次印刷

印　　数：1—2000

书　　号：ISBN 978-7-211-06902-6

定　　价：36.00元

前　言

双边市场是目前国外产业组织理论研究的热点之一，为产业组织理论研究提供了一个全新的视角。Rochet & Tirole（2004）将双边市场定义为，通过一个平台能够使最终用户相互作用，并通过合理地向每一边收费试图把双方维持在平台上的市场。

双边市场涉及两种完全不同的用户，每一类用户通过共有平台与另一类用户相互作用而获得价值（Wright，2004）。作为文化产业有机组成部分，体育赛事的产业特性恰恰符合双边市场的基本特征，其产业实质是一个由赞助商、赛事和观众组成的双边市场。也就是说，实际上赛事举办方把产品提供给了两种不同类型的购买者：把体育赛事赞助卖给了那些寻求赞助权的企业，把体育赛事活动卖给了观众。双边市场理论为体育赛事产业研究提供了有益的分析方法和考察视角。因此，笔者将立足体育赛事的双边市场特征，将体育赛事看作一个平台，研究这个平台如何提升其竞争力，即研究体育赛事市场竞争的商业模式，从而从理论层面找到并分析影响体育赛事产业发展的内在因素和关键原因，采取问题导向方法对体育赛事产业成长和市场竞争展开研究。

近年来随着姚明、刘翔、李娜等一批体育明星在国际赛场上取得优异成绩，以及北京奥运会举办和中国经济持续快速增长，奥运会、NBA 等国际知名体育赛事为我们所熟知，并在部分体育市场上形成一定程度的垄断。1992 年《加快第三产业发展的决定》正式提出发展体育产业，同年推进以足球为试点的职业化改革，1996 年国家体育总局颁布《中国体育产业发展纲要》。但是体育赛事产业改革过程中的一些现象值得我们认真思考和研究，如中国足球产业化改革的“悲喜剧”、体育产业市场规则的不健全等。中国体育赛事产业改革不仅仅是简单的制度安排问题，而是进行深入产业分析之后的一个求解过程。

本书以双边市场和网络外部性分析为主线，首先对体育赛事产业和双边市场理论进行梳理，重点分析了体育赛事产业的受众创造型双边市场；然后对体育赛事双边市场进行纵向考察，从差异化定位、市场进入、双边定价、平台互联等方面对双边市场的演进过程及影响要素进行了分析；最后探讨中国体育赛事产业发展的路径选择，并对未来的研究方向进行了展望。具体而言，本书的核心部分为第三至六章，采用的研究逻辑和主线为：以双边市场的定位、形成、巩固和扩展为主线，遵从平台竞争力由弱至强的思路展开。

本书的主要结论聚焦在以下几方面：（1）多归属条件下的体育赛事差异化。体育赛事产业的多归属特征不但包括一般意义上的市场双边的多归属，还包括运动员的多归属。必须充分重视赞助商的多归属行为和赞助偏好，满足受众心理差异感受以扩大客户基础，提高赛事知名度以满足赞助商的产品推广需要，增强赞助商对高端体育赛事的赞助偏好。（2）注重客户基培养的双边市场进入。体育赛事双边市场在召集阶段，要进行赛事产品细分，注重培养市场两边不同的消费群。以双边市场优先召集买方为例，赛事主办方一般有缩短召集阶段时间策略、降低投资成本策略、优化双边结构策略可以选择。如果双边市场采取有时间差异性的收费策略，就更能促使用户做出决策。（3）赛事不确定性下的双边市场倾斜定价。体育赛事产品受时间和空间限制，具有过程和结果的不确定性。倾斜定价对于平台企业是普遍和理性的选择。体育赛事对观众消费者一边的补贴实质是一种差异化的定价策略，能达到消除消费者空间上的差异性、增强赛事吸引力、提高消费总量的目的。（4）竞争性瓶颈下的双边市场平台互联。网络外部性特征使赛事平台间的互联互通成为平台经济的内在要求。电视传媒再现现场的动感画面，全方位地传递赛事的进展状况。电视媒体不仅带来了体育赛事的产业化，也造就了体育产业化所需要的庞大消费群体。因此可以说，体育赛事和电视媒体的平台互联是体育赛事供求平衡的保证条件。

本书在对双边市场概念、特征、市场策略进行系统分析的基础上，以双边市场理论作为研究体育赛事产业的视角。从目前已有的中外文献看，本书在研究视角选取上有一定的独特性。通过对双边市场形成、发展、完善三个阶段进行考察，实现了多维度、有时序地研究体育赛事产业，分析了赛事双边的市场特征和演化成长特征，以期全面理解体育赛事产业基本规律。本书还梳理和总结了国外体育赛事产业发展经验，探讨中国体育赛事产业的发展路径，具有一定的现实指导意义。

目　　录

第一章 绪 论

第一节 问题的提出

随着姚明、刘翔、李娜等一批体育明星在国际赛场上取得优异成绩，随着北京奥运会举办和中国经济快速增长，一些国际知名体育赛事如NBA、F1等陆续为我们所熟知并在中国火爆上演。有着中国体育产业之父美誉的魏纪中先生曾经预言：中国体育产业的加速发展不是在2008年奥运会之前，而是在2008年奥运会之后，因为奥运会后的中国拥有着硬件和软件两方面的绝对优势，2008年北京奥运会将是促进中国体育发生质变的“催化剂”。[①] 伴随着中国经济的腾飞和经济增长方式转型，作为21世纪的“朝阳产业”的体育赛事产业，还将继续改变中国体育的面貌，中国可能很快将成为世界体育的主导力量。图1.1对过去10个奥运会主办城市经济增长趋势进行简单统计，显示赛事经济的影响持续而长久。

同时，随着全球经济一体化，中国体育产业的市场化、国际化程度越来越深，企业、个人以及外来资金越来越多地涌入中国体育界，国外体育产业相关机构和企业大量进入中国，中国体育产业面临更激烈的国际竞争。在经济全球化的影响下，世界上一些著名的跨国体育赛事纷纷进入中国体育市场，并在部分体育市场上形成一定程度的垄断。国内的体育赛事将会在国内、国际市场上与国外同类企业展开更加激烈的竞争。

体育赛事产业是体育产业中最具开发优势的领域，具有产业龙头性质。目前中国有得天独厚的高水平体育竞赛资源，我们对体育赛事产业的经营也经过十多年尝试，却仍然不得要领。1992年的《加快第三产业发展的决定》正

---

① 魏纪中（北京奥组委执委、北京奥运经济研究会会长），2005年11月28日第二届体育营销国际年会。

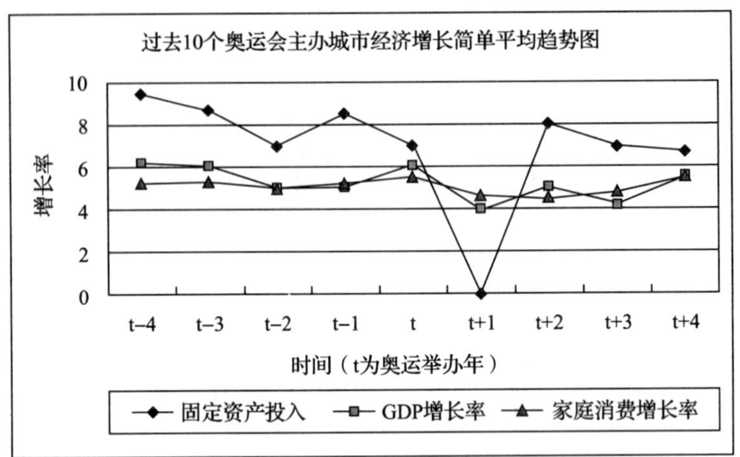

图 1.1　过去 10 个奥运会主办城市经济增长简单平均趋势图[①]

式提出发展体育产业，同年推进以足球为试点的职业化改革，1996 年国家体育总局颁布《中国体育产业发展纲要》，但中国体育赛事产业依然存在种种问题，改革过程中的一些现象值得我们认真思考：

（1）中国足球产业化改革的“悲喜剧”。在中国足球职业化改革之后，足球很快发展成为中国第一大体育项目。2001 年承办世界杯预选赛十强赛主场比赛的沈阳市，就因为中国队冲击世界杯的成功，从足球场内获得了近 2 亿元的直接收益，由此拉动的诸如旅游、餐饮等行业的收益甚至超过了 30 亿元。其后数年，由于各种复杂原因，中国足球业逐渐进入低谷，各种与足球发展不相适应的现象不断出现，联赛冠名权的起伏暗合了足球赛事产业兴衰。资料显示 1994—2007 年中国足球联赛冠名情况：1994—1998 年万宝路、1999—2002 年百事可乐、2003—2004 年西门子拒绝续约，2005 年无冠名，2006 年爱福克斯冠名合同金额为 800 万欧元、实际到账 1000 万元人民币，2007 年金威啤酒赞助 2000 万元和部分实物。2007 年后，随着国内企业如大连万达集团、广东恒大集团对中国足球产业的巨大投入，足球日益受到国内消费者的重新关注。

（2）NBA 与 CBA 收入和影响的巨大差异。在中国，2006 年 NBA 的收入大约为 5000 万美元，这也是 NBA 联盟来自海外的最大一笔收入。目前 CBA 的主要收入来源是企业赞助，各家俱乐部自身的商业开发权力仅仅限于门票

① 高华全球经济研究网站，2008-6-16。

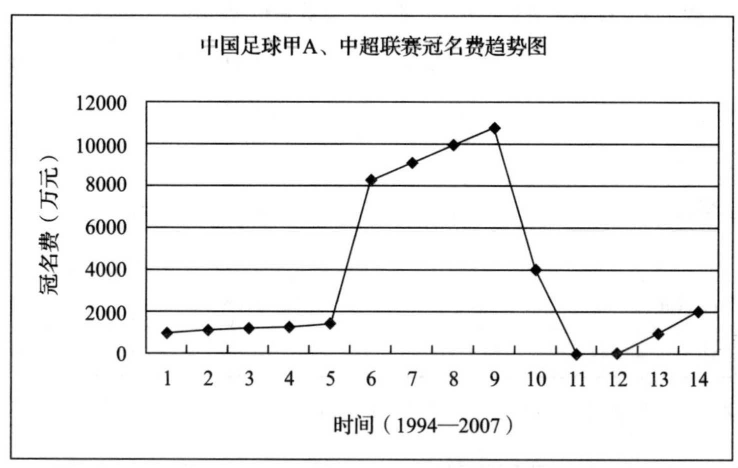

图 1.2　中国足球甲 A、中超联赛冠名费趋势图

收益以及冠名赞助。近几年，NBA 对 CBA 的商业冲击明显，国内一些一线品牌也被吸引到 NBA 赛场上。CBA 想要夺回那些流失的商业利益，简直难于上青天。

(3) 中国体育产业制度改革。改革开放后，中国体育开始了产业化的进程。体育投入渠道由单一的政府财政投入向社会开放；体育场馆由事业型向经营型转变；国家体育总局改革了体育管理体制，成立了 20 多个运动项目中心，进行产业化试点改革。经过多年的发展，产业化大部分仍停留在表面上，更多的是政府买单、国有企业买单。体育产业制度的滞后、体育市场法规的不健全、体育产业管理体制的不顺对体育产业提高竞争力、参与国际竞争形成制度上的制约。

综合来看，中国体育赛事产业存在的问题主要表现在缺乏经营高水平体育竞赛表演的专业意识、市场策略和管制措施，没有形成自己的特色赛事品牌。相比较而言，奥运会、NBA、欧洲足球锦标赛等世界上具有很大影响力的体育赛事活动，无不具备专业策划、市场定位、专业营销和制度约束的基本操作方式和手段，这是体育赛事产业取得成功的必备要素，也是其获得较高社会和经济回报的主要原因。表 1.1、图 1.3 显示了奥运会的市场开发收益以及电视转播收益，充分体现了体育赛事的巨大盈利能力。可见，必须也只有在专业化观念和意识、专业化的组织与服务能力方面有所突破，才可能实现赛事成功运营。

表 1.1　国际奥委会（IOC）市场开发收益情况（单位：亿美元）

开发项目	1993—1996 周期	1997—2000 周期	2001—2004 周期
电视转播	12.51	18.45	22.36
TOP 计划	2.79	5.79	6.03
本地赞助	5.34	6.55	7.36
门票	4.51	6.25	6.08
特许产品营销	1.15	0.66	0.81
总计	26.3	37.7	42.64

资料来源：国际奥委会 IOC2004 Marketing Fact File.

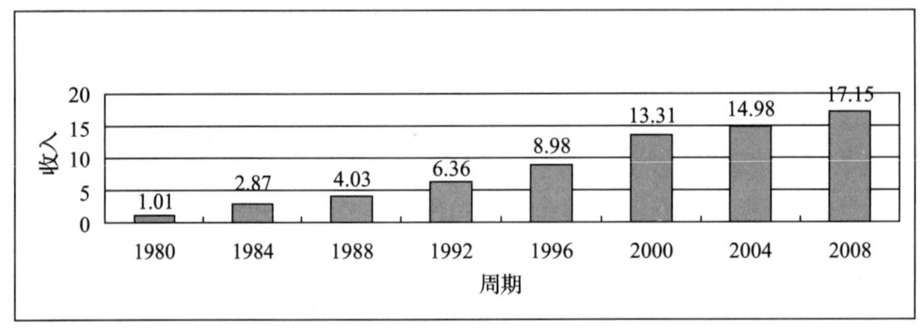

图 1.3　国际奥委会电视转播权收入（单位：亿美元）

综上所述，中国体育赛事产业发展是在对上述问题进行深入分析之后的一个求解过程，而不仅仅是简单的制度安排话题。把握体育赛事产业的基本特征，采取灵活有效的竞争策略，同时深化规制和制度改革，优化中国赛事产业组织运行，……对这一系列问题从产业组织理论角度寻找答案，比以往任何时候都更加迫切。

第二节　选题的现实意义和理论意义

研究发现，相当数量的一批产业，诸如银行卡产业、电子商务产业、传媒产业、百货零售产业、体育赛事产业中的竞争已经不再是个体公司之间的竞争，而是类似“商业生态系统”之间的对抗；这些产业虽各有特色，但却都具有某种共同的特征，即“双边市场”特征。体育赛事作为产业平台，其双边市场中不同的产品面对的是不同的消费者群体，市场两边的相互作用形成了很强的互补性，但这种外部性不会被终端用户内部化。由于平台具有独特的网络外部性，任何一方用户的参与都会影响市场中其他用户的利益，因此一边的外部性是由同一边的用户数量和另一边的用户数量来决定的。体育赛事产业的主要经济来源依靠企业赞助，以此为基础发展和提高赛事质量和水平；而那些生产体育服装、器材的企业如果不通过赛事的媒介作用，就不能被消费者所认知。因此，赞助商依靠赛事的宣传来促进产品销售，赛事举办方通过获取赞助改善财政结构进而提供更高水准的赛事活动。

关于类似体育赛事的受众创造型双边市场的研究①，开始主要集中在媒体产业，并且取得了丰硕成果。传媒市场是一类具有负外部性的由广告商、媒体和受众组成的特殊市场。通常，受众厌恶广告，过多的广告会把受众吓跑，此时双边市场将呈现负的网络外部性；与此同时，为了扩大网络外部性收益，广告商更青睐拥有更多受众的媒体，愿意在上面做广告。利用双边市场理论研究媒体产业的开创性文献，是 Anderson 和 Coate（2003）提出的广播的市场供应理论，他们据此分析可能导致该产业市场衰落的原因。根据观众损害成本、节目相互替代性和观众给广告商带来预期收益的大小，他们发现可能有太少或者太多的广告或者节目种类。他们还发现，与竞争性所有权相比，垄断所有权可能产生更高的社会剩余，社会福利会因为节目定价的能力而减少。Kind、Nilssen & Sorgard（2003）对类似问题也进行了研究并发现，在媒体平台差异化程度较低的情况下，可能会出现广告供应不足的局面，而两个频道的合并将能够提高福利。Barros 等（2004）建立了由广告资助的媒体企业的两个竞争模型，并据此分析了因特网门户网站的竞争。他们证明，如果门户网站与广告商组成垂直联盟，门户网站的总利润将提高；然而，如果门户网站是密切的替代品，不形成垂直联盟，门户网站也可能有利可图。

所以，对于媒体、体育赛事这类双边市场经济，一方面需要转换研究视角，克服传统理论和思路形成的思维定式；另一方面需要建立一个新的研究框架，综合考虑双边市场的间接网络外部性与体育赛事产业发展之间的关系，动态地考察体育赛事平台竞争与产业发展问题，这有助于我们理解并把握体育赛事产业的发展规律。

---

① Evans（2003）提出了双边市场分类，并明确了受众创造型双边市场的范围及概念。

第三节 本书的研究思路与方法

一、基本思路

本书共八章，各章的主要内容如下：

第一章，绪论。首先提出问题、阐述课题的选题背景和意义，阐述了本书的研究思路和研究方法、逻辑主线和研究架构，以及本书可能存在的创新、不足与困难。

第二章，文献综述。给出了双边市场的概念、特征、分类等基本理论，随后重点对双边市场竞争策略和竞争政策进行了理论回顾，并对体育赛事产业的相关研究进行了梳理，最后指出了现有双边市场理论与具体产业结合研究的不足，界定了本书所要研究的问题。

第三章，多归属与平台差异化研究。首先分析了双边市场的多归属特征，引进运动员多归属因素，分别从运动员多归属、观众及赞助商多归属视角阐述平台差异化策略，以及赛事平台升级策略。

第四章，双边市场进入壁垒与进入竞争研究。分析了网络外部性、客户基、消费者偏好等主要的双边市场进入壁垒因素，规范分析进入者进入体育赛事双边市场的行为，并以 NBA 进入中国市场作为案例进行了实证分析。

第五章，赛事不确定性与双边定价问题研究。分析了体育赛事定价的影响因素及其模型，论证了产品差异化和独家经营与多归属并存条件下的双边市场定价问题。

第六章，竞争性瓶颈与平台互联问题研究。首先对平台的竞争性瓶颈进行了分析，分析了同类型平台（体育赛事之间）、非同类型平台（体育赛事与媒体）的合作与竞争，并进行了平台互联有效性的实证研究。

第七章，基于双边市场理论，对中国体育赛事产业发展的对策思考。在前文理论研究的基础上，分析了中国体育赛事产业发展现状、问题及政策建议。

最后，结语。对全书内容进行总结，整理归纳出双边市场理论与具体产业属性的交融和并进，给体育赛事平台企业提供一些策略建议，最后提出了未来研究的主要方向和内容。

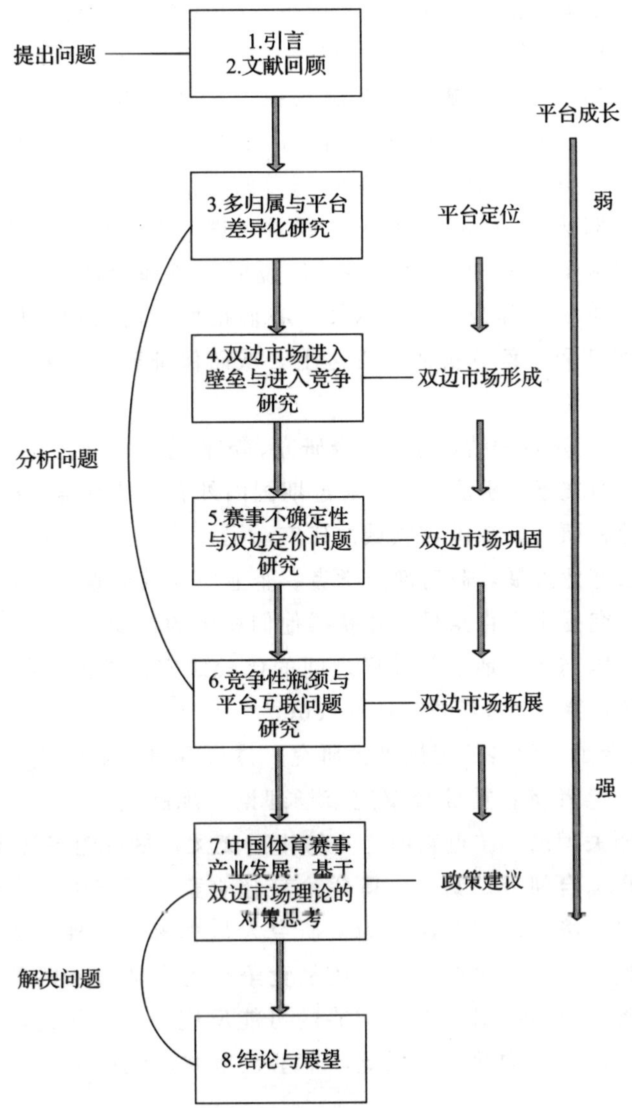

图 1.4　本书的研究架构和逻辑主线

二、研究方法

科学而先进的研究方法能为研究提供较好的支持，并有可能得出科学而又严谨的结论。学科的交融和快速发展，为我们进行理论研究提供了诸多可以使用的方法。本书使用的研究方法主要有：

（一）运用理论和实证相结合的方法进行研究。本书采用了计量经济学的方法，以期通过实证检验，发现体育赛事双边市场的本质特点。本书充分利用现代统计学和计量经济学的先进方法来处理大量可靠的体育赛事经济数据，通过对这些数据的研究分析来寻找隐藏在数据背后的事实与规律，并生成一系列图表加以直观展示。同时，因为计量经济学方法需要真实而又丰富的数据资料，部分章节采用了数理经济学的方法，通过建立数理模型，来探讨体育赛事双边市场的竞争策略。既重视理论上的提炼总结，又重视对个案的深入剖析，并通过典型案例举证说明，使理论认识更加可靠确切，以增强研究的真实性和说服力。这样，我们把所有的数理分析和定性研究建立在计量实证和案例分析的基础之上，从而保证整个研究结果的可信性和客观性。

（二）定性与定量相结合进行综合研究。定性分析方面主要采用了以下方法：第一，资料文献分析法。通过对近期国内外有关体育赛事产业发展和规制的文献的分析研究，探求该领域的研究前沿。第二，专家座谈法。就如何实现体育赛事产业发展，邀请部分学者、企业家与政府官员进行座谈，对本课题的相关研究提出中肯意见，并获得他们积极的帮助和支持。第三，比较研究法。通过国与国、地区与地区之间的比较研究，寻找它们之间的异同，加深我们对体育赛事产业特殊规律的认识。

（三）综合了多学科的理论进行研究。体育赛事产业的规制和发展问题广泛而复杂，笔者将着重综合双边市场理论、规制经济学、社会学、管理学、法学等相关理论，注重它们之间的相互交叉，尽可能多视角、多侧面、多层次地进行综合研究。其中，博弈论是企业竞争研究中一个被普遍运用的工具，许多经济现象和经济行为被研究人员理解为某种博弈问题。就企业而言，无论是体育赛事的进入，还是竞争行为和竞争战略的制定，企业都必须考虑到竞争对手对本企业战略的可能反应，只有如此，其制定的战略才有可能取得应有的效果。因此，本书在研究过程中运用了博弈论的研究方法。

第四节　本书的创新之处、不足与困难

一、本书可能的创新之处

（一）研究视角创新。本书在对双边市场概念、特征、市场策略及其规制进行系统分析的基础上，以双边市场理论作为研究体育赛事产业的视角。从

目前已有的中外文献看，本书在研究视角选取上有一定的独特性，是一项基于前沿产业组织理论的探索性研究，也是对同类研究的有益补充。

（二）理论体系创新。本书基于体育赛事的行业特征，对具体产业进行产业平台的理论阐述和应用实证，有可能完善现有双边市场理论的思想体系、理论框架，并进一步推动双边市场理论在文化产业领域的研究。

（三）逻辑框架创新。本书对体育赛事产业进行时间截面剖开，进而按双边市场形成、发展、完善三个阶段进行了考察，实现了多维度、有时序研究体育赛事产业。分析了赛事双边的市场特征和演化成长特征，从而全面理解体育赛事产业，实现了从每一个维度分析对双边市场形式的选择，在理论上及实践中具有一定的启示意义。

（四）研究方法创新。已有的体育赛事产业研究多采用定性分析和案例分析，本书采用体育产业的统计数据，进行了截面数据分析和时间序列数据检验，得到了更为精确的统计结果，是将定量实证方法应用到体育赛事产业的有益尝试。然后通过对国际体育赛事产业进行案例分析，梳理和总结了国外体育赛事产业发展经验，探讨中国体育赛事产业的改革路径，具有一定现实指导意义。

二、不足与困难

（一）体育赛事产业双边市场竞争模型的构建。文化产业、体育赛事产业与一般的产业不同，与传统双边市场研究领域（如银行卡产业、媒体产业）相比，具有独特的市场多归属、进入壁垒、赛事不确定性、竞争性瓶颈等特征，其产业竞争力体系的形成是一个动态开放、复杂多层次的过程，深入把握其产业本质具有较大难度。

（二）体育赛事产业研究隶属产业经济学研究范畴，需要大量的经验研究来验证理论模型的准确性与现实性，需要在量化分析基础上得出一些较为客观的结论。但现有数据相对缺乏和零散，国家 2008 年初才出台《体育及相关产业分类》，统计工作刚刚开始。

（三）如何借助国外成功经验和双边市场理论进一步推动本土体育赛事产业发展，需要实践和探索。如何在全球化背景下和 2008 年奥运会推动下实现体育赛事产业的传承与创新，如何充分运用中国既有的政策条件推动体育赛事双边市场平台发展，都是需要深入思考的问题。

本章阐述了本研究的背景、理论和现实意义，并在此基础上确定了本书研究的主要内容、结构框架和研究思路，最后对本书的可能创新点以及结论进行了提炼。本书针对体育赛事的产业实质引入双边市场理论，按照产业平台定位和双边市场形成、巩固、拓展的思路展开体育赛事产业平台竞争研究，以求用双边市场理论发展体育赛事产业，同时基于体育赛事的产业特点完善双边市场理论的思想框架和实践应用。本章的方法论分析是后续各章进行理论研究的前提和基础。

第二章　双边市场理论与体育赛事产业

第一节　双边市场理论研究述评

一、双边市场概念和分类

双边市场理论[①]是21世纪才引起学术界和产业界重视的，这一理论目前已经成为国外产业组织理论研究的热点之一。在学术界，一些主流经济学和管理学杂志上不断有这类研究成果发表，Tirole、Armstrong等著名学者纷纷投入到该领域的研究。继Armstrong（2004）、Caillaud & Jullien（2003）、Rochet & Tirole（2003）的开创性论文之后，出现了双边市场研究的热潮，为产业组织理论研究提供了一个全新的视角。与此同时，国内学者也对双边市场进行了研究。朱振中、吕廷杰（2005、2006）分别从企业战略、平台竞争及福利分析、反垄断问题、复杂双边市场、最终用户议价能力等方面对国外双边市场有关研究进行了分析，介绍了国外双边市场经济学研究的进展，此后国内开始关注这一领域。

与理论研究相呼应，产业界也陆续出现了有关平台型企业反竞争性行为的诉讼案例，如微软Windows操作系统的视窗捆绑案、维萨（Visa）和万事达（Master）等银行卡组织的交换费反诉讼案件。这些反竞争行为的诉讼案例深刻反映了双边市场下平台企业竞争行为的特殊性。因此，双边市场理论为审视企业竞争环境提供了新的视角；对企业竞争环境的考察，不仅可以从经典的垄断—竞争的四种市场结构去分析，还可以从市场的双边市场特征去考察。

---

① 双边市场（two-sided markets）之外，存在多边市场（Muti-sided markets），即很多平台企业面对多个边，由上游供应商与平台之间的上游市场以及平台与消费者之间的下游市场共同组成的关联市场。由于绝大部分多边市场均为双边市场，所以本书使用大多数学者的学术术语和研究思想。

目前，不论对国外还是国内学者而言，双边市场理论都是崭新的领域，仍处于探索阶段，尚未形成明确、统一的概念界定。具有代表性的几种定义是：(1) Armstrong (2004) 认为，两组参与者（最终用户）需要通过中间层或平台进行交易，而且其中一组参与者的收益取决于另一组参与者的数量，这样的市场称为双边市场。(2) Rochet & Tirole (2004) 将双边市场定义为，通过一个平台能够使最终用户相互作用，并通过合理地向每一边收费试图把双方维持在平台上的市场。同时，Rochet & Tirole 还针对双边进行定义，他们认为：假定一个平台向买方和卖方收取的单位交易费用分别为 a^B 和 a^S，通过该平台所实现的交易量 V 仅仅依靠总的价格水平 a（其中 $a=a^B+a^S$），也就是说，该平台对总的价格水平 a 在买方和卖方之间的重新分配不敏感，此时的市场就是单边；如果价格水平 a 此后不变，通过平台实现的交易量 V 随着 a^B 的变化而变化，则该市场是双边的。(3) Wright (2004) 认为，双边市场涉及两种完全不同的用户，每一类用户通过共有平台与另一类用户相互作用而获得价值。(4) Roson (2004) 认为，双边市场是能够定位销售特殊服务，允许双方（或多方）在第三方独立实体管理的平台上发生相互作用的市场。(5) Reisinger (2004) 认为，双边市场是指截然不同的两类用户通过公共平台而相互作用的市场。(6) 朱国华、李雪静 (2007) 认为，具有网络外部性的异质最终用户之间通过一个（或多个）采用多产品定价方式的平台进行交易，且该平台对交易双方的价格结构具有敏感性，这样的市场就是双边市场。

综合以上学者的观点，笔者认为，双边市场就是一种产业性平台，平台两边存在截然不同的两类用户，他们通过共有平台发生相互作用或影响而彼此获得价值。当然，要准确理解双边市场理论，必须把“双边市场”和“单边市场”区分开来。在单边市场形态中，企业的利润和交易量仅仅取决于企业向消费者所制定的价格总水平，而与价格总水平在不同消费者之间的分配比例（即价格结构）无关。Rochet & Tirole (2004) 的文章是双边市场理论的总览性（也许是奠基性）的文献，他们认为买者和卖者总要通过一个平台进行交易，但并不是说只要有平台、买者、卖者就会构成双边市场。他们首先区分了“会员外部性”(membership externality) 和“交易外部性”(usage externality)。简单地说，会员外部性指的是某边上会员的增加会提高整个平台的价值，从而会使另一边的会员也获得正的外部性；而交易外部性指的是一笔交易会使双边都获得网络外部性。表 2.1 对单边市场和双边市场进行了比较。

表 2.1　单边市场和双边市场比较

	单边市场	双边市场
定价策略	产品价格水平由生产该产品的单位边际成本决定，产品价格的变动应该反映边际成本的变化	双边价格不反映产品或服务的边际成本
倾斜定价	高于边际成本属于对消费者施加了垄断势力，低于边际成本属于掠夺性定价行为	非对称价格策略反映了双边市场特征，解决了双边用户参与问题
交叉补贴	属于不正当竞争策略性行为，应予以禁止	交叉价格补贴是由平台价格结构决定的，不属于不正当竞争行为
捆绑销售	减少了消费者的选择，损害了消费者福利和社会总福利	尽管减少了消费者选择，却有利于平衡双边用户需求，提高平台交易量，进而增加了消费者福利和社会总福利

资料来源：根据 Rochet & Tirole、Armstrong 等的研究成果整理。

Evans（2003）从实证的角度将双边市场分为以下三种类型：（1）市场制造型（market-maker）。其特点是方便双边用户的交易，能通过中介平台来提高搜索交易对象的效率和买卖双方配对成功的可能性。超市、房产中介、婚姻中介、电子商务平台等都属于这类市场（见表 2.2）。（2）受众创造型（audience-maker）。这种双边市场平台的主要职能是多吸引观众、读者和网民等参与者加入平台，这样企业才会愿意到平台上发布广告和产品信息。电视、报纸、杂志、网站、赛事等就属于这类市场平台（见表 2.3）。（3）需求协调型（demand-coordinator）。这类双边市场能帮助两边的用户通过平台来满足相互的需求。电脑操作系统、银行卡系统、移动增值业务平台等都属于这种双边市场（见表 2.4）。

表 2.2　市场制造型双边市场的实例

产业	平台	边 1	边 2	收费较少的边	平台利润主要来源
服务	房产经纪、婚姻中介、猎头公司	买方	卖方	1	销售佣金
商业	超市、卖场	消费者	商家	1	销售佣金
IT 业	电子商务平台	消费者	商家	1	销售佣金

表 2.3 受众创造型双边市场的实例

产业	平台	边 1	边 2	收费较少的边	平台利润主要来源
媒体	报纸、杂志	读者	广告商	1	广告费（约占总收入 85%）
媒体	广播、免费电视网	观众	广告商	1	广告费
媒体	门户网站	网民	广告商	1	广告费
通信	即时聊天系统	网民	广告商	1	广告费
通信	电话黄页	电话用户	广告商	1	广告费
表演	赛事	观众	赞助商	1	赞助费

表 2.4 需求协调型双边市场的实例

产业	平台	边 1	边 2	收费较少的边	平台利润主要来源
IT 业	电脑操作系统	用户	软件开发商	2	微软 67%收入来自软件销售
金融	银行卡系统	消费者	商家	1	
通信	移动增值业务平台	网民	广告商	1	2001 年美国运通 82%收入来自商家
IT 业	游戏平台	游戏玩家	游戏开发商	1	

资料来源：根据 Evans、徐晋、纪汉霖、昝胜锋等的研究成果整理。

在这三种类型的双边市场中，市场制造型双边市场使得属于不同市场方的成员能够进行交易。其他市场方的成员越多，则某市场内的成员便越看重这项业务，因为这会增加相互匹配的机会并减少寻找配对所需的时间。需求协调型双边市场制造产品和服务，这些产品和服务能引起两个或多个市场方客户之间的间接网络外部性。受众创造型双边市场的两边用户之间没有直接的交易关系，而且在很多情况下该市场类型往往和负外部性联系在一起。一般来讲，观众对于电视等平台上的广告持比较厌恶的态度，但是广告商更愿意在拥有更多受众的媒体上做广告，因为其网络外部性收益更大。因此，平台对用户收费的难度较大，平台只有将收费的重点放在企业这一边。另外，平台通常很难观察到用户和平台之间交易的次数，例如：电视台很难知道电视观众观看了多少次广告，更无法获知观众在看完广告后的交易数量，因此即使平台对用户收费，收取交易费也不是很合适，于是往往采用注册费的方式，也就是用户缴纳一定的费用后，在一定时段内可以任意使用该服务；对于企业一边，采取的收费方式则可以灵活多样。

二、双边市场经济特征及本质

(一) 双边市场的经济特征

双边市场经济介于多产品寡头垄断经济和网络经济之间，具有鲜明的特点，主要体现在：(1) 存在两组参与者之间的网络外部性，即市场间的网络外部性。自 Katz &Shapiro (1985) 开始，有大量的文献研究市场内的网络外部性问题。比如媒体产业，两个市场之间发生网络外部性，在某一特定市场上生产的产品的效用伴随着另一市场所生产产品的需求量而变化。(2) 采用多产品定价方式。中间层或平台必须同时为其提供的两种产品或服务定价。从实证和规范上看，双边市场不同于多产品的寡头垄断或垄断情况 (Rochet & Tirole，2003)。大多数多产品定价的研究文献并没有考虑不同产品消费中的外部性问题，而双边市场理论的出发点则是，一类最终用户并没有将它使用平台对其他类型用户产生的福利影响内部化 (Rochet & Tirole，2004)。

双边市场需求方面的特征主要表现在双边用户需求的互补性、交叉网络外部性以及双边用户的多归属特征行为。双边用户需求的互补性并非源于功能性互补，而是基于不同市场的用户安装基础而产生的。在双边市场中，只有在两边市场的用户同时产生了对平台厂商的需求之后，双边市场的需求才可以形成。也就是说，基于不同市场的用户安装基础产生的非功能性互补需求决定了市场需求的特殊性，即需求是来自双边市场的联合需求，缺一不可，否则厂商的需求将无法满足。

双边市场的网络外部性更倾向于交叉网络外部性，虽然每一笔市场交易都能为双边市场的需求方带来收益，但是双边市场的参与者为该项交易所支付的价格不同，并且参与者所支付的价格不能反映消费者的得与失，此时市场存在很强的交叉网络外部性。交叉网络外部性是指在双边市场中，每一边市场的用户向另一边市场的用户产生利益溢出，这种溢出的利益通常与市场规模有关。产生交叉网络外部性的主要原因是需求互补特征的存在。

多归属性并不是双边市场固有的本质特征，但其对双边市场中平台厂商的定价行为、竞争策略以及产品兼容性选择等都会产生深远影响。造成多归属行为普遍存在的原因，除了平台提供服务质量的不完全替代性，更重要的，也即用户多方持有的根本动机就是尽可能多地享受另一边用户规模带来的好处。从现有文献来看，关于标准化以及兼容性的研究文献很少涉及多归属问题。从 Katz & Shapiro (1985)、Farrell & Saloner (1985) 对网络效应、兼容性、标准化问题展开研究开始，大多数文献都假设消费者仅仅购买相互竞争的两个厂商之一的产品，即消费者仅仅购买单一产品，而且消费者从网络中获得的网络效应是无差异的、同质的。与 Katz & Shapiro 等不同，De Palma（1998）以存在网络效应的情况为前提，讨论了双方购买对厂商兼容性选择的影响。De Palma 的研究表明：在不存在消费者多归属行为时，厂商总是通过提供不同的网络规模来实现产品的垂直差异化；但是，如果存在消费者多归属行为，这种差异化会减小，这表明存在连续的对称均衡。反过来看，若是厂商选择完全兼容，那么消费者就不会多归属，此时会出现唯一的对称均衡；如若厂商选择部分兼容，那么将产生非对称均衡。同时，消费者多归属的存在将导致厂商有过度兼容的倾向，而社会福利在厂商完全不兼容的情况下实现了最大化。

双边市场平台的供给特征主要体现在：科斯定理是平台出现的必要条件（Rochet & Tirole，2003）。如果平台双边的用户，在缺少平台的情况下仍然可以进行低成本交易，那么平台是否值得存在将有待商榷。正是双边市场的用户之间由于种种原因难以达成交易的现实，促成了平台的出现，并通过平台来撮合双边用户的交易。首先，产品和服务的寄生特征决定了平台厂商始终需要围绕促进双边用户发生相互作用而进行。在这个过程中，平台通过促使两边用户基于平台发生相互作用而获得利润。从这个角度看，平台提供的产品或服务不具有独立性，提高一边市场的市场份额可以看成平台厂商服务于另一边用户的投入。其次，具有截然不同诉求的用户之间的互补性需求使得平台不能简单按照互补性多产品厂商那样行事。平台必须协调双边用户产生的过度需求和不足需求，通过价格、质量结构影响市场需求，并从中获益。再次，平台厂商提供的产品或服务具有信息产品的特征，其生产成本具有特殊结构，呈现高固定成本、低边际成本的特点。

综合双边市场需求和供给两方面，具有双边市场特征的产业呈现出三大独特性。首先，与一般的单边市场不同，其市场需求来自双边市场的联合需求，缺少任一边市场的需求，厂商的市场需求就难以形成。比如，若没有观众观赏体育赛事，那么赞助商就不会赞助体育赛事；若观赏的观众数量增多，那么赞助商就会更加踊跃；反之亦然。可见，双边市场产业呈现出著名的“鸡和蛋问题”（chicken & eggs problems）。其次，与通常所述的单边市场网络外部性不同，双边市场的网络外部性更多地表现为交叉网络外部性。第三，对于在这类市场中运作的厂商来说，不仅市场需求与价格总水平有关，而且价格结构在很大程度上影响双边市场联合需求的形成。在定价策略上，由于一边市场的定价将影响另一边市场需求，因此，厂商除了需要考虑价格总水平之外，还必须考虑总价格在双边市场的分配问题，即定价的结构问题。值得注意的是，双边市场的价格结构具有非中性的特征。所谓非中性是指，由于交易成本或者制度等原因，卖方市场的用户难以将平台运营商施加的成本完美地转嫁给买方市场的消费者。因此，厂商普遍选择倾斜的价格结构和非对称盈利模式，将市场一方作为获利一边，而另一方作为投资市场，以吸引获利市场的消费者。

（二）双边市场的本质

从理论渊源上讲，双边市场与网络外部性理论、多产品定价理论有着千丝万缕的联系（Rochet & Tirole，2005）。和网络外部性的联系体现为双边市场交易中存在没有内部化的外部性。但是双边市场的外部性又不同于一般的网络外部性，因为一般意义上的网络外部性强调具有相同特征或禀赋的交易方之间的相互依赖，而双边市场则体现出有着不同特征或禀赋的交易方之间即平台异边用户之间的相互作用，我们可以称之为间接网络外部性。和多产品定价理论有联系是指二者都关注价格结构，并且认为价格总水平比市场势力更可能对价格结构造成扭曲。不过双边市场理论和复合产品定价理论不同的是复合产品定价理论不考虑外部性。

理解双边市场，首先应从经济学中的网络效应[①]概念开始，它是指某种产品对一名用户的价值取决于使用该产品的其他用户的数量。网络外部性可分为直接网络外部性和间接网络外部性，前者是由互联需求带来的网络效应，而后者则与互补产品有关。直接网络外部性是指同一市场内消费者之间的相互依赖性，如使用同一产品的消费者可以直接增加其他消费者的效用。直接网络外部性的基础是梅特卡夫法则。间接网络外部性是指主要产生于基础产品与辅助产品之间的技术上的互补性，这导致在产品需求上的相互依赖。在具有间接网络外部性的市场上，消费者使用一种产品的价值取决于与该产品互补的产品的数量和质量，比如消费者购买硬件时会考虑与之相配套软件的流行程度和范围，从而形成市场的外部影响。Katz & Shpiro（1985）认为，客户安装基础是网络外部性的作用源泉。当安装基础达到临界容量时，就能通过正反馈循环形成网络外部性。Shankar & Bayus（2003）将网络外部性的影响因素概括为网络规模和网络强度两类，前者相当于客户安装基础，后者

---

① 公认最早对网络效应现象进行分析的经济学家是罗尔夫斯（J. Rohlfs，1974），网络效应被定义为一个用户消费一种产品所获得的效用随着使用该产品的用户人数而增加（Katz and Shapiro，1985）。

指网络规模每增加一单位对需求产生的边际影响。可以看出，网络外部性表现为边际报酬递增，是产生于需求方的一种规模经济（Economides，1996）。当网络规模没有达到临界点时，市场会萎缩甚至为零；但一旦超过，市场就会表现出很强的网络外部性。网络外部性引发的正反馈效应将淘汰规模较小的厂商，并使市场竞争度提高（Katz & Shpiro，1985）。

公认的最早论述外部性问题的学者可以追溯到马歇尔。他在1890年出版的《经济学原理》第四篇中提出了“外部经济”这一术语。其外部经济概念是指经济中外在于企业的因素的变化对企业的有利影响，如知识增加、技术进步等促进单个企业的成本下降等。这种影响对产业而言是内在的，但对企业来讲是外在的。庇古继承了“外部经济”的这一提法，并且补充了“外部不经济”概念，提出了较为完整的外部性理论。主流的观点倾向于从市场主体中消费者角度来认识网络外部性，将其定义为：当一种产品对用户的价值随着采用相同产品或可兼容产品的用户增多而增大时，就出现了网络外部性；也就是说，由于用户数量的增加，在网络外部性的作用下，原有用户免费得到了产品中所蕴含的新增价值。主流的网络外部性文献，用网络外部性特指一种正的消费外部性，通常也称为网络效应或需求方规模经济。网络外部性可看作网络规模扩大过程中的一种产生于市场需求的规模经济，是一种需求方规模经济。需求方规模经济致使某一特定产品的用户越多则该产品所具有的价值越大，并且将吸引更多的用户加入该网络，形成网络扩张的正反馈效应。正是通过正反馈效应，双边市场迅速扩大，市场占有额急剧提高，市场垄断性不断增强，甚至形成独家垄断格局，表现为一家公司支配或主宰整个市场。网络效应比较强的市场，即使不是独家垄断也多为寡占型市场，并且该市场上企业的市场份额和利润水平相差较大。

与一般意义上的网络外部性不同的是，双边市场具有独特的网络外部性，任何一方用户的参与都会影响市场中其他用户的利益。在双边市场平台中，可以将网络外部性作为一个特别的属性来进行研究，因为它与传统的微观经济学中的多产品垄断或寡头垄断有着很大的区别：在传统的多产品垄断和寡头垄断情形下，所有平台面向的是同一个消费者群体，因此不同产品之间的外部性最终会被终端用户内部化；而平台中不同的产品面对的是不同的消费者群体，市场两边的相互作用形成了很强的互补性，但这种外部性不会被终端用户内部化。正是由于这种特殊性，外部性是双边市场平台一个重要的特征和研究方向。

网络外部性是双边市场存在的基础，网络外部性参数也是影响双边市场竞争结构的重要因素。网络外部性越强，即网络外部性参数越大，平台两边价格的不对称性也就越强烈。在强网络外部性的条件下，平台的一边可能会出现负价格。如在信息技术系统中，产品对消费者的使用价值往往取决于它与其他产品互补或兼容的程度；具有互补性的商品或服务具有生产或消费的外部性，一方的行为会影响其他方的效用（Schmidt & Werle，1998）。当每个用户从其他用户使用同样的技术产品受益时，在需求方面就产生了直接网络外部性。由于网络外部性，产品成本和价值可能取决于其他已经使用或安装并构成网络的用户的数量。当一个产品对于消费者的使用价值取决于其他消费者的消费选择，尤其是取决于有多少人消费这种产品时，或者当一个商品对用户越是有价值，就有越多的用户采用同样或兼容产品时，就产生了正的网络外部性（Tirole，1988）。消费者对一个产品的需求会随此产品用户的数量增加而递增，这种正反馈是包括体育赛事在内的双边市场的共同特征。

三、双边市场竞争研究综述

平台竞争是双边市场理论研究的核心问题。由于市场两边的需求具有相互依赖性，平台企业需要解决鸡、蛋相生问题。近年来，许多研究工作已涉及与双边市场平台竞争相关的多种问题，而且考虑了关于时序、定价工具和外部性等的假设变量。在现实世界中，双边市场以多种表现形式存在着，像媒体、中介业和支付卡系统等许多传统产业都是典型的双边市场。随着信息通信技术的迅速发展与广泛应用，B2B/B2C电子市场、门户网站等多种新型的双边市场形式陆续涌现。平台两边之间的正反馈作用以及平台必须在两边都获得成功这一因素使得双边市场的进入非常困难，因为企业必须解决相当复杂的商业模式问题。

研究双边市场理论的文献，最初集中在媒体产业，而体育赛事产业具有类似的市场特征。这种双边市场平台的主要职能是多吸引观众、读者和网民等参与者加入平台，这样企业才会愿意到平台上发布广告和产品信息。Ulrich Kaiser & Julian Wright（2005）建立了关于杂志读者和广告之间双边市场的一个简单豪泰林（Hotelling）竞争模型，发现了杂志具有双边市场特点的某些证据，调查结果证明双边市场具有倾斜价格结构：读者一边受到杂志的价格补贴而杂志一边从广告商身上获取利润。Jean J. Gabszewicz、Didier Laussel & Nathalie Sonnac（2006）建立了在报纸和广告之间的双边市场竞争模型，考察了广告频率依赖于读者数量会影响平台提供的内容，发现最终的均衡是一个杂志阻止了另一家的进入，并且垄断了出版和广告市场；认为报纸广告频率依赖于读者数量是因为，读者群越多广告商越认为其产品会有更多的曝光；认为媒体可以在广告费之外获取经济收入，如税收优惠、政府补贴、转移支付等，从而减少对广告商的依赖及其信息的利益偏好。

我们按照双边平台定位、双边市场形成、双边市场巩固、双边市场拓展的思路，即平台差异化定位→双边市场进入→双边市场定价→双边市场平台互联→双边市场规制，对国外有关文献进行回顾评述：

双边平台可以实施差异化战略。一般说来，双边市场差异化并不会产生性质上不同于传统市场上 Hotelling 双寡头垄断模型的效应；如果没有差异化，那么特殊类型的 Betrand 价格战将出现，将导致竞争性平台的利润消失殆尽。然而，与一般模型根本不同的是，均衡价格通常与边际成本不一致。这是由于，非合作博弈的结果是在非负利润的约束下使消费者效用最大化（Roson，2004）。Hagiu（2005）以电子游戏平台和计算机软件平台为例分析了用户的产品多样性偏好对平台竞争策略的影响，结论表明，产品开发商的市场势力以及用户的产品多样性偏好会对平台的策略产生重要影响：当开发商在市场上处于强势时，平台将从开发商一边获得主要收入，反之则从用户一边获得主要收入；当用户的产品多样性偏好处于较高水平时，平台侧重于从产品供给方这边获得收入。目前关于差异化战略的研究相对还比较少，值得关注。

对于刚刚进入双边市场的平台企业，必须想方设法把双方“拉”到平台上。因为双边市场的重要特征就是拥有买方和卖方两类用户，如果一类用户消失，另一边用户也不能获得任何使用价值，即一边用户数量影响另一边用户的直接网络外部性。双边市场在双边客户召集阶段必须解决平台买方和卖方网络规模互相牵制的问题。如果按照稳定发展阶段的均衡模型，卖方会因为网络规模过小而无法进入稳定发展的大网络规模模型，摇摆在零均衡点附近，而买方也有这样的情况。在双边市场进入战略中，投资和定价方式是两种重要的战略。定价方式是通过免费服务甚至对接受服务者给予回报，促使市场一边消费者达到临界数量。投资方式是通过在市场一边投资来降低该边消费者参与市场的成本。微软就是一个典型案例，微软对应用软件开发者进行投资，以使他们更容易利用微软操作系统来开发新软件（Evans，2003）。在垄断格局形成之后，竞争平台为了进入市场争夺用户，也必须对一边的用户进行补贴，并且通过对另一边设定高价或排他措施来补偿对这一边用户提供补贴所造成的亏损，这即双边市场理论中著名的“分头征服”策略（divide conquer）。可见，平台垄断的均衡是不稳定的，主导平台如果要想阻止竞争平台进入市场，那么也必须对用户进行补贴。

因此，投资和定价策略是建立双边市场的关键因素。双边发展初期放弃盈利，在一边进行投资以降低消费者参与的成本，这可以鼓励收益的集团和非收益的集团的参与。这一阶段以网络规模作为主要目标，平台的投资强度必须能够支持双边市场度过这一时期。定价策略则是为获取市场某一方的大量客户，通过低价或者免费甚至补贴的形式提高用户的利润，鼓励了受益一方参与平台的积极性，利用需求的价格弹性换取客户基扩大，以达到建立大网络均衡所需要的用户数量。Caillaud & Jullien（2003）把这样的策略称为“各个击破”，通过这样的进入方式，双边市场能够培养一方或者双方的客户，以推动平台获得全面的成功，同时也可以削弱竞争对手的平台。进入者可以观察和学习在位企业的商业模式。例如美国运通公司 1958 年在进入收费卡市场时，可以观察和学习 1950 年 Diners Club 采用的商业模式。在一个需求和供给上均存在潜在的范围经济的市场中，市场进入并不能确保阻止在位企业实现风险调整后的超过竞争水平的回报率。成功的平台企业，如微软、雅虎等，在投资扩大规模之前，都会花时间测试和调整平台以增加流动性。这些企业先在小型市场试运行，反复试验并找到值得投资的适当技术与设施。也就是说，这些成功的平台企业都采取了循序渐进的市场进入策略，经过一段时间再逐渐扩大规模。

在具有网络外部性的平台市场上，平台将会为双边制定进入的价格，使双方能够选择进入对方的最佳角度。然而，这并非易事，因为平台如果想获得利润，就必须收取一定的进入费用。此外，发展双边市场的潜在条件是，一边的消费者只有在另外一边的消费者愿意转换到新平台时才愿意转换。这种情况与网络外部性条件下的锁定效应一样——消费者不愿意转换到新的网络，因为不愿意失去在原有网络下的网络外部性收益，除非其他人愿意转网。与传统网络效应经济理论不同，没有证据表明可以通过迅速占据市场份额达到控制双边市场的目的。许多较早进入市场的平台企业最终都不能保持在产业内的领先地位，如银行卡业的 Diners Club、电脑业的苹果公司、网上交易门户 Onsale 网站等。①

当各市场间存在显著的交叉网络外部性时，通过选择多平台接入，市场参与者会最大化网络外部性收益，平台企业通过捆绑销售策略会招致更多的

① 产业内的领先地位，Diners Club 公司被运通取代，苹果公司被 IBM 公司取代，Onsale 被 ebay 取代。

消费者多平台接入。Rochet & Tirole（2003）讨论了信用卡产业中的“受理所有卡（HAC）规则”——一种特殊的捆绑销售策略——的福利效应。他们指出HAC规则能够产生显著的“二次协调效应”（rebalancing effect）：该捆绑销售规则能够调整各市场间的价格结构并促进双边的互动参与程度，最终达到增加平台上的交易量的效果。Amelio & Jullien（2007）的研究也得出了相似的结论：当捆绑销售产生的交叉补贴足够大时，双寡头市场结构下的平台企业就可以从该策略中获益。不过上述研究都没能确切给出双边市场环境下捆绑销售策略的福利效应结论。

在双边市场的竞争政策和规制问题上，双边市场反垄断程序面临特殊的困难，在某些情形下它可能产生错误的结论。大多数反垄断方法的错误意义的共同特征是，缺乏对双边市场典型性质特别是子市场上代理人决策的相互依赖的理解（Roson，2005）。通常反垄断法律所禁止的搭售在双边市场背景下也可能需要新的解释。Rochet & Tirole（2003）分析了支付卡产业中搭售的成本与收益，认为从平台和从社会福利的观点看，通过搭售两个市场上销售的产品，多市场平台能够实现更好的价格权衡，因为平台变得不易遭受竞争性压力的攻击。Jullien（2004）指出，市场的双边属性容易导致协调失败，而搭售可能有助于解决这一问题；在基于代理人预期的双边市场均衡时，搭售能够作为可信的扩大网络规模的手段。Rochet & Tirole（2003）以非技术的方式研究了支付卡系统中交换费的决定因素和对规制的潜在要求。他们反对现行支付计划中的政策干预，指出基于成本的个别价格管制对于其他双边市场的不正当意义。

学习并借鉴国外的双边市场理论，国内学者进行了大量的相关研究。[①] 纪汉霖、管锡展（2006、2007）主要研究了网络外部性条件下的双边市场定价问题，认为平台需要面对市场的两边，其收入为两边的注册费收入以及与平台交易量有关的交易收费之和，两边之间存在显著的网络外部性；研究了服务质量差异化条件下的双边市场定价策略，发现垄断平台先提供高质量后提供低质量服务时，高质量服务定价最高，并且平台利润相对于平台同时提供质量差异服务时要高；在一个提供高质量服务的平台和一个提供低质量服务的平台的竞争中，高服务质量平台倾向于提高服务质量，而在一定条件下低质量服务平台愿意将服务质量维持在一个比较低的水平上。纪汉霖、王小芳

① 国内最早的文献始于朱振中、吕廷杰，他们相继在《中国工业经济》2004年第9期、《经济问题探索》2005年第7期、《经济学动态》2006年第2期介绍了国外双边市场研究的进展。

(2007）从平台间互联接入费的视角研究了对称和非对称平台互联，研究表明：平台互联互通能够提高平台的利润和社会福利；非对称平台互联时，平台互联会抵消强势平台的用户规模优势。

岳中刚（2006）对双边市场定价策略进行了研究，研究表明：双边市场的定价策略与单边市场迥然不同，双边用户的价格结构并不反映其成本结构，双边外部性的不对称使得交易平台对外部性较强的一边制定的价格可能低于其边际成本，甚至免费吸引该边用户以培育客户基础。因此，对双边市场价格结构的规制政策和措施都必须优先考虑如何使更多的用户参与到平台的交易中来，使平台的交易量最大化。程贵孙、陈宏民、孙武军（2006）研究了双边市场中平台企业的行为，通过对比单边市场和双边市场，发现平台企业的垄断定价、掠夺性定价、交叉补贴、捆绑销售等行为有着不同特点和性质，平台企业的定价等策略必须关注如何使双边用户参与到平台中来，并合理地平衡双边用户的利益。程贵孙、孙武军（2006、2007）以及王学斌、赵波、寇宗来、石磊（2006）分别研究了双边市场中的银行卡理论进展、运作机制及产业规制问题。对于平台经济这个新经济时代最重要的产业组织形式，徐晋、张翔建（2006）首次给出了平台经济学的定义，并对平台产业涉及的表现与特征、多归属行为、分类与业务模式等问题进行了分析，同时分析了平台的定价机制与管制能力。但目前的研究仅仅处于定性描述与静态建模阶段，缺乏更为贴近现实的动态建模，也没有相关的实证研究。

胥莉、陈宏民（2006）通过对银行卡定价理论以及国外 POS 交易价格的研究，发现银行卡产业具有的双边市场特征和网络外部性特征使得银行卡 POS 交易的价格是成本、竞争、双边需求等多种因素的综合反映；就中国银行卡产业发展现状而言，中国银行卡 POS 交易定价应该与国际接轨，由现有的单一定价模式转变为三级差别定价和二级差别定价相结合的差别定价模式。胥莉、陈宏民、潘小军（2006）研究表明在非对称双边市场中：消费者多方持有行为是影响厂商定价策略和厂商兼容性选择的关键因素，消费者多方持有行为的存在将导致厂商定价偏高，厂商倾向选择不兼容策略；虽然消费者多方持有行为会使得消费者剩余有所提高，但厂商之间实现兼容之后，消费者获利更多，社会福利将得到更大改善。

同时，部分学者运用双边市场理论对文化产业进行分析。刘海霞等（2007）探讨了双边市场理论在开放存取期刊质量评价研究中的应用，提供了期刊质量的一个简单模型，研究了利润最大化期刊和非盈利期刊的最佳费用结构，以及均衡状态下采用开放存取模式的条件；发现在不考虑其他参数的情况下对利润最大化期刊来说，低质量期刊比高质量期刊更愿意开放存取。罗钢、黄丽华（2007）研究了网络外部性条件下的电子商务平台双边定价策略，发现在稳步发展阶段，电子商务平台存在着一个最优卖方网络规模和一个最优定价水平；平台运营商可通过改变平台服务种类和质量，调整网络外部性强度，控制平台中卖方的产品互补和价格竞争状况；可以改变平台中卖方的网络规模，进而改变电子商务平台的网络规模和收益。郭成彦、胡汉辉（2007）将双边市场理论运用于数字电视市场研究，分别从数字电视定价策略及产品服务差异化两方面进行分析。表 2.5 综合了国内外部分学者基于双边市场理论对文化产业的实证研究。

表 2.5　文化产业双边市场实证研究部分相关文献

作者	年份	考察对象	研究方法	主要结论
John. M. Gallaugher, etc	2002	软件产业	实证研究	基于价格得来的市场份额是显著的；市场行为可以俘获市场应用份额，因此免费产品开始进入市场。
Ulrich Kaiser，etc	2006	杂志市场	实证研究	读者获得了价格补贴，杂志从广告商处获取利润
Jean J. Gabszewicz, etc	2006	媒体和广告市场	实证研究	依靠读者规模的广告速率影响媒体的内容和多样性
Martin Peitz，etc	2007	付费和免费电视	实证研究	免费电视倾向于提供更少差异的内容，付费电视追求最大化差异
朱振中，吕廷杰	2007	媒体市场	案例研究	媒体差异化程度大时，组建垂直联盟是最佳选择；如果是密切的替代品，保持独立达到纳什均衡
刘海霞等	2008	期刊市场	案例研究	对利润最大化的期刊来说，低质量期刊比高质量期刊更愿意开放存取
龚亮	2008	B2B 电子商务平台	案例分析	平台对双方收取的注册费是受任意一方各种参数影响的

续表

作者	年份	考察对象	研究方法	主要结论
郭成彦，胡汉辉	2008	数字电视产业	案例分析	改革经营主体，创新定价方式，纵向整合进行内容控制
姚乐泉	2008	游戏机产业	案例分析	平台多重注册，是因为较大的间接网络效应和较小的运输成本
崔文杰	2008	动漫产业	案例分析	扩大动漫节影响，建立主题公园促进产业联动
昝胜锋，顾江，郭新茹	2008	体育赛事产业	案例分析	要注重培养和挖掘潜在观众群，通过低票价吸引观众参与以提高客户基，进而吸引企业赞助推动赛事发展
昝胜锋，顾江，梁君	2008	体育赛事产业	案例分析	进行赛事产品细分，注重培养市场两边不同的消费群，使高价格倾斜到赛事赞助商一边

第二节　体育赛事产业研究述评

一、体育产业内涵和外延研究

关于体育产业内涵和外延的问题，是近年来国内学者研讨较多也较为充分的一个领域。总体上看，代表性的学术观点主要有：

其一，体育产业就是体育服务业（张岩，1998）。这种观点认为，体育产业指的是以活劳动的形式向全社会提供各类体育服务的行业，由此把体育产业分为竞赛表演业、健身娱乐业、咨询培训业、体育经纪业、体育旅游业、体育博彩业等，严格地把体育产业界定在体育运动本身能够向社会提供的服务的范围内。其二，体育产业就是与体育运动有关的一切生产经营活动（Meek，1997）。这种观点认为体育产业的本质是体育运动中蕴含的经济价值，体育产业是向全社会提供各类体育物质产品和服务、满足人的多样化体育消费需求的行业，由体育物质产品的生产和经营、体育服务产品的生产和经营两个部分组成，还包括体育服装、体育器材、体育食品、体育饮料的生产和经营。这一观点也被称为广义体育产业。其三，体育产业是体育事业中可盈利的那一部分（梁晓龙，1998）。这种观点认为体育产业就是指体育事业中既可以进入市场又可以盈利的那一部分。这是一种从经营经济学和市场营销学的角度对体育产业的界定。持这一观点的尽管人数不多，但基本上都是实际从事体育产业开发的人士。其四，体育产业就是社会主义市场经济体制下运行的体育事业（鲍明晓，2000）。这种观点认为体育产业是体育事业由传统的计划经济体制转到社会主义市场经济体制下的称谓，体育产业就是生产和经营体育商品的企业集合体；体育商品既包括物质化商品，也包括服务性商品；认为体育产业发展具有较强的经济拉动和辐射作用，正外溢效应明显。（如图 2.1 所示）

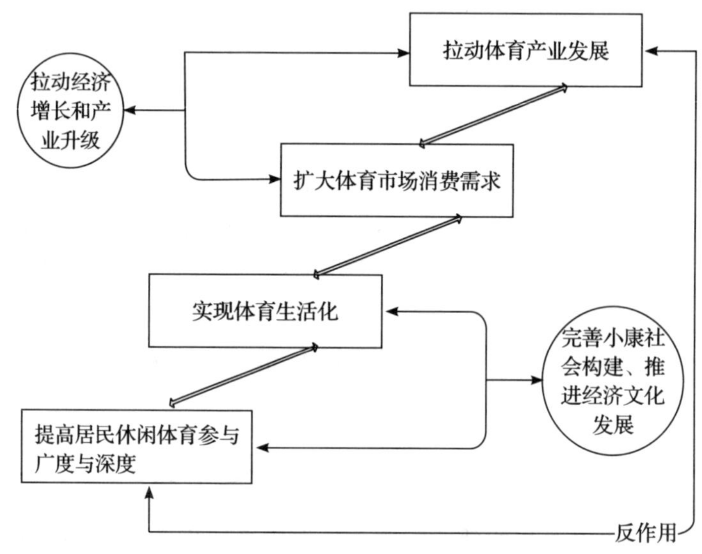

图 2.1　体育产业发展及其正外溢效应

中国政府体育主管部门倾向于第二种观点。国家体育总局在 1996 年《体育产业发展纲要》中，把体育产业划分为三类：第一类为体育主体产业，指发挥体育自身价值和功能的以提供体育服务为主的体育产业经营活动，如竞技表演、群众体育、体育教育科技、体育彩票和体育赞助等；第二类为体育相关产业，指与体育相关的其他产业的生产经营活动，如体育场地、器材服装、食品饮料、广告和传媒的生产和经营；第三类为体办产业，指体育部门为创收和补助体育事业发展而开展的体育主体产业以外的各类生产经营活动。

2008年6月，国家统计局和国家体育总局正式颁布了《体育及相关产业分类（试行）》①，结合国内外体育产业实践和理论的经验，从统计工作的角度出发，将体育及相关产业的概念界定为：为社会公众提供体育服务和产品的活动，以及与这些活动有关联的活动的集合。表2.6显示了不同时期奥运会举办城市的主要社会或经济目标，从中可见人们对体育活动作用和价值的认识的变迁。

表2.6　1984—2004年历届奥运会主办目标

奥运会主办国	主办目标
1984年美国	主要是将奥运会本身举办好
1988年韩国	汉城奥运会是韩国对外开放战略的核心组成，借此展示韩国在世界政治和经济体系中民主、开放的新定位和形象
1992年西班牙	促进卡特鲁尼亚地区经济复兴和实现巴塞罗那城市更新
1996年美国	为本地区增加新的商务活动，如大型节庆（会展、运动会）和吸引企业进驻亚特兰大
2000年澳大利亚	促进国际旅游产业发展和吸引区域性（亚太地区）服务活动，提高悉尼作为国际都市的地位和吸引力
2004年希腊	将雅典再造为现代化城市和促进旅游产业发展

二、体育赛事产品与特征分析

现代体育赛事起源于人类的祭祀活动，时间可以追溯到公元前3000年的古埃及。古埃及、中国、古希腊的早期文化反映出对组织体育运动的重视，这从根本上影响了现代体育产业的存在方式，而层次不同、规模不同、范围不同的体育赛事便是其中重要的组成部分。体育赛事亦称体育竞赛、体育比赛或竞赛表演，体育赛事产业也称为体育竞赛表演产业（陈云开，2003）。体育赛事是一种提供竞赛产品和相关服务产品的特殊事件，其规模和形式受竞赛规则、传统习俗和多种因素的制约，具有项目管理特征、组织文化背景和市场潜力，能够迎合不同参与体分享经历的需求，达到多种目的与目标，对

① 2008年6月18日颁布的《体育及相关产业分类（试行）》，是迄今为止我国体育行业首个具有约束力的国家统计标准，也是继旅游、文化和海洋等产业后，第三产业部门出台的又一个重要国家统计标准。

社会和文化、自然和环境、政治和经济、旅游和休闲等多个领域发生冲击与影响，能够产生显著的社会效益、经济效益和综合效益（王守恒、叶庆晖，2005）。

体育赛事具有显著和独特的娱乐特点，即赛事产品质量的不确定性，体现在体育赛事过程和结果的不确定性。体育赛事的本质属性来源于体育的本质特征、竞赛的本质特征和事件的本质特征。体育的本质特征是人体运动，竞赛的本质特征是以比较为手段的参赛者的公开排名；事件的本质特征是一次性的完胜的活动，一次性是指体育赛事具有不可重复性。管理学研究表明，在不确定的情形下，市场中有各种可能的变化，产品或者环境可以被设计。赛事产品过程和结果的不确定性是体育赛事的本质属性，也是体育赛事的魅力所在。普通的工业产品、农业产品以及部分服务业产品的生产只要原材料、生产设备、生产工作条件相同，生产出来的产品一般是标准的。但世界上没有两个相同的赛事。不同的气候条件、不同的场地设备、运动员的不同组合、运动员的不同发挥，使得体育赛事总是常赛常新。正是体育赛事的不确定性使得粉丝们能尾随于同一支运动队东奔西走而乐此不疲，成为“铁杆”支持者。体育赛事的这一特点非常重要，这是引发体育旅游、给赛事举办地带来收入的关键所在。体育赛事质量的不确定性主要体现在生产与消费的同时性、极强的时效性、过程不可复制的唯一性、结果的不确定性。体育赛事具有较强的悬念性，竞技者在规则内任意发挥，因此比赛过程和结果都有不确定性，使观众产生悬念，从而提高了观众的兴趣。同时，这也给博彩提供了条件，甚至会出现因赌球而人为控制比赛的不健康现象，使体育赛事的质量更加不确定。

体育赛事利润点源自体育赛事的市场开发，也就是体育赛事运作管理机构立足于赛事所拥有的各种资源，通过市场交换行为，尽一切可能增加赛事收入的过程（刘清早，2006）。赛事利润点是指赛事运营组织可以从中获取赛事利润的产品或服务，好的利润点一要针对客户的需求偏好、二要为构成赛事利润源的客户创造价值、三要为赛事本身创造价值。表 2.7、表 2.8 显示了体育赛事作为经济活动的利润源及其实现方式。

表 2.7 体育赛事的利润源

	主要利润源	辅助利润源	潜在利润源
国外体育赛事	电视机构、赞助企业、观众	政府、传媒	欲进入企业、意向观众
国内体育赛事	赞助企业	政府、电视机构、观众	客户开发

表 2.8　体育赛事主要利润点及其实现方式

利润点	实现方式	利润源（客户或消费者）
现场体验的机会	出售门票	现场观众
体育赛事的传播功能	商业赞助等	赞助企业
体育赛事现场影像产品	电视转播权、网络直播权出售等	电视机构、网络媒体
知识产权商品	纪念品、工艺品、玩具等	大众
围绕观众的消费能力所产生的可能收益机会	赛场内的招商、相应活动商业赞助等	相关企业
赛事信息资源出售	赛事报道权	媒体
丰富比赛体验的相关服务以及相应的服务体验	提供食品、饮品、停车服务等	现场观众
赛事空间销售	赛场空间、印刷品空间、网络空间等	进入企业

体育赛事产业的一个主要特征是：依靠企业赞助获取主要经济收入，并在此基础上发展和提高赛事质量和水平（昝胜锋等，2008）。那些生产体育服装、器材的企业如果不通过这些赛事的媒介作用，就不能被消费者所认知。体育赞助就是企业以体育为媒介，以开拓市场和与公众交流为目的的市场营销活动，是赞助双方的资源交换过程（刘文董、张林，2004）。王红（2003）指出，体育赞助的发展对市场环境条件有绝对的依赖，体育赞助在质和量两方面能深刻反映体育产业所处的市场环境质量；因此，赞助商依靠赛事的宣传来促进产品销售，赛事举办方通过获取赞助改善财政结构进而提供更高水准的赛事活动。刘克（2006）认为，赛事质量问题可以用赛事相关主体投入产出模型来表示，只有达到五方（赞助商、被赞助方、运动员、传媒机构和目标受众）共赢，这样的赛事质量才可以认为是好的，公司才可以考虑进行赞助。

体育赞助的兴起经历了如下过程：1. 由于电视的多频道化以及电视台和杂志的剧增，企业宣传的数量也在剧增，有效地向特定消费者传递特别的信息变得越来越困难。2. 随着有线电视进一步多频道化，每个节目的观众逐渐减少，电视广告的宣传费用也上升了。3. 由于彩电的普及和多频道化，体育

表 2.9 体育赞助的计划层次

赞助策略	赞助目的	赞助权益	赞助周期
战略性	树立形象；发展机会；培养忠诚；提高凝聚力	争取众享权；使用标示标牌；获得相应名称	长期
战术性	摆脱竞争对手；获得公益宣传；改善商业关系；联系公众感情	争取共享权；提供产品和服务；进行产品试验	中期
操作性	控制广告成本；增加销售量；获得市场信息	争取独享权；参与过程运作；实施现场销售	短期

资料来源：耿力中《体育市场营销——决策与运作》，96 页，北京，人民体育出版社，2005。

赛事的转播也在增加，因而赞助商企业在电视转播中露面的机会也增加了。4. 根据 20 世纪 70 年代以来对烟酒企业的电视广告的规定，这些企业把体育赛事作为商品宣传的新手段，这一点尤为引人注目。5. 体育运动的商业化被体育组织承认了。6. 1984 年洛杉矶奥运会通过引入赞助获得了圆满成功，体育赛事作为有效的市场宣传途径被企业所认同。7. 市场细分的重要性和有效性增加了，企业把体育迷这部分人列为特定目标。8. 企业通过收购合并，少数的大企业逐渐控制了流通渠道，使得制造者更加有必要保持和零售业者间的密切联系，体育赞助为其提供娱乐和交流机会的作用受到关注。9. 因为体育赛事中警察、垃圾回收、防止火灾和急救体制等公共服务的费用在增加，所以赛事着重通过体育赞助来增加收益。①

三、国内体育赛事产业研究综述

2000 年至 2008 年 CNKI 收录的体育产业博士论文，主要集中在体育人文社会学，而管理学和经济学研究相对甚少。相关研究主要包括：

（1）体育产业宏观层面研究。杨越（2003）研究了市场经济体制下中国体育经济发展问题，认为在当前中国经济由计划向市场转轨的过程中，从体育产品的特性出发，体育经济应当是产业与事业的结合；要以国外体育经济的发展规律和发展趋势为依据，讨论体育经济与国民经济的关系。黄勇潮

① Howard, D. R. and Crompton, J. L. (1995). *Financing Sport*. Fitness Information Technology, Inc. Chapter 9: Nature of Sponsorship Exchange. p234—237.

（2004）进行了竞技体育服务交易理论与实证研究，认为竞技体育服务产品是竞技体育工作者非物质形态的劳动成果，具有信息性、身体操作性和秩次性。叶庆晖（2003）进行了体育赛事运作研究，认为体育赛事在市场化和人文要求下被赋予许多内容和特征；由于体育赛事对社会和文化、自然和环境、政治、旅游和经济具有强大冲击影响力，许多国家和地区都争先通过申请和举办各种体育赛事获得赛事所能够带来的最大效益。余守文（2007）讨论了体育赛事产业的外部性问题，通过研究体育赛事产业影响城市竞争力的机制，认为城市发展体育赛事产业并为之展开竞争，其真正的意义在于获得和增进城市竞争力。肖淑红（2003）所做的中国体育产业价值链管理模式研究，从管理的核心目的——提升价值出发，以价值链为主线，在借鉴国内外相关研究成果的基础上对中国体育产业价值链管理模式进行了探讨。刘夫力（2001）研究了竞技体育无形资产发展战略，认为其无形资产能够产生巨大的商业效用和经济价值。朱琪林（2001）研究了我国足球运动可持续发展战略，认为在思想上要形成一个开放的理念，将自己过去封闭式的管理模式转变为开放式的管理模式，真正做到运用宏观调控的手段对足球运动进行科学的管理。陈钧（2001）研究了中国篮球职业化可持续发展战略。彭贻海（2006）研究了我国夏季奥运项目市场开发，认为我国夏季奥运项目的市场开发还存在很大、很多的不足，必须实行奥运项目资源的有效配置和优化。雷选沛（2006）对北京奥运经济运营与管理进行了研究，认为借筹办奥运之势，大力发展奥运经济，将从总体上扩大投资规模，刺激消费需求增长，为发展高新技术产业、振兴现代制造业和全面提升现代服务业提供新的机会和更为广阔的空间。赵长杰（2004）研究了奥运会营销策略，提出了奥运会营销的4PC品牌互动营销理论假设，认为奥运会营销是一个独特的营销体系，是4PC品牌互动营销策略的运用过程。

（2）体育产业制度研究。张新萍（2006）研究了2008年北京奥运会后中国体育改革走向，认为从短期看，举办奥运会使体育改革趋于保守，减缓进程，但从长远看，北京奥运会将成为2008年后中国体育改革的重要契机，引发中国体育更深入、更彻底的改革。许永刚（2004）研究了中国竞技体育制度创新中政府与垄断问题，认为中国的竞技体育发展由计划经济条件下单纯的专业运动，逐步在向职业化转变，这是制度变化的需要，也是竞技运动职业化发展的大势所趋，将引发制度建设时代的到来，以及政府职能的转变。张剑利（2004）研究了美国职业体育联盟的特征，以及其依据的组织原理和法律环境。王庆伟（2004）进行了中国职业体育联盟理论研究，认为中国职业体育联盟的发展模式应该是市场垄断型职业体育联盟。赵芳（2002）研究了中国体育产业立法，认为现在适用的体育产业法规数量较少，内容覆盖面较窄，许多亟待解决的问题无法可依。杜丛新（2002）对职业篮球产权制度进行了研究，强调无论是NBA联盟，还是管理中国职业篮球的中国篮球管理中心，其性质都不是经济实体，国内外职业篮球俱乐部之间的关系也不是生产同类产品的企业与企业之间的竞争关系。杨铁黎（2001）研究了美国NBA的发展过程，认为其独具特色的职业篮球市场发展模式，包括职业联盟、特殊政策和法律及严密的法规制度、与媒体和著名企业建立密切合作关系、优秀经营管理人才等，都可以为我们发展篮球赛事提供借鉴。表2.10统计了体育赛事产业实证研究部分相关文献。

表2.10　体育赛事产业实证研究部分相关文献

作者	年份	考察对象	研究方法	主要结论
Kathleen Anne Farrell，etc	1997	奥运赞助	实证研究	赞助商在赞助宣布周期内获得负的平均超额收益
John Vrooman	2000	美国职业体育联盟	案例分析	在俱乐部利润最大化倾向下，寻求统一资本市场有利于运动天才和俱乐部双赢
Rodney Fort	2000	欧洲、北美体育产业	比较研究	两地在球迷喜好、体育组织和球队目标方面存在显著差异
Sara L. Mcgauney	2002	美国的体育和媒体	案例分析	垄断性产业联盟源自体育与媒体的合作
Wei Shen	2004	亚洲、欧洲的合作赞助	比较研究	经济、社会、文化环境是合作赞助的关键因素，两地赞助赛事类别存在差别
郭鼎文，刘炜浩	2003	CBA、欧洲俱乐部联赛	比较研究	参赛球员、技术数据、防守能力方面存在差异
谢庆芝，王幼君	2005	NBA赛事	案例分析	NBA成功模式：国际市场、品牌效应、无形资产开发、灵活市场策略等

续表

作者	年份	考察对象	研究方法	主要结论
周珂，杨旭峰	2006	澳大利亚体育产业	案例分析	注重体育旅游产品系统开发，规范市场运作，制定产业发展战略
王晓东，叶伟，蔡莉	2006	雅典奥运会釜山亚运会	比较研究	两大赛事呈现全民性特征，前者直播类收视率高，后者集锦类收视率高
陈国强	2006	F1 赛事	案例分析	F1 赛事是体育与电视转播完美结合的典范
王晓东	2007	美国职业体育电视转播	案例分析	主要发展策略：建立竞争力平衡机制，整体出售、联合购买等多样化方式
黄海燕，张林，李南筑	2007	上海体育赛事	案例分析	政府作用趋向于宏观层面和公共领域，作用方式更加市场化、法制化
昝胜锋，顾江	2008	NBA2007 中国赛	案例分析	弱化市场竞争强度，满足受众心理差异感受，按照消费者差别进行市场细分

第三节　体育赛事产业的双边市场特征

体育赛事的产业实质是一个由赞助商、赛事和观众组成的双边市场。[①] 也就是说，实际上赛事举办方把产品提供给了两种不同类型的购买者：体育赛事赞助卖给寻求赞助的企业，体育赛事活动卖给观众。体育赛事产业中赞助商、举办方、观众的相互作用和网络效应是类似的。比如安踏公司在赞助 NBA 和 CBA 两大体育赛事之间进行选择时，会考虑两大赛事各自的赞助商数量，因为选择支持赞助商更多的赛事代表着对安踏公司本身更高的价值回报；另一方面，安踏公司也要考虑观赏两个体育赛事的观众的数量，他们可

① 观点源自昝胜锋、顾江、郭新茹发表在《体育科学》2008 年第 7 期的论文《产品差异化条件下的体育赛事定价策略研究》。

能会预期，更多的现有观众代表着该赛事会投入更多的资源吸引观众，或者预期更多的消费者会加入到这个赛事的观赏中来。[①] 可见，在双边市场中，一边的外部性是由同一边的用户数量和另一边的用户数量来决定的。

体育赛事中的网络外部性更多是一种具有“交叉”性质的网络外部性，这种网络外部性主要取决于参与到平台上的另一边用户的规模。体育赛事存在两种类型的网络外部性效应：成员外部性和使用外部性。对平台一边的用户而言，另一边用户越多，在平台上成功搜索到潜在客户并影响客户偏好的可能性越大，平台对用户的吸引力就越大，这种外部性称为成员外部性，它影响多边参与者的预期。与成员外部性对应的是使用外部性，这种外部性是用户实际通过平台进行交易所产生的外部性。用户在就是否加入平台进行决策时会对预期的效应和平台的定价进行比较，如果净效用为正，则加入平台，否则就不加入。可见，使用外部性是一个事后概念，它影响平台的垄断势力和多边参与者的实际使用。显著的网络外部性效应导致多边市场中出现所谓的“马太效应”或“赢家通吃”效应，其结果在平台层面上要么是垄断的，要么是寡头竞争的。事实上，正是因为市场的两边之间具有网络外部性，才有了将两边的成员吸引到平台上进行交易的可能。这种网络外部性和正反馈效应，使有些赛事产品家喻户晓。但是与技术外部性不同的是，这种反馈循环并不能上升到垄断竞争从而锁定市场。因为，看一些赛事并不能阻止我们去看另一些赛事活动，尽管二者都受网络效应的影响。

通过以上双边市场和体育赛事的文献综述可见，目前国内外有关体育赛事的研究有待进一步完善，而双边市场理论为体育赛事产业研究提供了有益的分析方法和考察视角。因此，笔者将遵循双边市场理论研究中双边平台定位、双边市场形成、双边市场巩固、双边市场拓展，即平台差异化定位→双边市场进入→双边市场定价→双边市场平台互联的思路，立足体育赛事的双向网络外部性，从理论层面寻找并分析影响体育赛事产业发展的内在因素和关键原因，并采取问题导向方法进行体育赛事产业平台间竞争的研究。

---

① 观点源自昝胜锋、顾江、郭新茹发表在《体育科学》2008 年第 7 期的论文《产品差异化条件下的体育赛事定价策略研究》。

第三章　多归属与平台差异化

在双边市场中，平台双边对产品质量的要求是不一样的，平台企业可以根据平台双边对产品质量的要求，提供在消费者看来不同的赛事服务产品，即实施平台差异化战略。并且，由于体育赛事具备不同于一般双边平台的多归属特征，其实施平台差异化显得更为重要和迫切。

体育赛事组织为了进入双边市场，在平台构建时需要进行产品定位，不断地开发和推出具有新的市场兴奋点的产品，并对原有赛事产品功能进行重新整合，精心确定价格体系，开展大量的营销活动尤其是广告宣传以及对潜在观众消费者的促销活动。由于竞争性赛事产品相互之间并不完全可替代，因此即使存在很多竞争者，赛事组织仍可以实施有效的市场策略行为。笔者认为在一定的体育赛事市场里，不同的体育赛事有不同的定位，如国际赛事和区域赛事、综合赛事和专项赛事等；其本质是由赛事参与各方如观众、赞助商、运动员等的多归属直接导致的体育赛事市场竞争，是体育赛事平台产品差异化的必然结果。①

选择差异化竞争的企业，将会尽可能地选择差异的极端情况，而避免选择中间地带，这是这一选择的经济结果使然（Kats，1986）。依据这一论断，在国外体育赛事和国内赛事并存的市场上，国外赛事由于在设备和技术积淀、球员技术水平和竞争强度上存在优势，因此将会在产品质量这一维度上无可争议地选择质量的高端，而国内赛事选择低端。在这样的市场格局下，将会存在如下的竞争态势：在质量低端存在过度竞争和需求不足的可能，尤其在进入壁垒过低和存在网络规模经济优势时更是如此；过度竞争将导致市场萎缩，行业低端价格成本边际更低。高端的竞争并不具备低端竞争拥挤的各个条件，因为在位者少，价格压力不大；但与其产品市场上的温和竞争相对的

① 观点源自昝胜锋等在 2008 年 11 月第三届中国体育产业学术会议上的专题报告论文《多归属、赞助商选择与体育赛事竞争》。

是球员投入和技术创新投入的激烈竞争。如果市场上不存在克服 Kats 的理论所呈现出来的经济规律的产品选择机制的话，市场就会表现出相对固定的结构，技术落后的企业将只能选择质量低端，而且和高端体育赛事差距越来越远。但显然现实不是这样的。问题的原因是 Kats 的理论建立在只有唯一的差异化变量可以选择的情况下，而体育赛事所处的背景是双边市场结构，除了产品的质量维度之外，还有其他可以选择的差异化变量维度，这是基于赛事平台的多重多归属特征。笔者认为，多归属条件下的赛事差异化可以避免消费者对质量的过度关注，把消费者的注意力吸引到其他特征维度上，此时的竞争可以称为“混合差异化”的竞争，消费者对产品的选择会出现多样化结果。

第一节　体育赛事双边市场平台定位

一、多归属特征

Caillaud & Jullien（2003）、Rochet & Tirole（2003）首次提到了多归属的概念，与之对应的概念是单归属。单归属（single-homing）是指用户只在一个平台上注册交易并只缴纳一次注册费，而多归属（multi-homing）是指用户同时在多个平台上注册交易，并且交纳两次以上的注册费。在越来越多的情况下，参与人通过使用多个竞争性的产品来获得网络效应的最大化，如消费者可能同时使用 Microsoft Windows 和 Linux，商家可能接受几种类型的信用卡，人们可能同时使用 QQ 和 MSN 即时通信服务，游戏开发商可能开发用于多个竞争平台的游戏。单归属和多归属原本是电信业的术语：消费者在一定时间段内只使用一个网络的服务，称为单归属。双边市场理论借用了这两个概念来表示平台的消费者只在一个平台或在一个以上的平台上注册并交易的行为。

对平台产业而言，通常在市场的至少一方出现多归属的情形（Evans，2003），表 3.1 对此做了总结。可以看到，体育赛事平台中的多归属比一般双边平台更复杂，存在观众、赞助商、运动员的三重多归属；即普遍存在大多数观众观看多种体育赛事，赞助商也选择多个体育赛事进行赞助，同时运动员也归属于俱乐部、地方、国家等不同层级的体育组织系统并以不同身份参加多种级别的比赛。

表 3.1　双边市场平台的多归属

双边市场平台	市场双边	多归属情况
报纸和杂志	读者	普遍存在：1996 年平均每人每月阅读杂志 12.3 本；
	广告商	广告商也普遍存在多归属，如 2003 年 AT&T 无限公司在《纽约时报》《华尔街日报》《芝加哥论坛》以及其他很多报纸上同时做广告。
电视网	观众	普遍存在，例如波士顿、芝加哥、洛杉矶、休斯敦等大城市的观众，通常能看到 4 个主要频道：ABC、CBS、FOX 和 NBC；
	广告商	对做广告者也一样，例如 Sprint 公司在 ABC、CBS、FOX 和 NBC 上都做广告。
操作系统	最终用户	不普遍（对最终用户而言）：个人用户一般只用 1 种操作系统；
	软件开发商	对软件开发商而言普遍存在多归属：基于多种操作系统开发软件的开发商明显是多归属。
游戏平台	玩家	对不同的玩家而言：平均每个家庭有 1.4 个游戏机；
	游戏开发者	游戏开发者普遍多归属，如 2003 年游戏开发商艺电（Electronic Arts）为任天堂、微软和索尼都开发游戏。
支付卡	持卡人	普遍存在：大多数美国运通持卡人同时持有至少一张维萨卡或万事达卡；
	特约商户	美国运通持卡人可以在运通几乎所有特约商户处使用维萨卡和万事达卡。
体育赛事	观众	普遍存在：大多数观众观看多种体育赛事；
	赞助商	赞助商也选择多个体育赛事进行赞助；
	运动员	运动员归属于俱乐部、地方、国家等不同层级的体育组织系统，以不同身份参加多种级别的比赛。

由于存在很多功能可以相互替代或者相互之间并不关联的平台，市场的至少一方就会采取与多个平台发生关联的行为，用户也就有了多归属的可能。双边市场中的多归属特征部分是由于平台所提供服务的不完全替代性，用户多归属的部分动机是尽可能多地享受另一边用户规模带来的好处。单归属会形成平台间的竞争瓶颈，平台通常对单归属的一边制定低于成本的价格，而对多归属的一边设定高价。用户如果至少在两个平台上进行注册，并交纳两次以上的注册费，就往往会在多归属的支出和收益之间进行权衡。多归属收

益是指用户在多个平台上交易可扩大另一边可交易用户的范围，提高交易成功率和效率。从这个角度看，如果平台对用户只按交易次数收费，则会助长用户的多归属行为，因为多归属并不会造成额外的成本。

同时，有些不相关的双边市场平台之间也会出现相互重叠的情况，造成用户多归属，因为这些平台都把目标定位在相同的一群或者多群客户身上。由于有其他的替代品可以选择，当任何一组客户群对价格敏感时，平台之间的竞争就会很激烈。NBA 篮球赛事的观众数可能占美国篮球观众总数的81%，然而这并不意味着 NBA 篮球赛事就具有很大的市场定价权力。赞助商还有很多其他方式将信息传递给观众消费者，所以这些赞助商对价格很敏感；而且即使观众没有其他的替代性赛事可以选择，他们还有其他方式（如看电视、网络）获取赛事信息，因此大量的观众才是让赞助商付钱的决定因素。

如果邻近市场上的平台提供者在产品定位上包容了某一市场，该市场所在的平台就会面临被包围的危险，以致平台业务逐步萎缩甚至退出市场。比如，现在国外体育赛事已经将演艺娱乐、音乐舞蹈、个体参与融汇于体育赛事的精彩刺激过程中，使消费者在亲身体验中享受体育赛事带来的视觉、听觉乃至身心的震撼。在许多情况下，被包围的单一功能平台除了委身于进攻者或者退出竞争之外，很少有其他选择。当然，平台也可以通过改变商业模式、建立联盟和诉诸法律手段等方法存活下来。

多归属特征是双边市场上平台业务开展过程中比较常见的现象，而且能对平台价格水平和定价结构产生重要影响，但是目前理论和实践研究都跟不上现实的发展速度，总体而言还处于理论发展初期。而且从现有文献来看，对标准化和兼容性的研究文献很少涉及多归属问题。

二、赛事平台差异化

在经济理论中研究产品差异化竞争的模型主要有两大类：一类是水平或者横向差异模型，另一类是垂直或纵向差异模型。前者主要是假定消费者是同质的并具有相同偏好，因此模型可简化成消费者如何选择各种不同产品的问题；后者主要假定消费者是异质的，不同消费者对产品有不同的偏好。Hotelling 于 1929 年提出的 Hotelling 模型是研究产品差异化竞争的有效方法。Chao-cheng Mai & Shin-kun Peng 研究了两阶段 Hotelling 模型，第一阶段是选址竞争，第二阶段是价格竞争，但没有考虑网络外部性（Chao-cheng Mai，Shin-kun Peng，1999）。

将多归属特征与产品差异化理论结合起来研究企业竞争策略以及市场绩

效是目前一个重要的研究领域。在有关网络产品差异化竞争理论的研究领域，Baake & Boom（2001）、Lamberlin & Orsini（2002）、Economides（1998）等人的研究成果较有代表性。上述文献主要是从垂直产品差异的角度研究了网络外部性对市场均衡的影响，研究的主要方法是在消费者的效用函数中构造一个网络外部性函数以反映消费者由于存在网络外部性而增加的购买意愿。国内的学者在研究多归属与平台差异化问题时，潘小军、陈宏民（2002）采用比较静态模型，在产品存在网络外部性和垄断厂商可以提供多版本差异化产品的条件下、在未考虑企业随着市场条件变化对企业产品策略的动态影响的基础上，对垄断厂商的产品推出策略进行了研究。该研究表明，厂商推出多版本差异化产品有利于提高企业的利润水平，并且厂商先推出高质量版本、后推出低质量版本是最优策略。在此基础上，潘小军、陈宏民、侯和银（2006）分两个时段讨论产品推出策略问题，认为当厂商在两阶段提供同质产品时，均衡价格与产品的网络外部性存在与否无关，并且第一阶段的价格不可能低于第二阶段价格的贴限值；当产品的网络外部性较强时，厂商会增加其产品的产量，特别是在第二阶段，厂商增加的产量会更多，获得的利润也会增加。

纵观中国近年来的体育赛事差异化历程，555 拉力赛、七星越野挑战赛、健牌台球赛等成功案例表明，把赛事品牌形象牢牢地结合在个性鲜明的高端赛事上，是实现赛事差异化的重要手段。承办赛事需要专业的赛事筹划机构；即使赛事组织得很好，如果缺乏正确的赛事推广、营销策略，同样无法得到赞助商的青睐。如何利用有限的资源搭建一个立体化的体育赛事差异化平台，是赛事平台进行市场定位选择时需要破解的难题。在赛事运作上，既要利用运动员多归属特征，建立专门的运动员培养体系，又要通过推出模拟在线赛事游戏、网络销售相关赛事商品等方法，开创全新的赛事差异化推广模式。当电视广告、路牌、公关、软文、网络等成为各体育赛事使用的基本营销手段时，找到一种新颖的差异化手段对于领先对手、赢得竞争非常关键。专业研究机构指出，在传播力度和商业气息最强的汽车运动 F1 赛事中，受众对车队、赛车和车手的关注远远超过对赛事本身的关注。高端赛事作为一种竞技体育活动，其本身所具有的高凝聚力、高关注力、高持久力等特点，蕴藏着巨大的商业价值。借助高端赛事这一载体，推出相关的配套产品，不但可以获得不错的商业回报，更能不可估量地扩大体育赛事的影响力。因此，在赛事平台差异化定位时，高端赛事是一个重要的选择。

第二节　赛事平台差异化理论分析

一、分析 1：考虑观众多归属

调查发现，在观众最经常观看的前十大体育运动项目中，五类属于球类运动，足球（43.7%）、乒乓球（39.4%）和篮球（37.3%）最受青睐（如图 3.1）。足球、篮球等运动已经通过职业联赛等方式实现商业化运作，而且日显“品牌化”趋势，竞争和逐渐完善的赛事媒体合作机制使得这几类运动项目吸引到更多观众的眼球。从地域差异来看，城市居民中经常观看足球、游泳、体操和跳水的人的比例高于小城镇和农村，小城镇居民中观看乒乓球和

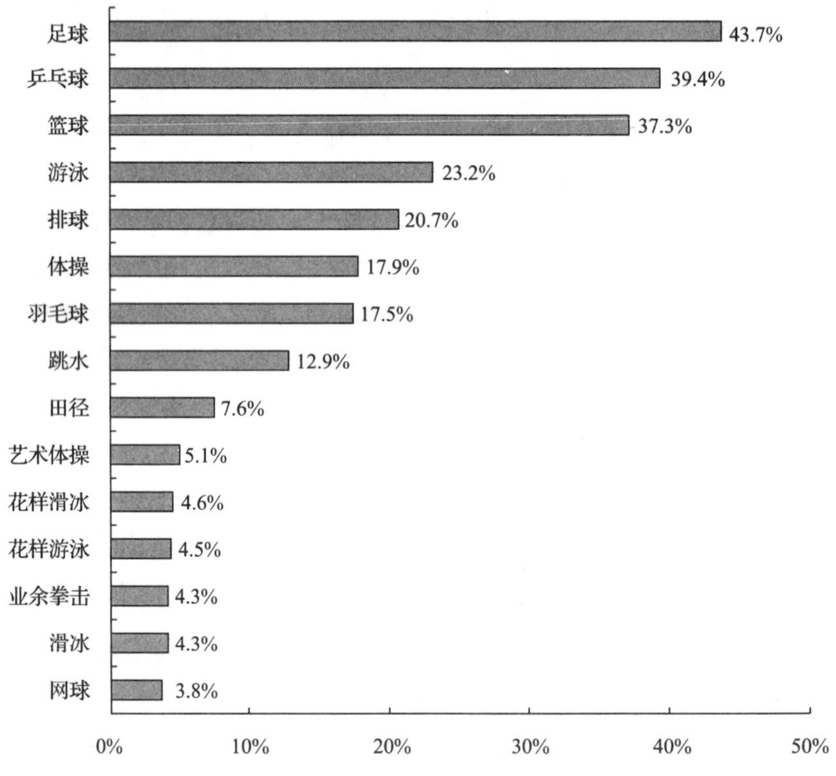

图 3.1　居民平时通过电视或网络最经常观看的运动项目

资料来源：引自零点调查与北京科技咨询业协会调查专业委员会于 2004 年 4 月合作完成的《奥运的商业价值》研究报告。此题为多选题，各选项比例之和大于 100%。

篮球的人的比例高于城市和农村。从性别差异来看，男性中观看大多数体育项目的比例高于女性，但体操、羽毛球和花样游泳等项目的男性观众少于女性观众。研究表明，体育赛事的水平、运动员（或者运动队）的受欢迎程度是体育赛事能够吸引观众的主要因素，高水平的体育赛事将极大地刺激消费者到现场观看。同时，对体育赛事的兴趣也是促使观众到现场观看的主要因素之一，观众是否有时间观看体育赛事将直接影响观众的数量，赛事门票价格的不合理也将影响观众的上座率。在体育赛事的商业化和产业化过程中，为迎合观众平民化浪潮，体育赛事的赛程取舍安排、娱乐互动或赞助节目设置趋同，造成受众的扁平化趋势。但体育赛事的网络外部性优势，使得赛事传播更加分众化、小众化乃至个性化成为可能。

观众在观赏体育赛事时，具有较强的归属感和认同感。相比之下，文化娱乐演出观众也会因演出的情节而感动，但一般不会长久，也没有自认为参与其中而获得胜利的喜悦或遭受失败后的悲痛，故文娱演出观众一般没有或很少有归属感和认同感。而体育赛事中一部分观众甚至自认为是球队的一员，产生强烈的归属感和认同感，从而影响他们对比赛的消费。表 3.2 显示的 NBA 球员乔丹的经济效应，从一个侧面反映了观众的喜爱成就了乔丹的市场影响。同时，观众消费者是彼此有差异的群体，他们具有不同的消费和价格偏好，对赛事门票价格、赛事种类以及赞助商娱乐活动的敏感度各不相同。赛事组织通过量身定制不同的产品来满足不同消费群体的偏好和需求，从而彼此竞争寻求盈利机会。

表 3.2 乔丹的经济效应（单位：亿美元）

项　目	经济效应	累计
乔丹品牌收入（包括体育录像、图书、香水、内衣、电影等）	7.01	—
对 NBA 赛事上座率的贡献（门票）	1.655	8.665
对 NBA 赛事电视转播权收入的贡献	3.66	12.3
对 NBA 赛事商品许可证费用的贡献	31	43.3
耐克运动鞋形象代言对耐克公司的贡献	52	95.3
为饮料公司、电信公司、太阳镜公司等做广告所产生的效益	4.08	99.4
福尔克转让其经济公司 F. A. M. E 的额外收入	0.5	约 100

资料来源：权利霞《体验经济——现代企业运作的新探索》，37 页，北京，经济管理出版社，2007。

借鉴运用豪泰林（Hotelling）模型的基本思路，我们做如下假设：线形市场结构中只有两个体育企业，且仅提供一种服务性产品；他们的市场服务位置为 a_1、$a_2 \in [0, 1]$；市场需求量用 q_1 和 q_2 表示；消费者（观众）因观看竞赛表演或体验健美娱乐等体育服务而需要支付的交通费用 c_t，其为距离的二次函数，t 是移动成本率；$h \in [0, 1]$ 代表消费者位置，且消费者均匀分布；消费者对服务的认同度为 θ_i，$i=(1, 2)$。综上所述，消费者享用服务的效用函数可表示为：

$$U(h) = \theta_i - t(h-a_i)^2 - p_i \tag{3.1}$$

体育企业 i 的利润函数为：

$$\Pi_I(a_i) = (p_i - c_i) \cdot q_i \tag{3.2}$$

若消费者对企业 1、2 的服务性产品效用评价满足下式：

$$\theta_1 - t(h_j - a_1)^2 - p_1 \geqslant \theta_2 - t(h_j - a_2)^2 - p_2 \tag{3.3}$$

则市场接受体育企业 1 的服务。整理式 3.3 得到：

$$h \leqslant \frac{a_1+a_2}{2} + \frac{1}{2t(a_2-a_1)}\{(p_2-p_1)-(\theta_2-\theta_1)\} = h' \tag{3.4}$$

h'为无差异的消费者位置，即 h'处的消费者到体育企业 1 和企业 2 享受服务的所得效用无差异；偏好位置 $h \leqslant h'$的消费者选择到企业 1 享受服务，偏好位置 $h' \leqslant h \leqslant 1$ 的消费者选择到企业 2 享受服务。因此，企业 1、2 的市场需求量分别为：

$$q_1 = h' = \frac{a_1+a_2}{2} + \frac{(p_2-p_1)-(\theta_2-\theta_1)}{2t(a_2-a_1)}$$

$$q_2 = 1-q_1 = 1-\frac{a_1+a_2}{2} + \frac{(p_1-p_2)-(\theta_1-\theta_2)}{2t(a_2-a_1)} \tag{3.5}$$

从式 3.5 可以看出体育赛事的市场需求量和更强的竞争力取决于基本需求（$\frac{a_1+a_2}{2}$）、压力强度（a_2-a_1）、价格差异（p_2-p_1）、消费者的心理差异（$\theta_1-\theta_2$）以及移动成本率 t 五个因素。下面针对这五个因素讨论。

（1）基本需求（$\frac{a_1+a_2}{2}$）说明在市场供给一定的情况下消费群体实现自然分流。考虑到交通费用，消费者的理性选择是到距离自己最近的体育场馆享受观赏竞赛表演、健身娱乐等服务。如果市场结构为平面模型，则基本需求分割点为$\left[\frac{a_{2x}+a_{1x}}{2}, \frac{a_{2y}+a_{1y}}{2}\right]$，其中（$a_{1x}$，$a_{1y}$）、（$a_{2x}$，$a_{2y}$）分别表示体育企业 1、2 所在的平面坐标。另外，基本需求量的形成也说明移动成本的存在对同质化体育服务产品起到了差异化作用，消费者不再任意流动，减少了企业的竞争压力，有利于企业控制基本市场需求。

（2）压力强度（a_2-a_1）反映的是单位竞争区域内竞争企业布局的密集程度，用来描述企业受到竞争对手的压力大小。在线性市场模型中用竞争企业的间距大小表示压力强度，即 $l=(a_2-a_1)$；如果是平面市场模型，则市场压力强度为：

$$l=(a_2-a_1)=\sqrt{(a_{2x}-a_{1x})^2+(a_{2y}-a_{1y})^2} \tag{3.6}$$

$$\frac{\partial \pi_1}{\partial l}=(p_1-c_1)\left[\frac{(p_2-p_1)-(\theta_2-\theta_1)}{2t}\right]$$

$$\frac{\partial \pi_2}{\partial l}=(p_2-c_2)\left[\frac{(\theta_1-\theta_2)-(p_1-p_2)}{2t}\right] \tag{3.7}$$

$\frac{\partial \pi_1}{\partial l}\leqslant 0$ 和 $\frac{\partial \pi_2}{\partial l}\leqslant 0$ 说明企业的利润空间随着企业布局的不断密集而逐渐被压缩。随着国内体育产业的蓬勃发展，国际体育品牌和赛事不断进入中国，厂商将面临更加激烈的市场竞争。

（3）价格竞争作为传统的竞争方式依旧是重要的。特别是当体育服务间的替代系数较高时，不同品牌竞相降价展开无序竞争，甚至陷入恶性价格竞争之中。当产品存在差异时，市场需求价格弹性为：

$$e_{q_1,p_1}=\frac{\frac{\partial q_1}{q_1}}{\frac{\partial p_1}{p_1}}=\frac{\partial q_1}{\partial p_1}\cdot\frac{p_1}{q_1}=\frac{p_1}{t(a_2^2-a_1^2)+(p_2-p_1)-(\theta_2-\theta_1)} \tag{3.8}$$

一般地，消费者愿意为个性化的需求支付较多的价格，即

$$(p_2-p_1)\geqslant(\theta_2-\theta_1) \tag{3.9}$$

所以，$e_{q_1,p_1}\leqslant 0$ 说明体育赛事产品存在差异时，市场需求对价格的调节变得不再明显，企业有较大的价格调节余地。差异化有助于缓解价格竞争，使企业从价格竞争中解脱出来，甚至可以通过差异化特性提高服务性产品的价格，实现超额边际利润。

（4）消费者的心理差异（$\theta_1-\theta_2$）即对产品的认同度差异，直接影响到企业间的竞争。差异化竞争优势的前提是消费者对服务性产品的认同和接受，否则企业会遭受因差异化产品不被市场接受而造成的损失。市场对产品的认同度差异可以用 $\Delta\theta_{i,j}=(\theta_i-\theta_j)$ 表示，则市场需求的价格弹性与认同度差异之间有：

$$\frac{\partial e_{q_1,p_1}}{\partial \Delta\theta_{1,2}}=\frac{-p_1}{\left[t(a_2^2-a_1^2)+(p_2-p_1)+\Delta\theta_{1,2}\right]^2} \tag{3.10}$$

显然，$\frac{\partial e_{q_1,p_1}}{\partial \Delta\theta_{1,2}} \leqslant 0$ 是成立的。由此推出，产品的差异化特性越能赢得市场欢迎，该产品的价格弹性就越小；即其他差异化条件越良好，消费者对赛事产品的价格就越不敏感。因此，体育企业可以利用差异化特性提高赛事产品的价格以最大化企业利润。

（5）移动成本率 t 的高低直接影响消费者的购买选择。t 的大小主要取决于社会交通费用和交通的距离远近。如果移动成本太高，则消费者情愿放弃对差异化的追求。因此，降低社会交通费用、降低消费者的消费总成本有利于消费者自由流动，促进消费者个性化需求的发展。

综上所述，笔者认为，通过对体育赛事产品采取针对基本需求（$\frac{a_1+a_2}{2}$）、压力强度（a_2-a_1）、价格差异（p_2-p_1）、消费者的心理差异（$\theta_1-\theta_2$）以及移动成本率 t 五个因素的差异化措施，可以实现与众不同的产品特性和观赏体验效果，满足观众消费者的归属感和认同感，从而使产品具有不完全替代性，满足消费者的多样性和个性化需求，进而提升体育赛事平台的竞争力。

二、分析 2：考虑赞助商多归属

在经济全球化的影响下，世界上一些著名的跨国体育公司纷纷进入中国体育市场，并在部分体育市场上形成一定程度的垄断。部分的原因可以归结为：北京举办第 29 届奥运会、中国体育水平和经济实力的显著增强、居民消费水平提高和消费结构优化。巨大的增长性盈利空间激发了国外体育赛事机构和企业进入中国的热情，我国体育赛事产业面临更为激烈的国际竞争，国内的体育赛事在国内、国际市场上与国外同类企业展开更加激烈的竞争。例如，NBA 对 CBA 的商业冲击，近几年显而易见，一些国内一线品牌纷纷被吸引到 NBA 赛场上。① 某些服装和鞋制造商宁可花大钱在一名普通的休斯敦火箭队球员身上贴广告，也不愿意拿出同样的价钱覆盖整个 CBA 联赛。CBA 如何夺回那些流失的商业利益，如何与 NBA 等国外赛事进行差异化竞争，成为赛事主办机构需要认真思考的问题。

同时，我们注意到，赞助商并不会只赞助某一项赛事，即赞助商大多采取多归属即赞助多家体育赛事的市场策略。赞助商要广而告之和提升品牌影响力，自然会希望让更多的观众获得赞助商信息，这势必让赞助商不惜成本

① NBA 赛事的中国市场合作伙伴和赞助商有联想、中国移动、招商银行、海尔、青岛啤酒、红牛、宏耐地板、方正、蒙牛、oppo 手机、西域骆驼、搜狐等，以及李宁、匹克、安踏等运动品牌。

在多个体育赛事平台上做赞助。有企业赞助不同种类体育赛事，也有企业赞助同一种类在不同区域举办的体育赛事。正是观众消费者群体吸引了赛事平台另一边的赞助商，对赞助商产生了正的交叉网络外部性，导致赞助商愿意既出高价给体育赛事，又同时多归属接入。如中国移动 2008 年同时赞助了第 29 届北京奥运会、NBA 联赛、CBA 联赛。

研究表明，体育赛事是否有利于企业产品的推广是影响体育赛事企业赞助的主要因素，其次是体育赛事的级别是否能引起大众消费者的关注。2007 年 1 月，李宁公司退出北京奥运会赞助，阿迪达斯成为 2008 年奥运合作伙伴。李宁转而赞助央视体育频道、阿根廷篮协、瑞典奥委会和西班牙奥委会，充分显示了赞助商的多归属赞助策略。图 3.2 显示了李宁公司在多归属赞助活动后所获得的盈利持续高速增长。如何理解赞助商的多归属行为和赞助偏好，如何实施体育赛事差异化竞争以增强赞助商对高端体育赛事的赞助偏好，将是本节讨论的重点。

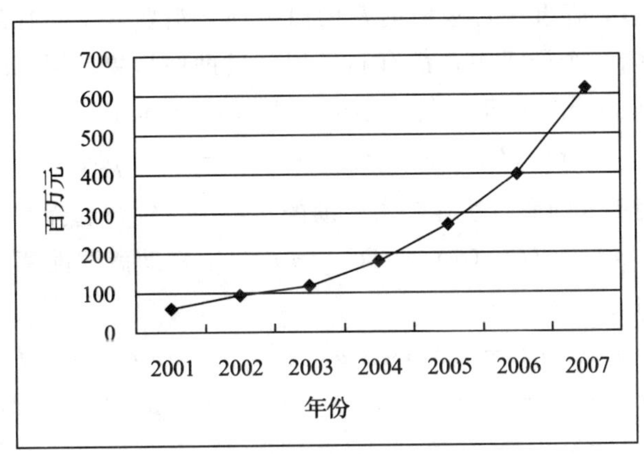

图 3.2　李宁公司税前盈利趋势图

我们假设赞助商在双边市场的一边[0，1]中均匀分布，并且赞助商一定进行赛事赞助；赛事 1 和赛事 2 距离 0 点的距离分别为 a、b，且 $a+b<2$。为简便起见，假设赞助的目的只有 1 个，为 d 点（达到最大化形象宣传功能）。本节所建赞助商的 Hotelling 模型具有以下特点：消费者所享受的赛事的生产和消费同时进行，消费者消费的不仅包括赛事提供的服务，还包括赛场外组织者提供的交通、通信、赞助商活动。赛事平台主体在市场中的位置不变，可以改变的是市场的整体规模（赞助商规模、消费者规模、赛事规模）。

模型中的变量定义为：i 表示第 i 个赞助商；r 表示赞助商从事赞助活动所获得的利润；α 表示赞助前的费用和成本参数；l_{in} 表示赞助商 i 和赛事主办

方谈判的次数；p_n 表示赛事 n 收取的赞助费用的价格；l_{nd} 表示赞助赛事 n 后的后续支出费用，包括后续广告费、活动安排费、赞助品制作费等费用，为不失一般性假定这部分费用是固定的，在本书中假设 $l_{2d}>l_{1d}$；s_n 为体育赛事 n 的产品服务质量；γ 为赛事产品服务质量的价值系数；x_n 为赞助商预期赛事 n 的观众数量；μ 为网络外部性强度。假设赞助前的各项准备费用为二次成本函数，赞助后的各项支出为一次成本函数，体育赛事的市场份额给赞助商带来正的效用，赛事的产品服务质量水平也给赞助商带来正的效用。则赞助商 i（x）赞助赛事的剩余效用可以表示为：

$$U_n(i)=r+\gamma s_n+\mu x_n-\alpha l_{in}^2-l_{nd}-p_n,\ n=(1,2) \tag{3.11}$$

式 3.11 的经济解释如下：赞助商通过赞助体育赛事获得基本剩余效用，即 $r-\alpha l_{in}^2-l_{nd}-p_n$。与此同时，赞助商还获得额外的效用：用 γs_n 表示赛事产品服务水平给赞助商带来的效用，这是因为赛事的产品服务质量越高，赞助商留给消费者的印象越深刻，给赞助商带来的效益越大；赞助商是赛事平台非常重要的一边，赛事平台吸引的赞助商和观众消费者多、赞助的受众多并且赞助商处在同一个层级中，都有利于提升赞助商形象，用 μx_n 表示。赞助商的剩余效用最大化等同于支付最小化，式 3.11 等价于：

$$\min_{n=1,2} TC_n(i)=p_n+\alpha l_{in}^2+l_{nd}-\gamma s_n-\mu x_n \tag{3.12}$$

式 3.12 表示赞助商在选择赛事赞助的过程中，综合选择赞助总费用最小的赛事。用 $h(x)=TC_2(x)-TC_1(x)$ 表示赞助商赞助两个体育赛事的费用之差，则有：

$$\begin{aligned} h(x)&=[p_2+\alpha(x-b)^2+l_{2d}-\gamma s_2-\mu x_2]-[p_1+\alpha(x-a)^2+l_{1d}-\gamma s_1-\mu x_1]\\ &=2\alpha(a-b)x+\alpha(b^2-a^2)+(p_2-\gamma s_2-\mu x_2)-(p_1-\gamma s_1-\mu x_1)\\ &\quad+(l_{2d}-l_{1d}) \end{aligned} \tag{3.13}$$

研究表明如果赛事赞助价格、赛事产品服务质量以及其他赛事特征无差异，赞助商一般选择赞助近距离或者熟悉的赛事。那么，当式 3.13 中的第三项等于第四项时，处于 $x=0$ 的赞助商会选择赞助赛事 1，即 $h(0)>0$。令 $c_1=(\alpha b^2+l_{2d})-(\alpha a^2+l_{1d})$，则有 $c_1>0$。位于 $x=1$ 的赞助商会选择赞助赛事 2，即 $h(1)<0$。若令 $c_2=c_1+2\alpha(a-b)=[\alpha(1-b)^2+l_{2d}]-[\alpha(1-a)^2+l_{1d}]$，则 $c_2<0$。因此，本节采取了合理的假设 $c_1>0$ 和 $c_2<0$。通常情况下，赛事的双边网络外部性给赞助商带来的效用不会优于成本差异所带来的效用，即假设 $0<\mu<\alpha(b-a)$。并且本节模型中赞助商的选择行为是通过赛事最优化的行为得以体现的，即我们假设赞助商是独立和理性的。

通常情况下，赛事可以这样设计：（1）设计较低的收费和相对较高的产品质量来吸引双边所有的赞助商和观众消费者；（2）设计较高的收费和较高的质量，吸引注重赛事产品质量、价格敏感度低的赞助商；（3）提供较低的收费和较低的质量，覆盖部分赞助商。我们假定赞助商市场中的每一个潜在赞助商都进行选择，且赛事的最高收费小于或等于赞助商的利润与前期后期费用的差额。

引理 3.1：如果 $c_2+\mu\leqslant(p_1-\gamma s_1)-(p_2-\gamma s_2)\leqslant c_1-\mu$，那么两个赛事平台共同分享所有赞助商。赛事 1 和 2 的市场份额为：

$$q_1=\frac{(p_2-\gamma s_2)-(p_1-\gamma s_1)+c_1-\mu}{c_1-c_2-2\mu};\ q_2=\frac{(p_1-\gamma s_1)-(p_2-\gamma s_2)-c_2-\mu}{c_1-c_2-2\mu}$$

证明：假设在两个赛事之间存在一个无差异赞助两个赛事的赞助商 $\bar{x}$，由 $h(\bar{x})=0$ 可以解出：

$$\bar{x}=\frac{(p_2-\gamma s_2)-(p_1-\gamma s_1)+c_1-\mu}{2\alpha(b-a)-2\mu}=\frac{(p_2-\gamma s_2)-(p_1-\gamma s_1)+c_1-\mu}{c_1-c_2-2\mu} \tag{3.14}$$

若两个赛事共同分享赞助市场，则 $0<\bar{x}<1$，即 $0<\frac{(p_2-\gamma s_2)-(p_1-\gamma s_1)+c_1-\mu}{c_1-c_2-2\mu}<1$；又因为假设 $0<\mu<\alpha(b-a)$，从而解得 $c_2+\mu\leqslant(p_1-\gamma s_1)-(p_2-\gamma s_2)\leqslant c_1-\mu$。若 $c_2+\mu\leqslant(p_1-\gamma s_1)-(p_2-\gamma s_2)\leqslant c_1-\mu$ 成立，代入式 3.14，易得 $0<\bar{x}<1$，所以两个赛事共同分享赞助市场。

引理 3.2：如果 $(p_1-\gamma s_1)-(p_2-\gamma s_2)\leqslant c_2+\mu$，则所有赞助商会选择体育赛事 1，两个赛事的市场份额分别是：$q_1=1$，$q_2=0$。因为如果 $(p_1-\gamma s_1)-(p_2-\gamma s_2)\leqslant c_2+\mu$ 成立，代入式 3.14 可算得 $\bar{x}>1$，其含义是赞助商选择赞助体育赛事 2 会使赞助的综合成本大于选择体育赛事 1 的成本，那么所有赞助商都不会选择赛事 2。

引理 3.3：如果 $(p_1-\gamma s_1)-(p_2-\gamma s_2)>c_1-\mu$，则赛事 2 占领全部的赞助市场，即 $q_1=0$，$q_2=1$。

引理 3.1、引理 3.2、引理 3.3 的基本含义是，如果两个体育赛事的价格和服务质量的差异，能够弥补两个赛事在双边网络上构建费用的差额，则赞助商会选择价格和服务水平效用较大的赛事，即差异化程度较大的体育赛事。在引理 3.2、引理 3.3 的情况下，只有一个体育赛事存在，但由于体育赛事的运作成本较高，退出成本很高，所以即使没有赞助商也没有任何一个赛事会退出市场，因此引理 3.2、引理 3.3 所代表的情况是一种短暂的非稳定市场状态，在市场均衡时这种情况不可能存在。下文开始讨论引理 3.1 的市场状态。

定理 3.1：在给定体育赛事的产品服务质量时，赛事的均衡收费（$p_1{}^*$，$p_2{}^*$）和收益（$\pi_1{}^*$，$\pi_2{}^*$）满足以下条件：

$$p_1{}^* = p_1 = \max\left\{\frac{\gamma s_1 - \gamma s_2 + 2c_1 - c_2 - 3\mu}{3},\ 0\right\}$$

$$p_2{}^* = p_2 = \max\left\{\frac{\gamma s_2 - \gamma s_1 + c_1 - 2c_2 - 3\mu}{3},\ 0\right\}$$

$$\pi_1{}^* = \pi_1 = \max\left\{\frac{(\gamma s_1 - \gamma s_2 + 2c_1 - c_2 - 3\mu)^2}{9(c_1 - c_2 - 2\mu)},\ 0\right\}$$

$$\pi_2{}^* = \pi_2 = \max\left\{\frac{(\gamma s_2 - \gamma s_1 + c_1 - 2c_2 - 3\mu)^2}{9(c_1 - c_2 - 2\mu)},\ 0\right\}$$

证明：由引理 3.1、引理 3.2、引理 3.3 可知，在市场均衡状态下，赛事 1 的市场份额是 $q_1 = \frac{(p_2 - \gamma s_2) - (p_1 - \gamma s_1) + c_1 - \mu}{c_1 - c_2 - 2\mu}$，由 $p_1 \in \arg\max p_1 q_1$，可得：

$$p_1 = \frac{p_2 - \gamma s_2 + \gamma s_1 - \mu + c_1}{2} \tag{3.15}$$

同理可得 p_2 的反应函数为：

$$p_2 = \frac{p_1 - \gamma s_1 + \gamma s_2 - \mu - c_2}{2} \tag{3.16}$$

现在联立以上两式，再结合均衡价格非负约束可证明定理 3.1。由此，两个赛事的市场份额分别是：

$$q_1 = \frac{\gamma s_1 - \gamma s_2 + 2c_1 - c_2 - 3\mu}{3(c_1 - c_2 - 2\mu)};\quad q_2 = \frac{\gamma s_2 - \gamma s_1 + c_1 - 2c_2 - 3\mu}{3(c_1 - c_2 - 2\mu)} \tag{3.17}$$

定理 3.1 表明，存在网络外部性时，体育赛事收费低于没有网络外部性时的价格，即网络外部性加剧了赛事间的竞争。其原因是当某一赛事的赞助市场份额比较大时，网络外部性必然吸引众多赞助商加入赞助队伍，赛事主办方就更容易选择合适的赞助商并获取较高的价格。同时，赛事本身也获得规模经济效应，赛事可以获得更多的观众消费者群并提供更具有差异化的赛事产品，这又导致赛事需求进一步增加，间接网络外部性效应进一步增强。

由于赛事位置具有相对不可移动性，当两个赛事的产品服务质量相当时，其收费由赛事在整个赛事网络中的相对位置决定。从定理 3.1 我们可以看出，当赛事的赞助市场扩大时，赛事的收费会定得更高。定理 3.1 还表明赛事的收费和赛事提供的产品质量成正比例变动关系，与竞争对手的产品服务质量成反比；赛事的双边市场份额与赛事的产品服务质量成正比，因此赛事有通过提高赛事产品质量来提高市场占有率的动机。通常情况下，提高赛事产品质量的措施包括提高赛事运作效率、加强与赞助商的信息共享、改善观众进场退场条件等等，这些措施的实施需要赛事进行一定的设备和管理投入。我们假定赛事的产品服务成本是赛事服务水平的二次函数，即$\lambda_n s_n^2$，则赛事的最优产品服务策略设计如下：

定理 3.2：当$\frac{\gamma^2}{\lambda_1}\leqslant 3(c_1-c_2-2\mu)$，$\frac{\gamma^2}{\lambda_2}\leqslant 3(c_1-c_2-2\mu)$成立时，赛事的最优产品服务策略分别是：

$$s_1{}^*=\frac{\gamma^3+\gamma\lambda_2(3\mu+c_2-2c_1)}{(\lambda_1+\lambda_2)\gamma^2-3\lambda_1\lambda_2(c_1-c_2-2\mu)} \tag{3.18}$$

$$s_2{}^*=\frac{\gamma^3+\gamma\lambda_1(3\mu+2c_2-c_1)}{(\lambda_1+\lambda_2)\gamma^2-3\lambda_1\lambda_2(c_1-c_2-2\mu)} \tag{3.19}$$

证明：令$R_1=\pi_1-\lambda_1 s_1^2$，$R_2=\pi_2-\lambda_2 s_2^2$，则赛事利润最大化的充分条件是：

$$\frac{\partial R_1}{\partial s_1}=\frac{\partial \pi_1}{\partial s_1}-2\lambda_1 s_1=0;\quad \frac{\partial R_2}{\partial s_2}=\frac{\partial \pi_2}{\partial s_2}-2\lambda_2 s_2=0$$

解得：$s_1{}^*=\frac{\gamma^3+\gamma\lambda_2(3\mu+c_2-2c_1)}{(\lambda_1+\lambda_2)\gamma^2-3\lambda_1\lambda_2(c_1-c_2-2\mu)}$；

$$s_2{}^*=\frac{\gamma^3+\gamma\lambda_1(3\mu+2c_2-c_1)}{(\lambda_1+\lambda_2)\gamma^2-3\lambda_1\lambda_2(c_1-c_2-2\mu)}$$

利润最大化的必要条件是：$\frac{\partial^2 R_1}{\partial s_1^2}\leqslant 0$；$\frac{\partial^2 R_2}{\partial s_2^2}\leqslant 0$

即：$\frac{\gamma^2}{\lambda_1}\leqslant 3(c_1-c_2-2\mu)$；$\frac{\gamma^2}{\lambda_2}\leqslant 3(c_1-c_2-2\mu)$。

在定理 3.2 的条件成立时，产品服务的影子价格（即为提高产品服务质量所花费的成本）较小的体育赛事的产品服务水平较高，并且竞争对手服务质量的影子价格越高，给赛事带来的服务质量效用越高。从定理 3.2 还可以看出，当赛事的单位产品服务质量给赞助商带来的单位效用确定时，赛事的服务质量选择具有相互替代性，其原因在于$\lambda_1 s_1{}^*+\lambda_2 s_2{}^*=\gamma$。所以当某个赛事选择较高的产品服务质量时，另一个赛事的需求必然减小，收益随之降低。这可以解释现代体育产业兴起的背景下，各个体育赛事纷纷扩展赛事举办范围，提高赛事产品服务质量的现象。

三、分析 3：考虑运动员多归属

体育运动员作为体育市场上的主要劳动力，在体育赛事平台中具有多归属特征，即他们会在赛季不同时间分别代表俱乐部、地区或者国家参加多种比赛。如NBA、CBA球员会以俱乐部球员身份参加赛季的篮球常规赛、季后赛、明星赛，代表国家参加洲际比赛、奥运会、世界篮球锦标赛等。同时，为了使自己的职业生涯尽可能延长，使自己的市场影响力深远以获取广告商的青睐，除了在比赛技能上竞争，同时还要使他们的产品更加精彩、更具有可观赏性。因此，运动员的多归属特征属于理性经济行为。运动员方面的配合，满足了体育消费者对新奇与便利的要求，同时也使运动员经济收入极大提高（参见表3.3），客观上也刺激了体育赛事市场的繁荣。

表3.3 2007福布斯体育富翁排行榜①

排名	姓名	年收入（单位：美元）	运动项目	国籍
1	泰格·伍兹	1亿	高尔夫球	美国
2	奥斯卡·德·拉·霍亚	4300万	拳击	美国
3	菲尔·米克尔森	4220万	高尔夫球	美国
4	基米·莱科宁	4000万	F1	芬兰
5	迈克尔·舒马赫	3600万	F1（退役）	德国
6	大卫·贝克汉姆	3300万	足球	英格兰
7	科比·布莱恩特	3290万	篮球	美国
8	沙奎尔·奥尼尔	3190万	篮球	美国
9	迈克尔·乔丹	3100万	篮球（退役）	美国
10	罗纳尔迪尼奥	3000万	足球	巴西

因此，参加赛事的体育运动员追求参加更多的赛事，追求每一场比赛的精彩表现，以获得更多的注意力或经济回报。尽管那些超越常人的运动员，如迈克尔·乔丹、泰格·伍兹都是天生的，而不是运作出来的；但是，每一个体育组织还是需要确保有要求和体制来推广最具天分和最受欢迎的运动员，保证他们有最大的曝光度，这会为整个体育赛事带来好处。表3.4显示的NBA球衣中国区销售榜，体现NBA联盟充分利用了运动员的这种多归属特征，进而实现了NBA及其衍生产品向中国的扩张。

① 福布斯体育富翁榜是美国权威经济机构、著名商业杂志《福布斯》对体育产业进行深入调研后，用科学的评估方法对产业名人前一年的媒体曝光率、对产业贡献的商业价值进行的综合排名。

表 3.4　NBA 球衣中国区销售榜

排名＼赛季	2006—2007		2007—2008	
	球员	所属球队	球员	所属球队
1	科比·布莱恩特	洛杉矶湖人	科比·布莱恩特	洛杉矶湖人
2	阿伦·艾弗森	丹佛掘金/费城 76 人	凯文·加内特	波士顿凯尔特人
3	特雷西·麦格雷迪	休斯敦火箭	特雷西·麦格雷迪	休斯敦火箭
4	德怀恩·韦德	迈阿密热火	保罗·皮尔斯	波士顿凯尔特人
5	勒布朗·詹姆斯	克利夫兰骑士	阿伦·艾弗森	丹佛掘金
6	姚明	休斯敦火箭	吉尔伯特·阿里纳斯	华盛顿奇才
7	凯文·加内特	明尼苏达森林狼	勒布朗·詹姆斯	克利夫兰骑士
8	蒂姆·邓肯	圣安东尼奥马刺	德怀恩·韦德	迈阿密热火
9	卡梅隆·安东尼	丹佛掘金	德怀特·霍华德	奥兰多魔术
10	吉尔伯特·阿里纳斯	华盛顿奇才	姚明	休斯敦火箭

资料来源：根据 NBA 官方网站资料整理。

四、分析 4：综合考虑

前面分别考虑了观众、赞助商以及运动员的多归属和赛事平台差异化的关系。随着赛事产品内容普遍提升以及技术创新速度日益加快，很多体育赛事领域逐渐成为寡头竞争市场。综合考虑赛事参与各方的多归属特征，以争夺竞争对手的老客户为目的而进行赛事差异化，已经成为赛事竞争的市场主流。

下面运用 Hotelling 模型对双寡头赛事差异化竞争进行分析。由于技术进步和管理手段的连续性，体育赛事一般都要经过连续的升级。这里仅研究其中的某一次升级，比如说在赛事运营的第 t 阶段，厂商同时进行升级，则将前一阶段的状态设为初始状态。也就是说，假设厂商在初始状态下已经具有一定的网络规模，且在双寡头模型中，两个赛事的产品具有横向差异，每个赛事的升级产品与原来产品具有质量上的纵向差异且后一阶段的质量始终高于前一阶段的质量。

A、B 两个赛事厂商位于单位线性城市的两端，假设它们已经建立的网络规模为 z_i^0，$i=$（A，B）。为不失一般性，设 $z_A^0>z_B^0$，令 $\Delta z_0=z_A^0-z_B^0$。这里称升级前（即初始状态下）已观赏过某一赛事产品的消费者为老客户，升级阶段新进入市场第一次观赏赛事产品的消费者为新客户。假定消费者在线性城市上均匀分布，设老客户的密度为 m，新客户的密度为 λ。因为是单位线性城市，这里 $m=z_A^0+z_B^0$。设厂商的边际生产成本为零，把赛事成本设为需求方的，这比较符合赛事产业的特点。为简便起见，设同一个消费者对两种不同的赛事产品认知的学习成本相同，但是初次观赏赛事的学习成本高于升级时的学习成本。设消费者的类型参数 θ（用不同地理位置表示）在[0，1]上均匀分布。类型参数为 θ 的消费者第一次观赏时的学习成本为 θc_0，赛事升级时的学习成本为 θc_v。因此，类型不同的消费者在学习成本上的差异形成了对产品的不同偏好。θ 越小，表示对赛事厂商 A 的产品偏好越强；θ 越大，表示对赛事厂商 B 的产品偏好越强。令 $\theta_0=\dfrac{z_A^0}{z_A^0+z_B^0}$，表示赛事厂商 A 在初始阶段的市场占有率（也可以理解为厂商 A 的老客户中对赛事 A 的偏好最弱的消费者类型）。消费者从观赏一种赛事转换到观赏另一种赛事时会发生转换成本。当观赏赛事产品 A 的消费者转而选择产品 B 时发生转换成本 s_{ab}，使用产品 B 的消费者转而选择产品 A 时发生转换成本 s_{ba}。考虑消费者重叠的市场，即老客户和新客户市场有重叠。

当赛事厂商实施竞争性升级时，把消费者分为三类：先前观赏过赛事的老观众、竞争对手的老观众、第一次观赏赛事的新观众，假设市场为完全覆盖。分别给出三种价格（以厂商 A 为例）：对观赏赛事的老观众收取升级价格 p_A^u，对新观众收全价 p_A^f，而向对手的老顾客收取竞争性价格 p_A^c。赛事升级一般是对原有赛事产品在竞赛质量上的提高，或者在娱乐功能上的进一步完善。本模型设观众对赛事厂商 i 的原有赛事产品和升级产品的质量效用评价分别为 v_i^0、v_i^1，$i=$（A，B），令 $\Delta v_i=v_i^1-v_i^0$。假定两种赛事产品具有对称的部分兼容性（如足球产业中的欧洲杯和世界杯中球员的多归属、球队的多归属），β 为兼容系数且 $0\leqslant\beta\leqslant1$，表示一个赛事厂商从另一个厂商的网络中可以获得的收益比率，β 越大表明兼容性越强。观众对赛事 A 的网络效用的预期为 z_A^w，设它与网络规模成线性关系，则 $z_A^w=\alpha$（$z_A^0+\beta z_B^0$），α 表示网络外部性强度指数。这里只考虑消费者的静态预期，即观众对网络效用的评价取决于上一期的双边网络规模。

下面先以赛事 A 为例讨论老客户市场中类型为 θ 的消费者的效用函数。

已经观赏过赛事 A 上一代产品而在本阶段选择升级的消费者的效用函数为：

$$u_A^u=v_A^1-v_A^0-p_A^u-\theta c_v+z_A^w$$

已经观赏过赛事 A 上一代产品而在本阶段选择赛事 B 的升级产品的消费者效用函数为：

$$u_B^c = v_B^1 - p_B^c - (1-\theta)\ c_0 - s_{ab} + z_B^w$$

新客户市场中类型为 θ^f、观赏赛事 A 的升级产品的消费者效用函数为：

$$u_A^f = v_B^1 - p_B^f - (1-\theta^f)\ c_0 + Z_B^w$$

假设市场是完全覆盖的。对于某个赛事的老观众而言，他面临着两种选择，要么观赏本赛事的内容升级版，要么选择另一个赛事的升级产品。设赛事 A 的老观众中边际消费者的类型为 θ_a（显然 $\theta_a \leqslant \theta_0$），他在两种产品间选择的无差异条件是 $u_A^u = u_A^c$，即：

$$\theta_a = \frac{\Delta v_{AB} - v_A^0 - p_A^u + p_B^c + \alpha\ (1-\beta)\ \Delta z_0 + c_0 + s_{ab}}{c_0 + c_v} \tag{3.20}$$

于是赛事 A 的老观众中有 $\theta_a m$ 的消费者选择本赛事升级产品，$(\theta_0 - \theta_a)\ m$ 的消费者选择赛事 B 的升级产品。

同理，赛事 B 的老观众中边际消费者类型为 θ_b（显然 $\theta_0 \leqslant \theta_b$），他在选择本赛事升级产品和观赏竞争对手赛事 A 的升级产品之间的无差异条件为 $u_B^u = u_B^c$，即：

$$\theta_b = \frac{\Delta v_{AB} + v_B^0 - p_A^c + p_B^u + \alpha\ (1-\beta)\ \Delta z_0 + c_v - s_{ba}}{c_0 + c_v} \tag{3.21}$$

于是赛事 B 的老观众中有 $(1-\theta_b)\ m$ 的消费者选择本赛事升级产品，$(\theta_b - \theta_0)\ m$的消费者选择赛事 A 的升级产品。

再来看新观众。新观众以全价观赏 A 或者 B 的产品，观赏赛事 A 的消费者为 $\theta_a^f \lambda$，边际消费者 θ_a^f 在选择赛事 A 和 B 之间的无差异条件是 $u_A^f = u_B^f$，即：

$$\theta_a^f = \frac{\Delta v_{AB} - p_A^f + p_B^f + \alpha\ (1-\beta)\ \Delta z_0 + c_0}{2c_0} \tag{3.22}$$

赛事 A 最大化的本阶段利润为：

$$\pi_A = m[p_A^u \theta_a + p_A^c\ (\theta_b - \theta_0)\ + p_A^f \theta_a^f] \tag{3.23}$$

赛事 B 最大化的本阶段利润为：

$$\pi_B = m[p_B^u\ (1-\theta_b)\ + p_B^c\ (\theta_0 - \theta_a)\ + p_B^f\ (1-\theta_a^f)] \tag{3.24}$$

求得均衡价格 p、需求 θ 和利润 π 分别为：

$$p_A^u = \frac{1}{3}[\varepsilon_1 + \theta_0\ (c_0 + c_v)]；\ p_B^u = \frac{1}{3}[\varepsilon_2 + \ (1-\theta_0)\ (c_0 + c_v)] \tag{3.25}$$

$$p_A^c = \frac{2\ (1-\theta_0)\ (c_0 + c_v)\ - \varepsilon_2}{3}；\ p_B^c = \frac{2\theta_0\ (c_0 + c_v)\ - \varepsilon_1}{3} \tag{3.26}$$

$$p_A^f=\frac{2c_0+\varepsilon_3}{3};\ p_B^f=\frac{4c_0-\varepsilon_3}{3} \tag{3.27}$$

$$\theta_a=\frac{\theta_0}{3}+\frac{\varepsilon_1}{3(c_0+c_v)};\ \theta_b-\theta_0=\frac{2(1-\theta_0)}{3}-\frac{\varepsilon_2}{3(c_0+c_v)} \tag{3.28}$$

$$\pi_A=\frac{[\varepsilon_1+\theta_0(c_0+c_v)]^2}{9(c_0+c_v)}m+\frac{[2(1-\theta_0)(c_0+c_v)-\varepsilon_2]^2}{9(c_0+c_v)}m+\frac{(2c_0+\varepsilon_3)^2}{18c_0}\lambda \tag{3.29}$$

$$\pi_B=\frac{[\varepsilon_2+(1-\theta_0)(c_0+c_v)]^2}{9(c_0+c_v)}m+\frac{[2\theta_0(c_0+c_v)-\varepsilon_1]^2}{9(c_0+c_v)}m+\frac{(2c_0+\varepsilon_3)^2}{18c_0}\lambda \tag{3.30}$$

其中：

$$\varepsilon_1=\Delta v_{AB}-v_A^0+\alpha(1-\beta)\Delta z_0+c_0+s_{ab} \tag{3.31}$$

$$\varepsilon_2=\Delta v_{BA}-v_B^0-\alpha(1-\beta)\Delta z_0+c_0+s_{ba} \tag{3.32}$$

$$\varepsilon_3=\Delta v_{AB}+\alpha(1-\beta)\Delta z_0+c_0 \tag{3.33}$$

根据式3.28—3.36，可以得出以下结论：

结论1：当$\theta_0-\theta_a>0$即$\Delta v_{BA}+v_A^0+\alpha(1-\beta)\Delta z_0>c_0+s_{ab}-2\theta_0(c_0+c_v)$时，赛事$B$可以从赛事$A$手中夺取数目为$\left[\frac{2\theta_0}{3}-\frac{\varepsilon_1}{3(c_0+c_v)}\right]m$的老观众。当$\theta_b-\theta_0>0$即$\Delta v_{AB}+v_B^0+\alpha(1-\beta)\Delta z_0>c_0+s_{ba}-2(1-\theta_0)(c_0+c_v)$时，赛事$A$可以从赛事$B$手中夺取数目为$\left[\frac{2(1-\theta_0)}{3}-\frac{\varepsilon_2}{3(c_0+c_v)}\right]m$的老观众。

该结论给出了两个赛事在竞争性升级时成功地从竞争赛事中夺走观众的条件和数目。可以看到，在实施竞争性升级时，从对手手中争夺的客户数目与以下三个因素有关：(1) 消费者对两种升级产品质量评价的差异；(2) 两个厂商的网络规模差异；(3) 转移成本大小。当网络外部性很强时，两个赛事的网络规模差异比产品质量水平差异更为重要：规模小的赛事即使提高产品质量、降低转移成本，仍然无法从网络规模较大的赛事手中抢夺客户。如果两个赛事网络规模相差不大，则规模小的厂商可以通过大幅度提高产品差异化质量和降低转移成本从对手手中争取到观众。

结论2：当$\Delta v_{AB}+\alpha(1-\beta)\Delta z_0>0$时，$p_A^f>p_B^f$，$\theta_a^f>\frac{1}{2}$。该结论表明，在一定条件下，赛事的初始网络规模优势对其技术劣势具有一定的抵消作用，其中网络外部性强度是决定这个抵消作用大小的主要变量。显然，网络规模小的厂商在新观众市场的竞争中处于更为不利的地位，因此，它只能在本期索取更低的价格。如果网络外部性很强，即便网络规模较大的赛事的产品质量评价低于对手，在一定范围条件内 [$\Delta v_{AB}+\alpha$ $(1-\beta)$ $\Delta z_0>0$]，它仍然可以索取较高的价格并在新观众市场上获得过半的市场份额。

结论 3：竞争性升级成为帮助消费者进行赛事产品升级或转换的手段。在本节模型中，对赛事 A 而言，实行竞争性价格的充分条件为：

$$s_{ba}<2(1-\theta_0)(c_0+c_v)+v_B^0+\alpha(1-\beta)\Delta z_0+\Delta v_{AB}-c_0 \text{（此时 } p_A^c>0\text{）}$$

由于市场完全覆盖，老观众在赛事升级产品和另一赛事升级产品之间进行选择，当转换成本较高的时候，老观众在一定程度上被锁定，网络外部性的存在则进一步强化了这种锁定。为了把竞争对手的老观众吸引过来，赛事需要降低转换成本并制定相应的竞争性价格。这样，一方面，转换成本减弱了具有更高观赏意愿的消费者的需求弹性；另一方面，转换成本又增加了具有较低购买意愿的消费者的需求弹性。同时，转换成本降低使实施竞争性价格成为帮助消费者进行产品升级的一种手段。

结论 4：$p_A^f-p_A^u=v_A^0-s_{ab}+2c_0-\theta_0$ (c_0+c_v)，即全价和赛事升级价格之间的差额与转换成本及初始阶段市场份额成反比。因为较低的转换成本意味着对消费者的锁定较为困难，所以：在初始网络规模给定的情况下，消费者转向观赏其他赛事的转换成本越低，厂商给予赛事升级的折扣也就越大；在转换成本一定的情况下，赛事的市场份额越大，厂商给予赛事升级的折扣越小。

第三节　经验证据

一、案例分析 1：NBA 中国赛

美国 NBA 联赛于 1946 年成立，是全球性的体育运动及娱乐品牌。在 2006—2007 赛季，NBA 以 41 种语言向 215 个国家及地区提供 4.5 万小时的电视节目。中国是 NBA 除美国之外的第二大市场。NBA2007 中国赛[①]于 2007 年 10 月 17—20 日在上海、澳门共进行了三场比赛。根据我们构建的体育服务性产品差异化模型，现在对影响 NBA2007 中国赛市场需求量的五个决定因素——基本需求 $(\frac{a_1+a_2}{2})$、压力强度 (a_2-a_1)、价格差异 (p_2-p_1)、消费者的心理差异$(\theta_1-\theta_2)$以及移动成本率 t 进行分析。

---

① NBA 中国赛是 NBA 球队在中国的几场季前赛，目的是锻炼球员和开拓中国市场，先后于 2004 年、2007 年、2008 年举办。

（1）人口规模效应对基本需求的支持。中国4倍于美国的人口和不断提高的居民收入，NBA长期与中国政府和企业的合作、在青少年中普及推广篮球运动和NBA，保证了篮球赛的基本需求，使NBA成为在中国最受欢迎的运动联赛。有关数据见表3.5。

表3.5　2007年NBA在中国推广的基本情况

篮球运动爱好者	球迷结构	中国观众	转播和零售网点	机构和合作伙伴
中国有3亿人打篮球	15到24岁的球迷中，有83%是NBA球迷	在中国的电视转播收看人次高达12亿	与中国51家电视台建立了良好关系，可以在超过2万个零售点买到NBA产品	大中华地区有4个办事处，在中国共有16个市场合作伙伴

数据来源：解放日报2007年10月19日。

（2）市场竞争强度相对较弱。在市场竞争的压力强度方面，来自其他赛事的竞争较小，主要原因在于：一是引入的运动赛事不普及，国内观众不熟悉，消费者基数低，比如橄榄球运动是美国的第一运动，在中国却很少有人了解。二是国内比赛不激烈，水平低，市场化改革和商业化运作尚不成熟。表现在赛事门票价格方面，NBA2007中国赛门票价格普遍高于2007F1世界一级方程式中国大奖赛门票价格、2007中国网球公开赛门票价格、2007中国CBA全明星赛票价。有关数据见表3.6。

表3.6　2007年世界顶级赛事中国赛门票价格

NBA2007中国赛	2007F1世界一级方程式中国大奖赛	2007中国网球公开赛	2007中国CBA全明星赛
200元（学生票）、800元、1000元、2000元、3000元、4000元	3月31日前购买决赛610元、1780元；4月30日前购买决赛645元、1880元；5月1日起购买决赛680元、1980元；三天（练习、排位、决赛）套票按看台区域380—3980元（380元为无座席看台）	外围场地票20元；半决赛200元、400元、600元；决赛400元、600元、800元	80元（学生票）、180元、280元、380元、480元、1180元

数据来源：根据赛事举办方官方网站整理。

（3）产品体验性效果显著。NBA代表了世界最高水准的篮球赛事，观众渴望看到这样的表演。职业的球队，原汁原味的NBA表演，让观众真正感受NBA赛场的氛围，满足了消费者的心理需求。有关资料见表3.7。

表3.7　NBA2007中国赛上海赛场情况

球队和明星	规则	现场互动	观众	比赛精彩程度
克利夫兰骑士和奥兰多魔术，前者是上赛季东部冠军，球星是詹姆斯（2003年状元秀）和霍华德（2004年状元秀）	执行美国NBA比赛规则。NBA比赛规则每年都进行调整，从当初的13条，发展成为13章、几百条	魔术拉拉女郎的曼妙辣舞，吉祥物尽心尽责的搞笑节目，现场DJ的鼓动煽情	现场观众1.5万人，明星观众包括陈冠希、李连杰、孙雯、keny G、NBA总裁大卫·斯特恩等	经过48分钟激战，最终魔术队凭借当家球星霍华德31分、14个篮板的神勇表现，在第四节实现大逆转，以90：86战胜了骑士队，詹姆斯全场拿下17分

资料来源：根据赛事举办方官方网站整理。

（4）市场交易费用的降低。NBA2007中国赛，在上海和澳门分别举行，使中国观众在本土现场观看NBA比赛，降低了消费者的交通费用和时间成本。由于时差原因，美国NBA比赛一般在中国上午时间进行，而此次中国赛安排在晚上，符合中国人的工作生活安排。中央电视台及上海文广新闻传媒集团五星体育频道直播全部三场比赛，使国内没有机会去现场看球的观众也能看到真实的NBA比赛。

（5）创新售票制度和成本控制。NBA2007中国赛为防止假票和黄牛票，购票球迷会获得门票兑换券，并需在指定时间内以兑换券换取正式的NBA中国赛门票。每名球迷购买球票需出示身份证，并就购买数目设定了上限；同时特设人民币200元学生票，以鼓励并培养年轻人的参与。通过赞助商的途径解决部分成本，主要包括骑士和魔术两支球队的出场费、来华参赛的主场损失和包机费用。具体承办方上海体育局负责两支球队的食宿、交通和安全保卫工作。除双方都参与门票收入的分成外，所有的商务开发权属于NBA，有效保障了NBA的权益。

NBA中国赛的成功，是产品差异化的成功范例。从NBA中国赛的推广路径看，NBA将中国赛看作产品，使用广告设计、市场合作计划、修改比赛规则、媒体舆论宣传等手段，在产品价格、心理导向、赛事竞争上使中国观众接受并喜欢NBA，使NBA更好看、更好玩、更有商业价值。目前，能把握中国体育消费市场脉搏的基本上都是以NBA为代表的国外赛事品牌。面对国际体育厂商涌入中国这个巨大市场的现实挑战，必须以赞助商和消费者双边需求为首要条件，实现体育赛事产品的差异化，这样才能使国内体育赛事产业增强在国内和国际市场上的竞争力。

二、案例分析2：CBA差异化定位

中国男子篮球职业联赛（Continental Basketball Association）简称CBA联赛，自2004—2005赛季实行“北极星计划”[①]，开始市场化运作。随着推广的不断成熟，CBA联赛日渐成为受人喜爱和关注的赛事，其推出的“CBA与我共成长”等系列品牌活动影响广泛。据新生代市场监测机构的调查，经过2005—2006赛季，CBA联赛关注度达到65.3%。虽有群众基础，但在消费者眼中，CBA市场亲和力不足，原因在于与球迷接触和互动少，宣传活动和推广活动缺少亮点，导致媒体曝光度低。

关于CBA赛事的定位，经过几个赛季的尝试和运营，赛事主办方达成一个共识：CBA就是CBA，它不是NBA，也不是其他类型赛事；CBA发展的阶段性决定了它不能与NBA在同一个层面上竞争，它的定位必须绕开这些强劲的对手，即实施差异化竞争策略，开创竞争对手所不具备的优势。基于大量的分析调查，主办方认为“地域特色”和“深度接触”是CBA亲近球迷、挑战竞争对手的最大优势。“地域特色”在于充分发挥各个俱乐部扎根城市的优势，使俱乐部成为城市符号，根据城市特点赋予球队特点及个性；“深度接触”则是通过各种互动活动，增强消费者与俱乐部、球员的接触，创造独特的品牌体验，开拓传播渠道，直击核心目标消费群。（参见表3.8）

① “北极星计划”由中国篮管中心主任李元伟2003年底提出，使命是通过调查、研究、分析，制定中国男篮职业联赛新的蓝图战略，并希望把2004—2005赛季作为一个不凡的新起点，打造一个如北极星般绚烂的崭新赛季。

表 3.8 2006—2007 赛季 CBA 赛事品牌定位和活动安排

CBA 定位	策略	活动	效果
自己的联赛	依托俱乐部，依托 CBA 带给球迷的独特体验，建立归属感	1. 大规模户外推广活动； 2. 大规模赛场同步互动； 3. 球迷“烽火诸侯”和“篮球超人”挑战赛等； 4. 篮球主题演出活动。	1. 在借鉴 NBA 经验基础上，融汇民族文化，使赛事新颖有创意； 2. 关注度增强，CBA 揭幕战后 10 天内百度收录相关报道总计 17.6 万篇； 3. “my team，my game，my CBA” 开始为球迷接受。
民族的联赛	不学其他赛事的 hip-hop，延续 CBA 与生俱来的风格	1. 武侠概念包装 CBA 全明星赛； 2. 总决赛“问鼎”精彩亮相； 3. 揭幕战“烽火诸侯”上演中国书法舞，球员古典装束出场。	

资料来源：根据 CBA 官方网站整理。

由此，CBA 的定位基本明晰，CBA 是诞生于民族文化的、我们自己的、可接触的联赛，“My team，My game，My CBA”的口号就是来源于此。“自己的”和“民族的”内外两条线，形成了 CBA 与竞争对手抗争和品牌形象定位的差异点，也是 CBA 赢得消费者的独有资源。“自己的联赛”是内线；“民族的联赛”是外线，是 CBA 对外呈现的面孔。几个赛季以来，赛事主办方在 CBA 品牌传播活动中不断突出这两点，赞助商数量和质量都有了明显提升。(参见表 3.9、表 3.10)

表 3.9 2006—2007 赛季 CBA 揭幕战活动

次序	活 动
开幕式	1. “书法舞”拉开序幕，红衣女舞者将舞蹈与书法融合一体，“书写”出“烽火诸侯”。 2. 熊熊火焰渲染出旷古侠士的凄美与豪迈，13 名白衣美少女和青铜色的秦俑战士战车悬挂在高高的球场上空。 3. 舞月天使的《神话再现》恍惚间把人带回到那个战火纷飞的时代。 4. 16 面写有各个俱乐部名称的大旗飘扬在舞台上，气势恢宏。
球员入场	1. 易建联身披黄袍擂响战鼓带领广东宏远队走上台来，接受总冠军戒指；球员们把右手放在心脏的位置，以示胜利的神圣。 2. 王治郅带领八一队，以同样的声势上场，剑拔弩张的气氛被渲染得淋漓尽致。

续表

次序	活　动
赛场外活动	1. 整个开幕日的现场活动从10点持续至深夜23点。 2. 现场球迷可以参加“烽火诸侯”挑战赛和“篮球超人”挑战赛等游戏。 3. 近千份礼品派发，广场三个大型屏幕及数个小型屏幕同时转播比赛现场开幕式。在广场，所有活动和氛围都将与比赛现场同步，让每个球迷觉得身临赛场一般。
揭幕战后	1.80分钟的大型篮球主题演出活动开始，球星们来到赛场与球迷见面互动。 2. 在现场举办贵宾酒会，幸运球迷有机会与球星一起进餐、照相。

资料来源：根据CBA官方网站整理。

表3.10　2007年CBA赛事赞助商

赞助商类别	赞助商名单
合作伙伴	中国移动、安踏、戴梦得、UPS
供应商	怡宝、金陵体育、斯伯丁、雅客、增致牛仔、柒牌、奇声、SBS浔兴、SKINS、TISSOT、《体育画报》

资料来源：根据CBA官方网站整理。

从CBA市场定位和品牌推广活动，我们可以得出以下启示：

（1）寻找并锁定目标客户群，弱化市场竞争强度。我国体育产业的目标客户应该包括：一是合同客户群，即与竞赛主办机构购买事宜有关的客户；二是境外公众，包括香港、澳门和台湾的消费者；三是境内公众，包括学生和青少年运动员群体。赛事主办方应该采用组织形式网络化、多样化的竞争手段，将竞争对象纳入自己的势力范围，弱化竞争行动对其他企业的短期压力，增加模仿和反击的难度，弱化赛事市场上的竞争强度。

（2）突出时尚娱乐文化特征的赛事差异化定位战略。体育赛事主办方在品牌建设和广告宣传方面，注重突出地域特色和娱乐文化特色；推行以差异化竞争为主的蓝海策略，使产品品质、观众和赞助商参与、赛事转播得到统筹安排；关注体育消费者的情感、感受的相关动因，让消费者将体育活动与某些情感相联系，让他们融入赛场的氛围，获得观赏体育竞赛表演带来的心理或情感满足。

（3）体育赛事核心资源的充分利用。体育运动员是体育赛事的核心资源，他们为了使自己的职业生涯尽可能延长和获取赞助商支持，除了在比赛技能上竞争，也要使他们的表演更加精彩、更加具有可观赏性。因此，他们会在一定程度上配合赛事主办方，共同奉献一场精彩赛事。比如，CBA 就充分发挥了易建联和王治郅在联赛中的偶像和人气作用。

（4）巧妙利用双边市场消费者结构，制定差别化价格结构和价格水平。观众和赞助商的需求价格弹性不同，使高价格明显倾斜到赛事赞助商一边。也就是说，观众（消费者）支付较少的交易费用（赛事门票价格），而赞助商却支付高额赞助费用。赛事通过选择合作伙伴和赞助商，控制和降低成本费用；选择合适的比赛场所和交通工具，降低消费者的交通费用。要按照赞助商的需要和偏好差别进行市场细分，价格区间要符合中国国情和行业发展水平，并适当拉开赞助价格差距。

总之，面对国际体育厂商涌入中国这个巨大市场的现实挑战，必须充分重视赞助商的多归属行为和赞助偏好，逐渐从以成本竞争为主的红海战略过渡到以差别化竞争为主的蓝海战略，满足受众心理感受以扩大客户基础，提高赛事知名度以满足赞助商产品推广需要，进而实现体育赛事差异化竞争和良性发展。

本章探讨了观众消费者在双边市场形态的体育赛事中是否显著影响体育赛事的差异化定位及市场策略，同时考虑了赞助商的多归属和赛事的差异化竞争。随着电视传媒弥补了体育赛事的时空局限性，赞助商在体育赛事和电视媒体之间的徘徊和抉择，将是第六章的研究重点。

第四章　进入壁垒与进入者竞争

体育赛事平台在成功对赛事进行差异化定位后，接下来面临的是如何进入市场的问题。在产业经济学市场结构分析中，进入壁垒理论从新企业如何进入市场的角度来考察市场关系的动态变化，考察在位企业和潜在进入企业之间的竞争关系及市场中潜在的竞争强度。进入壁垒关系到哪些企业能够进入市场以及如何限制在位企业的价格上涨。体育赛事平台为构建双边市场，必须面对具有双边市场网络外部性特征的新形式的进入壁垒。

第一节　双边市场进入壁垒分析

一、传统产业组织理论中进入壁垒表现形式

所谓进入壁垒，是指在位企业相对于潜在进入者的优势，体现在在位企业可以持续地把价格提高到完全竞争水平以上而并没有引起新厂商进入的程度。根据一般的进入壁垒理论，进入壁垒可以分为结构性进入壁垒和策略性进入壁垒。

结构性进入壁垒主要是由产业的供给技术条件和市场需求偏好特点造成的，是厂商在利润最大化的市场竞争中自发形成的在位者优势。以贝恩（Bain）为代表的结构主义学派对市场进入壁垒进行了系统的理论研究和跨行业的经验主义分析，认为进入壁垒的来源主要有：（1）规模经济壁垒。具有规模经济优势的大厂商不仅可以挫败规模小的竞争者的进入，还可以挫败具有大的规模的厂商的进入。因为大规模厂商将显著地增加产业的产量；一旦一个产业的规模经济比较显著，规模经济本身就会形成针对后入者的进入壁垒——迫使进入者要么一开始就采取大规模生产并承担遭受在位企业强烈抵制的风险，要么采取小规模生产而接受产品成本方面的劣势，而无论哪一种对后入者都是不利的。（2）产品差别化壁垒。相对于新进入的产品而言，买

者对一部分或全部在位厂商的产品具有暂时或长期的偏好，包括买者对某个品牌的忠诚度、买者对某些卖者信誉的依赖、在位厂商通过自身拥有的专利权对优良产品设计具有排他性控制、在位厂商对营销渠道的控制等。（3）绝对成本壁垒。在位者作为市场的先行者，往往拥有后入者无法匹敌的成本优势，无形中构成了进入壁垒。新企业的生产成本总是高于现有企业，使得新企业难以进入。在位厂商的绝对成本优势，包括获得专利保护的优越的工艺技术、对基础资源供应的控制、在位者的学习或经验曲线等等。（4）政策性垄断，限制甚至封锁新企业的进入通道。（见表 4.1）（5）转移成本壁垒。转移成本也构成进入壁垒，消费者由从原在位者那里购买产品转为从市场后入者那里购买产品需要支付一定的转移成本，因而对后入者的产品缺乏积极主动的消费意愿。（6）分销渠道壁垒。新的进入者要实现市场效益，需要确保其产品的分销渠道的数量和畅通，这一要求也构成进入壁垒。

表 4.1　垄断势力与进入壁垒

约束力量	约束机制	特点
市场竞争	1. 消费者的“自由选择”； 2. 多个企业竞相争夺消费者。	1. 存在规模经济、进入壁垒、市场分割等导致市场竞争不完全的因素； 2. 可能出现合谋和掠夺两种反竞争行为。
反垄断等竞争政策	1. 通过宣布某些行为“非法”，限制企业的反竞争行为； 2. 消费者、企业、政府都可以起诉垄断行为。	1. 政府通过法律间接进行管制； 2. 健全的司法体系； 3. 垄断企业在法律上拥有优势； 4. 很多国家缺乏反垄断法传统。
政府直接管制	政府对行业的准入、价格、数量、质量等进行管制。	1. 管制可能有太多不尽如人意的地方，可概括为“管制失败”。故芝加哥学派认为公共利益难以通过管制来保障，管制机构容易被贿赂。 2. 哈佛学派相对比较相信政府的干预力量。
拆分垄断	直接的市场结构政策，拆分垄断者。	1. 在美国，主要是司法部通过法律拆分垄断者； 2. 在中国，主要是政府拆分自己的国有企业。

策略性进入壁垒是指在位厂商为保持其市场的垄断或寡占地位而采取的有意识的阻止进入策略，比如掠夺性定价、生产能力扩张等。Scherer（1980）在其经典的SCP分析范式中，肯定了企业行为对市场结构的反馈作用，指出“买方企业在协调他们共同的价格作用时追求的策略可以提高或降低进入障碍，影响市场结构”。基于策略性行为的市场进入理论是在BSM（Bain，Sylos-Labini，Modigliani）限制性定价模型的基础上展开的。这一模型认为在位企业很难使进入企业相信其在后者进入后将保持原来的产出水平不变，故现有企业为了巩固其市场地位、减少新企业进入产业后对自己的威胁，会采取限制性定价、渗透性定价等各种对策，以此来威慑甚至阻止新企业的进入。

由此可见，进入壁垒的存在是新进入者不能克服的，同时也是在位厂商无需特别努力就能拥有的外部条件。换句话说，进入壁垒本身是外在的，或者用贝恩的话来说，是一种“制度性优势”。进入壁垒无疑是一道屏障，这道屏障保护在位的卖者，而其他厂商必须克服这道屏障才能够进入该领域参与竞争。

厂商进入和退出某个市场的过程也就是市场结构的形成过程，而市场竞争依赖于市场结构。换言之，研究市场进入对于理解其后的市场竞争将有裨益。对潜在进入厂商而言，市场进入决策通常面临两种时点类型：给定时点和最佳进入时点。第一种需要集中考察在给定事后竞争规则的情况下，潜在进入厂商与在位厂商之间进入决策的均衡及其对事后竞争战略均衡的影响。这类进入决策为非柔性市场进入决策。第二种则放松了“固定时点上决策”的要求，试图通过增加决策灵活性来描述现实中“根据观察到的信息趋利避害”的决策行为，进而给出相应的决策规则和价值。这种类型增加了决策灵活性，因此被称为柔性市场进入决策。可见，对决策行为的规定对研究市场进入有重要影响。

二、双边市场的进入壁垒形式

规模经济、范围经济是从生产函数或成本函数的技术角度来透析双边市场的影响的，也就是通过成本弱增性来定义双边市场的进入壁垒。在现实中，一个具有间接网络外部性的双边市场可能同时存在着规模经济和范围经济。规模经济与范围经济的不同之处在于：规模经济是针对一种产品而言，借助增加产量以降低成本；范围经济是针对多种产品而言，凭借增加产品或服务的种类达到降低成本的目的。网络外部性或者说需求方规模经济带来的价值增加不仅来源于供给者的成本节约，也涵盖网络使用者的效用增加。

在双边市场中，进入壁垒具有特殊性，其阻止进入的功能进一步增强，具体表现在五个方面：

第一，在双边市场中，需求方规模经济以及正反馈机制的特征强化了对后入者的进入壁垒。网络外部性是需求方规模经济的一种表现形式，消费者对产品的需求表现为产品用户网络规模的函数；随着消费者数目的增加，消费者能够获得的效用水平也就越大。较之于后入者，市场在位者具有用户安装基础规模上的比较优势，这在很大程度上阻碍了消费者对后入者产品的选择。

第二，在双边市场中，由双边组成的平台系统具有经济价值。双边市场的这种系统产品特性对后入者形成进入壁垒，这种壁垒是由在位者所拥有的完善配套设施构成的。

第三，双边市场所具有的竞争均衡特征进一步强化了进入壁垒。在双边市场中，不完全竞争的市场结构，乃至垄断的市场结构，是竞争的均衡状态的经常性表现形式，市场后入者很难改变这种市场格局。一方面，在位者处于市场垄断地位，产品在网络规模上具有不可比拟的优势，市场后入者难以望其项背，这是市场后入者先天的弱势；另一方面，在位者凭借其垄断者地位，平台产品拥有丰富且完善的配套体系。

第四，双边市场均衡状态的不完全竞争性强化了转换成本壁垒。从消费者角度而言，在位者垄断的市场地位意味着其产品拥有庞大的网络规模，一旦消费者转而加入后入者较小的产品网络平台，那么他们从产品网络价值中获取的效用水平将大大降低。在这种转换成本壁垒的影响下，新产品的市场规模难以扩大，阻碍了市场后入者的进入。

第五，在位者设置的技术标准壁垒。

三、网络规模与进入壁垒

从 20 世纪 80 年代开始，理论界广泛而深入地对网络外部性进行了研究，特别是在产业组织理论研究领域取得了丰硕的成果。但大部分研究都是建立在静态框架的基础上，并且直接假定网络外部性已经存在，因此在网络外部性的理论分析上还存在一些薄弱环节甚至是空白。目前，不论是理论界的学者还是企业界的决策层在不同程度上又出现了网络外部性概念的泛化、把网络规模优势绝对化的倾向，集中表现在对网络规模壁垒效应的认识存在两个误区：一是认为在网络经济中，企业用户的规模越大，其阻止市场进入的壁垒就越坚挺；二是认为拥有较大网络规模的企业对老客户的锁定能力很强大。正是基于此，很多网络企业才会激进地扩张用户规模，甚至不惜以短期内巨大的经济损失为代价。

网络规模经济经过喧嚣和骚动之后尘埃落定，泡沫破灭，一些学者重新审视网络规模的竞争性效果。曾有学者犀利地指出，认为网络用户规模在任何情况下都可以有效地遏制市场进入的观念是不对的。首先，较大的网络用户基数能够发挥阻止进入作用的前提条件是存在显著的网络外部性。换言之，当用户规模达到一定的市场容量临界点时，市场才会产生巨大的需求方正反馈效应，即网络效应。在后来者的技术（或服务）与在位者相比并无绝对优势的情况下，用户规模才会成为市场命运的决定性因素。在位者具有抢先建立用户基数的优势，在新技术（或产品）的效果或功能还不确定的情况下，消费者一般不会冒风险购买新产品。如果市场形成普遍预期，认为现有产品比新进入企业的产品未来更辉煌，那么就会有更多的消费者购买现有产品，进而形成良性循环。如果很少有人愿意购买新产品，新企业就会失去网络规模扩张的动力，并因为达不到临界容量而导致进入失败。其次，存在较高的转换成本，是网络用户基数能够形成进入壁垒的另一个必要条件。当消费者转换产品系统时，往往存在着转换成本。网络规模经济中的转换成本的产生不仅来源于消费者的经验效应，还来源于原有产品的网络效应。消费者一旦选择新产品，他将丧失原有网络规模带来的增值效用。比如，从 Windows 操作系统转为 Macintosh 操作系统，将无法运行大量基于 Windows 平台开发的软件。源于网络外部性的机会成本造成了在位企业对消费者的“锁定”效果。然而，随着技术的进步和产品易用性设计的增强，越来越多的网络产品不具有较高的转换成本。例如从 Netscape 转换到微软的 IE 浏览器，消费者的消费转换行为几乎不产生任何转换成本。因此，NCS、Netscape 的初始网络规模优势都未能阻止后来者的进入。可见，认为只要拥有较大的网络规模就拥有对老客户锁定的强大能力，这种观念也是不正确的。由以上分析不难发现，存在显著的网络外部性和较大的转换成本是用户基数成为策略性进入壁垒的前提条件。

第二节　体育赛事双边市场进入的理论分析

一、体育赛事市场进入壁垒与进入策略

构建体育赛事平台需要具备较高的投资成本和较高的技术条件，因此，

体育赛事双边市场进入壁垒相对较高。一般而言，这类平台运营企业本身具有网络效应特征，这就导致在产业市场中他们市场规模都相对较大，占据了绝大部分市场份额，呈现出“赢家通吃”特征。因此，体育赛事平台产业在具有网络性特征的平台产业中，市场集中度一般较高，市场格局呈现出的结构状态为垄断或寡头垄断。可是，双边市场需求具有相互依赖性，所以尽管某些平台企业拥有垄断市场地位，但其实施垄断的能力受到限制。在双边市场中，无视市场另一边的需求试图从单边用户中获取超额利润，实施这种策略无疑将是自我毁灭（self-defeating）的过程（Ricardo，2003）。平台如果向某边用户索取远远高于边际成本的价格，即使获取了超额利润，也是短期的和不稳定的。因为价格过高时，用户对平台产品和服务的需求将在很大程度上降低；而且由于存在交叉网络外部性效应，该边用户需求的减少将导致另一边用户对平台产品或服务的需求减少，形成恶性循环，最终导致平台交易量大幅下降。所以，尽管双边市场平台的市场状态是垄断或者寡头垄断的，但双边市场的特征同时也限制垄断。

体育赛事市场的进入壁垒追根溯源产生于双边市场的网络外部性，同时也与企业的策略性行为选择直接有关。网络外部性和转移成本对消费者产生“锁定效应”。从这一效应来看，是消费者在自发的选择中设立了市场进入壁垒，而不是生产者故意设立的。正如罗伯利·利坦、卡尔·夏皮罗所指出的，“一个利用网络外部效应——这是一种完全合法的手段——而取得支配地位的企业，可以凭借其掌握的已被牢牢锁定于使用现有产品和服务的众多顾客来阻止新竞争者的挑战。因此，新竞争者面临的进入壁垒可能相当高”（罗伯利·利坦、卡尔·夏皮罗，2003）。

在体育赛事双边市场中，关于进入障碍的关键问题是，在位企业是否具有进入者无法复制的特殊优势。首先，市场的高集中度对新进入者构成了进入壁垒。其次，消费者的偏好对买方或供货商具有选择性。市场一旦形成对在位者的偏好，那么新进入者的机会将变得非常渺茫。再次，巨大的投资常常也令新进入者望洋兴叹。这些构成了在位企业的特殊优势，这些优势将阻碍新进入者成功地“把市场双边拉到平台上”。因此，分析进入壁垒的焦点应当放在复制竞争优势的成本上，即把市场双边拉到平台上的成本的大小。

用户规模在很大程度上决定了厂商的竞争优势。在具有网络外部性特征的体育赛事产业中，影响平台价值的主要因素是产品及其兼容产品的用户安装基础。用户安装基础规模越大，消费者潜在的效用就越大，产品价值就越高。拥有技术标准的主导厂商为了巩固和扩大用户规模，保持竞争优势，常常面临着与潜在的竞争者进行竞争或者合作的问题。

许多成功的双边市场型企业似乎都采取了渐进式市场进入策略，通过这种方式逐步扩大自己的平台。例如很多银行卡系统都是从一个城市或地区开始，逐步扩展到全国。NBA 进入中国也是依次以邀请赛、访华友谊赛、季前赛形式逐步扩大在中国市场的影响力。一般而言，双边平台型企业要预测正确的应用技术和运作模式比较困难，因为要服务很多且相互依赖的客户，而成本对定价策略几乎没有参考意义。而且，由于客户的相互依赖关系，企业环境的变化可能也会对市场双边造成难以预测的影响。先进入市场的企业可能占得先机，也可能失败，成为后来者的前车之鉴。双边市场平台（特别是在新的双边市场中）企业几乎都是从零开始。先要建立有效的运作机制和合理价格结构，在平台经过检验之后再进行大规模投资建设，进而构筑市场双边的客户基础，这种市场进入方式切实可行。

二、体育赛事赞助商进入策略

当单个赞助商的利益取向与体育赛事的整体利益不一致时，体育赛事组织常常会面临几大难题，其中之一就是搭便车现象。当体育赛事运作良好时，有些赞助商会参与进来；当组织运作出现困难时，它们可能选择马上退出，让其他赞助商承担体育赛事的固定成本。这种行为将导致赛事组织很难进行长期资产性投资：如果投资成功，所有会员都是受益者；而一旦失败，成本却要由那些忠诚的赞助商承担。赞助商的忠诚度分散（divided loyalties）也会导致赞助商转投其他竞争性赛事或传媒组织的怀抱，这个问题同样弱化了体育赛事组织进行长期投资和规划的能力。大多数组织都通过制定规则来预防或防止赞助商的忠诚度分散。

以奥运赞助为例，赞助商必须测算奥运赞助的商业价值、获得赞助权的直接和间接成本，就像进行其他投资决策一样。

（1）直接成本。2001 年国际奥委会授予中国北京 2008 年奥运会主办权后，北京申办委员会改组为组委会，并形成正式决议开始 2008 年北京奥运会的市场化开发。为了最大化收入，组委会提供了两组不同的市场赞助权利——国际奥委会第六期全球合作伙伴计划和北京 2008 年奥运会赞助计划，前者在国际范围内对整个奥林匹克运动提供支持，后者在主办国范围内对举办 2008 年奥运会提供支持。后者包括三个层次：北京 2008 年奥运会合作伙伴、北京 2008 年奥运会赞助商、北京 2008 年奥运会供应商（独家供应商/供应商)，每个层次设定了赞助的基准价位；同一层次中不同类别的基准价位也有所差异，以体现不同行业之间的差别；不同层次的赞助商享有不同的市场营销权，赞助商在主办国地域范围内享有市场开发的排他权（包括共同排他权）。Nieroth（1995）和 Bennett（1994）认为，传统的市场专业化营销智慧在于获取奥运赞助，公司必须认真计划来平衡奥运赞助权利以获取最大化期望和销售增长。Anecdotal 通过实证研究证明，长期的奥运合作关系更有利于提升价值。实际上，一些世界级赞助商如可口可乐、VISA 都有长期支持奥运会的计划，并促进了他们公司自身价值的提升，这些公司实质上把奥运赞助与公司长期市场战略结合起来。

(2) 间接成本。也许赞助商最大的市场担忧是他们的消费者没有认识到这些企业的赞助地位。比如 1994 年冬季奥运会，Trenc（1994）发现 55%的受众不能说出三种奥运赞助商，可口可乐作为赞助商仅被 17.7%的受众认同。消费者可能出现混淆，主要是由广告云集的各种渠道的奥运赞助商或者其竞争者造成的。如赞助商直接竞争者发动广告战以混淆消费者对官方赞助商的认同，这被称为“伏击”或者“寄生”市场行为。比如 Levina & Thurston（1992）发现 1992 年联邦快递买断奥运电视时间后，成功使得 61%电视观众认同他们而非 UPS 快递是奥运会官方赞助商。不过，Sandler & Shani（1989）调查了奥运赞助的影响，利用 1988 年冬季奥运会调研数据，他们发现：平均而言，市场伏击者并不能使消费者确信他们是赞助商；在消费者意识里，市场伏击者和非赞助商非伏击者没有什么不同，只有 3—7 个产品的官方赞助是经常被认同的。

(3) 利益。赞助奥运会的高昂成本是如此清晰，而实施赞助后媒体曝光的效果和积极的品牌前景却并不明朗。根据 Meenaghan（1991）的研究，主要有 5 种方法来测度赞助的效率，包括媒体曝光率、赞助容纳的信息效力、赞助商销售影响力、客户反馈、成本收益分析。Thomas（1996）发现，许多奥运会赞助商，测度赞助效力既不凭销售数字也不靠顾客知晓调查，所有的方法或多或少都存在问题。Thomas 认为，赞助活动最有市场影响的一个方面，或者说奥运赞助最有效的方面是赞助商拥有最好的宾馆和座位来取悦客户。Meenaghan（1991）指出，为更精确地解释销售数字，必须考虑没有赞助时的情况，比如季节性趋势、宏观环境影响和其他公司的情况；并且，消费者对公司产品或服务的认知增长并不必然带来利润的增长。Javalgi、Traylor & Gross 等（1994）认为，公司形象和商标形象的提升是赞助行为的初衷，但实际上，公司赞助只有在公司提供了一个在先的好的形象的前提下才会提升公司形象，如果消费者开始是坏的印象那么赞助只能导致坏的形象继续；他们认为个体赞助往往比公司赞助幸运，换句话说，赞助活动可能履行个体目标而不是传统的信息混合目标。

综上所述，奥运赞助需要综合考虑直接成本、间接成本和收益，对净收益的测度将决定赞助效率。

第三节　经验证据

一、实证研究：基于地区截面数据

体育赛事平台需要处理好市场两边的关系：一方面是吸引观众消费者一边的参与，以提高赛事吸引力，具体表现为消费者参与人数规模的不断扩大、消费者消费水平和观赏层次不断提高；另一方面是吸引赞助企业的赞助，主要是在经济实力较强地区吸引当地厂商参与赞助活动。那么体育赛事产业发展与市场两边之间存在怎样的关系呢？本节将采用定量的方法对二者关系进行分析。其中，体育赛事产业发展水平通过体育赛事金牌数量替代得到。尽管很多研究表明“资源诅咒”现象的存在（如徐康宁等，2006），但一般来讲文化资源越丰富，产业发展越强，这与文化产业的产业属性有关（赵彦云等，2006）。消费者规模主要通过地区人口规模和人均可支配收入表示，赞助商规模主要通过地区国民生产总值和滞后一期国民生产总值表示。很多研究使用人均 GDP 衡量地区经济发展水平（如李廉水等，2007），本书出于赞助商和地区综合实力考虑使用 GDP 总量指标。

（一）假设与模型

根据前文理论研究的分析和结论，我们提出两个假设并进行经验检验。

假设一：体育赛事产业发展和赞助商存在正相关关系；

假设二：体育赛事产业发展和消费者规模存在正相关关系。

针对以上假设，建立检验模型：

$$gold=\beta_0+\beta_1 gdp+\beta_2 laggdp+\beta_3 summan+\beta_4 C+\beta_5 fin+\beta_6 am+\beta_7 hot+\varepsilon$$

各变量解释如下：

表 4.2 变量定义和主要变量预期符号

变量名		指标	变量定义及主要变量的预期符号
被解释变量	体育赛事产业发展指标	*gold*	用体育赛事中获得金牌数量替代，获取金牌数量越多，体育资源基础越雄厚，产业发展越强
解释变量	赞助商数量	*gdp*	用地区国民生产总值指标替代，地方经济实力越强，厂商实力越强，赞助商数量和参与程度越大（+）
	赞助商数量	*laggdp*	用滞后一期地区国民生产总值指标替代，地方经济实力越强，厂商实力越强，赞助商数量和参与程度越大（+）
	消费者市场数量规模	*summan*	用地区人口规模替代，人口数量越多，潜在客户基越大（+）
	消费者市场质量规模	*C*	用人均可支配收入替代，居民收入越高，越有能力参与体育赛事观赏消费（+）
控制变量	地方财政支持	*fin*	用地方财政一般预算收入表示，地方财政收入越高，越有能力对体育赛事举办进行政府补助和奖励，以提升城市影响力和产业竞争力（+）
	交通设施条件	*am*	用城市每平方公里的公路里程数替代，公路建设越密集，基础设施就越完善（+）
	接待设施能力	*hot*	用地区星级酒店家数表示（+）

（二）样本选择与数据来源

本研究的数据主要来自 2005 年全国城市运动会数据、中国区域经济统计年鉴。为了保证研究的准确性，我们按以下原则挑选样本.（1）数据可得性与准确性。由于中国体育赛事产业统计数据的不完善和统计口径的不一致，有的城市统计数据比较完善，而有的城市则存在数据缺失和相互矛盾、不准确的情况，笔者剔除或修正了明显矛盾的数据。（2）样本城市的分布。为了保证样本特征与总体特征的一致，所选样本覆盖了全国所有省会级城市（不含港澳台地区）。

（三）实证检验结果及分析

1. 描述性统计分析

表 4.3 给出了各变量的描述性统计结果。*gold* 的均值达到了 41.03333，表明样本期内体育赛事产业处于快速发展时期，这和国家文化产业大发展和即将举办北京奥运会的背景是一致的。但其标准差也达到了 36.6581，说明各地体育赛事产业发展十分不均衡。赞助商变量 *gdp*、*laggdp* 和消费者变量 *sum-*

man、*C* 的最大值和最小值都表现出明显的差距，而标准差的差距并不太明显，说明赞助商和消费者的数量在样本期内变化较大（见图 4.1）。从描述性统计的结果我们可以推测，体育赛事产业发展与赞助商和消费者数量关系较为密切。

表 4.3　变量描述性统计结果

变量	N	均值	标准差	最小值	最大值
gold	30	41.03333	38.6581	2	135
gdp	30	2023.837	1987.481	237.6	9154.2
laggdp	30	1654.76	1525.25	174.7	7450.3
summan	30	725.6633	572.6716	142.4	3169.2
C	30	11562.13	2909.387	897	16845
fin	30	186.504	295.08	11.79	1433.9
hot	30	115.7	119.2303	30	631
am	30	0.57329	0.2970	0.1240	1.2789

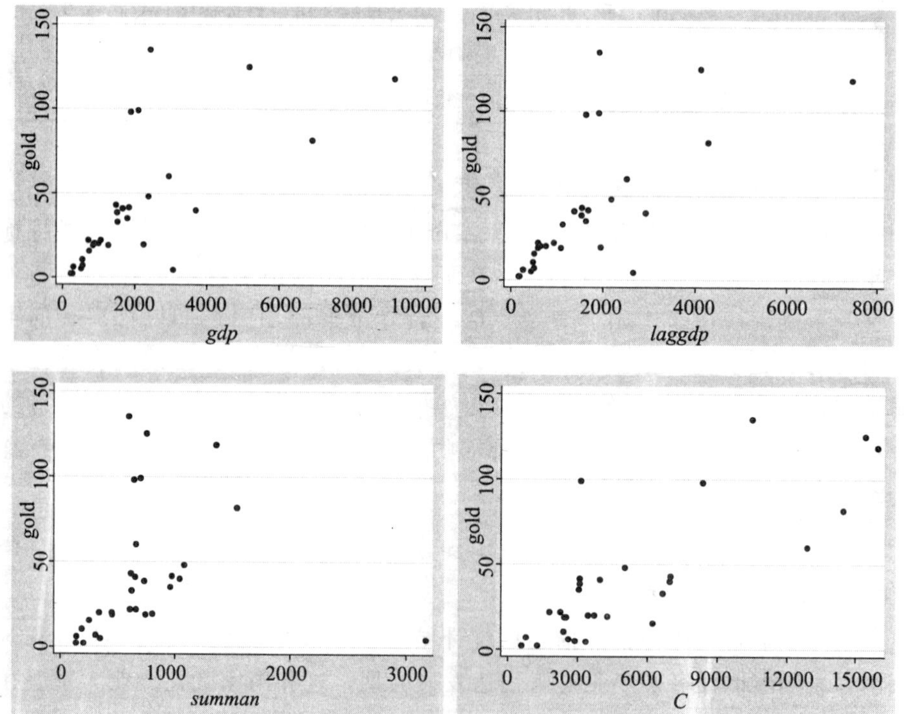

图 4.1　变量间关系图

2. 消费者数量规模的检验结果及分析

表 4.4 以 *gold* 为被解释变量，在没有控制其他变量的情况下，结果1—4表明，赞助商数量和地区消费者数量规模可以在很大程度上解释体育赛事产业发展程度。*summan* 符号为负，说明消费者数量规模越小的城市体育赛事产业发展水平相对越高。就其他变量而言，*am* 显著为正，表明基础设施条件越好，体育赛事产业越发达；*fin* 和 *hot* 符号时正时负，表明地方财政支持和接待设施能力在解释体育赛事产业发展程度方面，作用并不十分明显。同时，我们使 *gdp* 滞后一期，结果见 4—8，同样验证了以上的分析。

表 4.4　消费者数量规模的检验结果

被解释变量 / 其他变量	*gold*							
	1	2 (*ols*)	3 (*robust*)	4 (*wls*)	5	6 (*ols*)	7 (*robust*)	8 (*wls*)
gdp	0.0166 (0.0031)	0.0347 ** (0.0084)	0.0347 (0.0071)	0.0365 (0.0150)				
laggdp					0.0225 (0.0039)	0.0364 (0.0086)	0.0364 (0.0074)	0.0354 * (0.0171)
summan	−0.0197 (0.0107)	−0.0171 ** (0.0095)	−0.0171 (0.0031)	−0.0301 (0.0186)	−0.0221 (0.0105)	−0.0220 (0.0097)	−0.0220 (0.0037)	−0.0449 * (0.0258)
fin		−0.1415 ** (0.0511)	−0.1415 (0.0359)	0.0548 (0.1539)		−0.1273 (0.0473)	−0.1272 (0.0366)	−0.0141 * (0.1185)
hot		−0.0340 ** (0.0707)	−0.0340 (0.0385)	−0.2421 (0.2386)		0.0822 (0.0675)	0.0821 (0.0315)	−0.0445 * (0.2082)
am		33.6674 ** (19.6502)	33.6773 (31.4945)	89.9506 (24.6659)		33.0600 (19.4511)	33.0599 (33.5783)	118.1755 * (24.2544)
_cons	21.8503 (8.3800)	−5.7837 ** (11.9441)	−5.7837 (11.6107)	−48.5937 (26.0669)	19.8091 (8.1671)	−7.9978 (11.9059)	−7.9978 (11.6343)	−62.8635 * (30.1118)
R-squared	0.5325	0.6877	0.6877	0.7471	0.5639	0.6946	0.6946	0.6981
Adj R-squared	0.4978	0.6226		0.6944	0.5316	0.6309		0.6352
Prob>F	0.0000	0.0000	0.0000	0.0000	0.0000	0.0000	0.0000	0.0000

注：估计系数下方的数字为标准差；**、* 分别表示在 10%、1%的统计水平上显著，其他为 5%统计上显著。

3. 消费者质量规模的检验结果及分析

表 4.5 以 *gold* 为被解释变量，在没有控制其他变量的情况下，结果 1—4表明，赞助商数量和地区消费者质量规模可以在很大程度上解释体育赛事产

业发展程度。C 符号为正，说明消费者质量规模越大的城市体育赛事产业发展水平相对越高。就其他变量而言，*am* 显著为正，表明基础设施条件越好，体育赛事产业越发达；*fin* 和 *hot* 符号时正时负，表明地方财政支持和接待设施能力在解释体育赛事产业发展程度方面，作用并不十分明显。同时，我们使 *gdp* 滞后一期，结果见 4—8，同样验证了以上的分析。

表 4.5 消费者质量规模的检验结果

被解释变量 / 其他变量	gold							
	1	2 (*ols*)	3 (*robust*)	4 (*wls*)	5	6 (*ols*)	7 (*robust*)	8 (*wls*)
gdp	0.0012 (0.0042)	0.0177 ** (0.0093)	0.0177 (0.0114)	0.0081 (0.0083)				
laggdp					0.0038 (0.0051)	0.0171 (0.0089)	0.0171 (0.0107)	0.0117 * (0.0095)
C	0.0099 (0.0029)	0.0075 ** (0.0029)	0.0075 (0.0038)	0.0107 (0.0029)	0.0089 (0.0027)	0.0080 (0.0028)	0.0080 (0.0036)	0.0089 * (0.0029)
fin		−0.0876 ** (0.0518)	−0.0876 (0.0473)	0.0516 (0.0583)		−0.0764 (0.0465)	−0.0765 (0.0425)	−0.0439 * (0.0644)
hot		−0.0785 ** (0.0673)	−0.0786 (0.0346)	−0.1331 (0.1016)		−0.0272 (0.0684)	0.0272 (0.0499)	−0.0571 * (0.0849)
am		28.5034 ** (18.7976)	28.5033 (22.7583)	48.6960 (18.4126)		28.5077 (18.7669)	28.5078 (23.0190)	33.0205 * (19.2764)
_ *cons*	−75.5477 (26.8366)	−73.2247 ** (25.2207)	−73.2248 (34.3075)	−103.6142 (25.0254)	−68.5521 (24.9343)	−78.8247 (24.0655)	−78.8248 (32.6555)	−84.7236 * (24.8667)
R-squared	0.6335	0.7216	0.7216	0.8056	0.6398	0.7225	0.7225	0.6869
Adj R-squared	0.6064	0.6636		0.7650	0.6131	0.6647		0.6216
Prob>F	0.0000	0.0000	0.0000	0.0000	0.0000	0.0000	0.0000	0.0000

注：估计系数下方的数字为标准差；**、* 分别表示在 10%、1%的统计水平上显著，其他为 5%统计上显著。

4. 消费者数量规模、质量规模的检验结果及分析

表 4.6 以 *gold* 为被解释变量，结果 1—4 表明，赞助商数量、地区消费者数量规模和质量规模可以在很大程度上解释体育赛事产业发展程度。*summan* 符号多负少正、C 符号为正，说明消费者数量规模越小、质量规模越大的城市体育赛事产业发展水平相对越高。就其他变量而言，*am* 显著为正，表明基础设施条件越好，体育赛事产业越发达；*fin* 和 *hot* 符号时正时负，表明地方财政支持

和接待设施能力在解释体育赛事产业发展程度方面，作用并不十分明显。同时，我们使 *gdp* 滞后一期，结果见 4—8，同样验证了以上的分析。

表 4.6　消费者数量规模、质量规模的检验结果

被解释变量 / 其他变量	gold							
	1	2 (*ols*)	3 (*robust*)	4 (*wls*)	5	6 (*ols*)	7 (*robust*)	8 (*wls*)
gdp	0.0035 (0.0054)	0.0215 ** (0.0106)	0.0215 (0.0145)	0.0078 (0.0107)				
laggdp					0.0081 (0.0065)	0.0234 (0.0107)	0.0234 (0.0152)	0.0006 * (0.0109)
summan	−0.0070 (0.0106)	−0.0078 ** (0.0103)	−0.0078 (0.0073)	0.0094 (0.0020)	−0.0109 (0.0104)	−0.0114 (0.0108)	−0.0114 (0.0097)	0.0071 * (0.0239)
C	0.0089 (0.0032)	0.0063 ** (0.0033)	0.0063 (0.0048)	0.0143 (0.0037)	0.0077 (0.0029)	0.0062 (0.0033)	0.0061 (0.0049)	0.0112 * (0.0035)
fin		−0.0979 ** (0.0539)	−0.0979 (0.0547)	−0.0858 (0.0910)		−0.0920 (0.0487)	−0.0920 (0.0518)	0.1913 * (0.0995)
hot		−0.0669 ** (0.0696)	−0.0669 (0.0381)	−0.2668 (0.1602)		0.0070 (0.0756)	0.0070 (0.0740)	−0.4510 * (0.1188)
am		27.5043 ** (19.0073)	27.5043 (24.5829)	57.7633 (16.8106)		26.9012 (18.7928)	26.9013 (25.6789)	59.0819 * (16.0344)
cons	−64.4517 (31.9526)	−59.5722 ** (31.0823)	−59.5722 (46.3178)	−140.6792 (37.5475)	−53.1283 (28.9471)	−60.0624 (29.9732)	−60.0625 (47.0272)	−104.7352 * (34.8448)
R-squared	0.6395	0.7285	0.7285	0.8272	0.6542	0.7351	0.7351	0.8332
Adj-squared	0.5979	0.6577		0.7821	0.6144	0.6660		0.7897
Prob>F	0.0000	0.0000	0.0000	0.0000	0.0000	0.0000	0.0000	0.0000

注：估计系数下方的数字为标准差；**、* 分别表示在 10%、1%的统计水平上显著，其他为 5%统计上显著。

二、案例分析：NBA 进入中国市场的策略

最初 NBA 只能以比赛录像带形式进入中国，经过 20 多年的市场进入战略实施，目前 NBA 在中国已经成为最受欢迎的体育赛事之一，中国市场为 NBA 创造的收益列 NBA 海外市场之首。目前在中国 15—24 岁的男性中，有 75%的人观看过 NBA 比赛并且很感兴趣。不可否认 NBA 对中国的篮球运动有推动作用，但包括 NBA 在内的国际体育赛事进军中国的真正目的就是占领市场、获取利益。

在研究体育赛事国际化方面，丁洁、王岗（2006）认为，别具一格的特色是 NBA 全球化的原动力，高科技大众传媒和其他信息技术的发展加快了 NBA 风靡全球的速度。他们认为，所谓的 NBA 全球化主要是美国文化全球化扩张的形式，是一种对美国文化和民族精神的认同。刘奕（2006）认为，国外成熟赛事大举挤占中国市场，这与中国的体育产业是一个行政干预色彩很重的行业、体育职能部门掌握体育产业核心资源有很大关系；从运动员商业价值开发，到一项体育赛事的创立、运作等，都需要经过体育主管部门的层层审批和监管。

NBA 联盟在赞助商和观众消费者两边实施的进入中国战略，基本印证了我们的双边市场理论分析框架。

（一）缩短召集阶段时间策略

NBA 球队频繁造访中国，如果说开始还是更多地考虑消除意识形态的坚冰的话，随后的一系列比赛和球迷活动则是宣传 NBA 文化、执行 NBA 的商业计划。NBA 中国赛、NBA 大篷车、NBA 篮球无疆界、NBA“2 对 2”挑战赛、少年 NBA 等活动陆续在中国举行，NBA 还计划参与中国篮球场馆的建设、北京奥运之后推出 NBA 中国联赛。所有这些都说明 NBA 进军中国市场的步伐正在加快，从与中国球队合作举办体育赛事，到通过免费的球迷活动吸引潜在的中国青少年消费者，不断缩短 NBA 赛事在中国的召集阶段时间。（参见表 4.7）

表 4.7　NBA 在中国的推广活动安排

时间	NBA 在中国的活动安排（战略投资行为）	目的和效果
1979 年	NBA 总冠军队华盛顿子弹队（现为华盛顿奇才队）来到中国访问。	更多地考虑消除意识形态的坚冰；
1982 年	NBA 球星组成的篮球队几度走进中国，与中国国家队进行了友谊比赛。	
2004 年	NBA 季前赛在中国的北京、上海两地举行。	宣传 NBA 文化；执行 NBA 的商业计划。
2005 年	NBA 的顶尖巡回互动球迷活动“NBA 篮球大篷车”在中国进行，到访城市 11 个。	
2005 年	“亚洲区 NBA 篮球无疆界”首次登陆中国大陆，这是一个为年轻人而设的篮球技术指导训练营。	
2007 年	“NBA‘2 对 2’篮球挑战赛”在全国 112 个城市举行，历时 14 周，每个周末在全国 8 个城市同时开赛，预计有超过 35000 名选手参加。	
2007 年	NBA 中国赛再度在上海、澳门举办。	

资料来源：根据 NBA 中文官方网站资料整理。

为吸引中国观众和消费者，NBA注重引进来自中国的篮球运动员，以此缩短NBA赛事在中国的召集阶段时间。只要NBA球队有个中国人，中国球迷就有了NBA情结。NBA中国球员让他所在的球队成为中国球迷自己的主队，让他们为球队的胜利而欣喜，为球队的失利而伤悲。比如，因为姚明的存在，中央台NBA比赛的电视转播率成倍增加，无数球迷成了疯狂的“姚蜜”。（参见表4.8）

表4.8 NBA球队的中国球员

<table>
<tr><th>球员</th><th>加入NBA球队</th><th>市场影响</th></tr>
<tr><td>王治郅</td><td>1999年NBA选秀大会被达拉斯小牛队选中，2001年加盟。</td><td rowspan="2">2002年3月4日，王治郅和巴特尔首次对决比赛，吸引了中国4亿的电视观众。</td></tr>
<tr><td>巴特尔</td><td>2002—2003赛季效力于马刺队。</td></tr>
<tr><td>姚明</td><td>2002年以状元秀身份，被NBA的休斯敦火箭队选中。</td><td rowspan="2">2007年11月10日易建联与姚明首次对决，中国共有19家电视台直播；据NBA官方统计，本场比赛创造NBA史上收视率之最，全球的收视观众达到2.5亿人。</td></tr>
<tr><td>易建联</td><td>2007年选秀大会中第6顺位，被密尔沃基雄鹿队选中。</td></tr>
</table>

资料来源：根据NBA中文官方网站资料整理。

（二）降低投资成本策略

从NBA和媒体合作的历程可以看出，NBA深知体育赛事的消费有一个宣传教育过程，经过这一过程就可以大幅度地提高消费需求。通过与当地媒体合作、自办杂志和网站，引导消费者爱好取向和消费偏好，NBA降低了进入中国的不确定性，降低了投资成本。（参见表4.9）

表4.9 NBA和媒体合作的历程

时间	NBA和媒体的合作历程（战略投资行为）
1987年	中央电视台第一次向国内观众播放NBA全明星赛，这是NBA和媒体合作实施其中国战略的开始。此后很长一段时间NBA官方都以免费赠送的方式为中央电视台提供NBA比赛录像，只是以播出NBA赞助产品广告作为回报。
1999年5月	NBA中文版官方杂志《NBA时空》正式面世，这是NBA在亚洲的首个出版物。

续表

时间	NBA 和媒体的合作历程（战略投资行为）
2001 年	NBA 官方与众多电视台签下了付费转播协议。到 2002—2003 赛季，中国已经有 14 家电视台跟 NBA 签约，全国有超过 3 万的收视户能收看 NBA 的节目。
2003 年 1 月	NBA 授权中文版杂志《灌篮》杂志以双周刊形式面世；NBA 中文官方网站也正式推出。

资料来源：根据 NBA 中文官方网站资料整理。

（三）优化赛事双边结构策略

NBA 在市场观众（消费者）一边通过免费或者补贴形式将消费者吸引到平台，由此市场赞助商一边也相继转换到赛事平台中来。NBA 制定倾斜的双边价格结构，以赞助费的高价格弥补门票的低价格，使赛事双边在平台上保持平衡并使平台最终获得盈利。NBA 的进入背后是一个体育产业链条的进入，赞助 NBA 的场地、器材、服装等各类厂商纷至沓来；中国的企业也纷纷赞助这个有更高商业价值的赛事商品，联想、海尔、蒙牛、招商银行都成为 NBA 的合作伙伴。这些国内顶尖企业赞助 NBA 不仅是为了自己的品牌国际化，还因为看中了 NBA 在国内市场的影响力。（参见表 4.10）

表 4.10　NBA 在中国的影响力

项目	NBA 在中国的影响力
观众一边	目前中国篮球迷数量与美国总人口数相当，为 3 亿人； 中国有逾 10 亿观众收看 NBA 比赛及节目； 中国每周收看 NBA 比赛的人数超过 3000 万； 平均每天有 300 万人次进入 NBA 的中文官网浏览。
赞助商一边	NBA 目前在中国的合作伙伴已超过 17 家； NBA 品牌商品进入了中国 5 万多家商店。
NBA 主办方	预计 2008 年 NBA 在中国的销售收入达 2 亿美元； 高盛公司评估 NBA 在中国的总价值超过 20 亿美元。

资料来源：根据 NBA 中文官方网站资料整理。

三、边缘性进入：以非奥运会赞助商为例

1985 年，国际奥委会启动了奥运会的商业计划，奥运的魅力引发了商家

的追捧热潮。对奥运赞助权的争夺及其引发的世界性商业竞争，源于两个因素：一个是奥运会的全球影响力和关注度；一个是奥委会对赞助商的保护，执行严格排他性的规则，即只要是 TOP 计划成员涉及的领域，其行业竞争对手就不能再涉及该领域。比如，在软饮料市场，有可口可乐参加赞助，百事可乐就无缘奥运。

对于国际企业来说，2008 年奥运会为它们加强与中国的联系、拓展新的市场空间提供了一个强有力的平台。对于中国本土企业而言，2008 年奥运会是它们走向世界、一展身手的良机，可以在关键技术、产品和服务领域展示自己，提升企业的形象和产品品牌。然而，赞助商的门槛非常高，对于那些希望融入奥运会但没有赞助商资格的企业，他们的奥运战略是怎样的呢？从经济学的角度分析，大多数非奥运会赞助商的市场举措是一种“边缘性进入”市场行为。①

边缘性进入是指，受管制行业中的潜在进入者，以进入为目标而采取的一种避免与在位企业直接竞争或被管制者拒绝的进入策略。严格地讲，企业边缘性进入奥运会只是诸多进入方式中的一种。之所以出现边缘性，至少有两层原因：一是赞助商与非赞助商的产品之间替代性较高，因此在奥运会期间赞助商的市场推广活动和权益受到严格保护，因而进入者相对于在位者而言属于“边缘”区域；二是因企业能力大小不同，四种形式的奥运赞助权几乎全部被国内外各行业的一线企业占得，这些企业或是国家控股的垄断性企业，或是某些竞争性业务领域的市场领跑者，因而进入企业相对于在位者而言属于“威胁性小”的企业。

表 4.11　李宁公司的边缘性进入

时间	行　为
2006 年 6 月	李宁公司赞助法国体操队
2007 年 1 月	李宁公司退出北京奥运会赞助，阿迪达斯成为 2008 年奥运合作伙伴
2007 年 1 月	与央视体育频道达成协议，2007—2008 年栏目及赛事节目主持人记者均着李宁装
2007 年 1 月	与阿根廷篮协协商赞助事宜
2007 年 3 月	赞助瑞典奥委会，提供各项装备
2007 年 6 月	赞助西班牙奥委会，提供各项装备

① 昝胜锋：《边缘性进入：非奥运会赞助商的理性选择》，《环球体育市场》，2008 (4)。

续表

时间	行　为
2007 年 11 月	发布以“英雄”为主题的奥运战略
2008 年	主办全国范围的“英雄会——李宁 2008 中国之旅”活动
每年	赞助中国国家体操队、射击射箭队、跳水队、举重队、乒乓球队

表 4.12　蒙牛公司的边缘性进入

时间	行　为
2005 年	2008 年奥运选拔十万志愿者的“志愿北京”活动的首席合作伙伴
2005 年 11 月	退出北京奥运会赞助，伊利成为 2008 年奥运合作伙伴
2006 年 6 月开始	与央视体育频道结成战略合作伙伴，共同打造《蒙牛城市之间》
2007 年 1 月	蒙牛成为 NBA 官方合作伙伴，是 NBA 在中国唯一指定的乳品供应商

以李宁公司和蒙牛公司的奥运会市场进入为例（参见表 4.11、表 4.12），可以看出，边缘性进入的主要特征为：（1）边缘性进入是一种交叉弹性很小的产品或服务（如李宁公司和阿迪达斯均是体育运动装备供应商、伊利公司和蒙牛公司均是乳品供应商）进入战略，因而容易导致在位企业的强烈抵制。如果新的进入者能够填补市场空缺，就可以通过规避管制者的权力边界，而获得管制者的容纳。（2）在位企业往往会部分俘获管制者，获得奥运会组委会的保护。边缘性进入可以保证进入者在进入初期不会受到管制者和在位企业的双重挤压，但在位者感到威胁的时候就会全力保护自己的权益。如李宁公司赞助中央电视台出境主持人和记者服装，但后者在奥运会期间都要恢复正常的着装规范。（3）边缘性进入的壁垒主要来自管制者的行政壁垒和在位企业的阻止，一旦进入者进入失败，其先期的基础投资将变成沉没成本。通常通过产品差异化和市场合理定位的方法，进入者可以消除或减少这种壁垒，弱化在位企业和管制者的抵制。如蒙牛公司联合中央电视台举办“城市之间”大型体育赛事活动，既保持了差异化竞争的态势，又融入奥运年的体育氛围。

在实际的竞争中，即使管制当局针对非赞助商的奥运市场策略采取限期整改等措施，但由于先占性优势以及市场上形成的偏好，这种边缘性进入的影响短期内也难以消除。需求结构、市场结构和产业链安排等三个因素的共存，使得边缘性进入被市场所接纳。以伊利和蒙牛的奥运战略的市场影响为例（参见表 4.13）：

表 4.13　伊利与蒙牛进入奥运的比较

内容	伊利	蒙牛
进入方式	赞助商身份	非赞助商
沉淀成本	赞助费（约 2 亿人民币）	无
进入速度	推进速度慢，2007 年开始在全国推进	市场策略调整及时，应对策略准确
技术先进性	传统方式（赞助商＋活动＋媒体）	新型方式（赞助＋赛事＋媒体）
在位者反应	战略防御	战略进攻
管制者反应	保护其赞助商市场权益	防范隐性市场营销
消费者福利	提升	提升
市场结构变动	地位稳固	消费认同度提高，市场份额进一步提高

综上所述，蒙牛和李宁公司的奥运会市场进入是一种基于市场创新和市场管制缺陷的边缘性进入。它们与伊利等奥运会赞助商展开激烈的营销竞争，有利于形成竞争性市场结构和提高消费者剩余，同时对奥运会赞助规则也是巨大的挑战。当然，奥运营销作为体育营销最高端的表现之一，无论采取何种市场策略，都必须做到营销策略与企业整体的市场战略相吻合。奥运所赋予的不同的资源具有不同的市场针对性，因此，合理地选择资源并评估其战略价值，是奥运营销取得成功的关键。

中国是世界上最大的潜在体育市场，也是世界上增长速度最快的体育市场，中国体育市场对国际体育赛事具有强大的吸引力。NBA 商业运作成熟，为追逐商业利润和实现持续发展，积极拓展海外市场，这对稚嫩的中国篮球赛事产业乃至其他运动项目的产业会产生巨大的冲击。当然，国外成熟体育赛事品牌能有今天的发展程度，是经过几十年乃至上百年的发展过程的。现在，中国本土赛事出现的诸多问题，比如体育赛事产品定位不明确、某些联赛的自我监督与自我管理的能力弱等，都是很多国外成熟体育品牌（如 NBA、英超等）曾经遇到过的问题。而此时国际体育赛事的进入无疑会激发中国体育赛事市场的活力，现有机制将在竞争中得到锻炼和成长，这有利于中国体育市场的进一步成熟和规范，有利于打破现有体育产业的市场垄断并形成有效竞争机制。

在本章，我们注意到，在工业经济条件下一些衡量市场垄断程度的指标，在双边市场条件下已经不适用。如勒纳指数和贝恩指数，作为衡量单个企业垄断势力的重要指标，都是基于垄断厂商是价格的制定者、为自己的产品制定垄断高价的情况，显然这些理论在双边市场中已不再适用；判断各产业垄断势力的传统指标还有卖方集中度、洛伦兹曲线、基尼系数和赫芬达尔指数等，这些指标主要反映产业内企业的规模及其差别，遵循的逻辑是垄断意味着扩大企业规模、减少企业数量；另外，还有一些不能量化的指标，如产业进入壁垒、产品差异化程度等。在双边市场中，市场结构本身就是寡占型或独占型，判断垄断程度及其合理性的主要依据不再是市场结构，而是企业行为。而对行为垄断的判定，至今还缺少明确的指标。虽然传统竞争法对捆绑销售、差别定价和掠夺性定价等企业行为有一定的衡量方式，但在存在网络外部性的双边市场中，这些行为的垄断性质及其合理性都发生了相应的变化，这就需要根据双边市场新特点和现实需要，设立新的衡量指标。

第五章　产品不确定性与双边定价

双边市场在成功吸引观众和赞助商进入平台后，需要在定价水平和价格结构方面继续巩固双边的关系。双边网络的平台定价问题比较复杂。研究发现倾斜定价对于平台企业是普遍和理性的行为，即双边网络的用户通常可以分为消费者和赞助方，平台提供者会为前者提供补贴，而靠后者来赚钱。那么，平台应该给哪一方提供补贴，又该向哪一方收费呢？作为一种特殊的文化产品，体育赛事双边定价的影响因素有哪些呢？本章分析了双边市场定价的基本原则和策略、影响因素及其机理，以及平台差异化策略和两边消费者的组间网络外部性强度对双边市场定价及利润的影响。

第一节　体育赛事双边定价的影响因素

对于双边市场的定价，平台企业应当考虑跨边网络效应、用户的价格敏感度、质量敏感度、产出成本、同边网络效应、用户的品牌价值等因素。同时，双边市场平台需要面对市场的两边，其收入为两边的注册费以及与平台交易量有关的交易收费。

一、赛事产品不确定性

体育赛事过程和结果的不确定性对体育赛事产品定价影响较大。体育赛事产品本身具有如下特性：（一）不可感觉性：赛事产品在购买之前不能观看、品尝、感觉、闻嗅，人们观看后也不可能带走任何有形产品。（二）不可分离性：赛事产品是即时生产和消费的，其在生产的同时就在进入消费。（三）异质性：每次购买的赛事产品的质量是完全不同的，可能运动员表现不同，也可能是受天气影响。（四）易消失性：赛事产品无法储藏，一旦时间过了，所有未销售的门票将作废。

把不确定性因素引入经济学分析，这种方法可以追溯到 1921 年奈特所著的《风险、不确定性与利润》一书。[①] 奈特从事件结果是否可预见的角度区分了风险和不确定性，认为不确定性是指人们缺乏对事件的基本知识、对事件的结果知之甚少。新制度经济学引入时间概念，强调经济过程中的不确定性，认为经济变量是复杂和不确定的，有必要设计各种制度来降低不确定性；人们对环境的认识和预见能力相对于环境的不确定性和复杂性来说是有限的，而制度恰好能够设计一系列规则来降低环境的不确定性。事实上，市场主体不可能是完全缺乏知识和预见的，现实中的不确定性主要表现为某些事件的信息过于贫乏，以致人们对事件的性质和结果缺乏一致的认识（Demsetz，1999）。经济主体所面临的不确定性源于外生和内生两个方面：外生不确定性是由于外部原因而产生的不确定性，它与经济主体自身性质和能力没有关系；内生不确定性是指经济主体自身原因或内部结构状况引起的经济行为和经济结果的不确定性，它来源于经济主体因知识、经验和能力不一而形成的决策水平差异。经济主体所面临的不确定性是外生不确定性和内生不确定性共同作用的结果，并且，外生不确定性通过作用于内生不确定性对主体的组织结构、规模、绩效产生影响。

二、市场两边的需求价格弹性

市场双边的需求弹性是平台定价的重要决定因素。与单边市场定价策略相同，双边市场定价往往会对弹性较小一边的价格加成比较高，而对弹性较大一边的价格加成比较低，后者甚至低于边际成本定价，或者免费甚至补贴。Armstrong（2004）、Rochet & Tirole（2003）通过静态定价模型对比获得一个比较直观的结论：如果市场一边的规模是另外一边需求弹性的影响因素，那么当在位市场上买方数量增加时，平台对买方收取的费用自然会上升，而对卖方收取的费用反而会下降，具有吸引力的卖方能够通过买方那一边规模的增加而获取更高的间接收益。这一点从 Wilko Bolt & Alexander F. Tieman（2005）基于市场中双边的价格弹性的不同而建构的倾斜定价理论和模型来理解是比较容易的。在双边市场中，一般总存在需求价格弹性较大即对价格更敏感的一边，所以向这一边提供较低的价格将能极大地吸引他们参与到市场中来；而得益于这一边的参与，市场的需求将被大大地创造出来，再加上市场正的外部性，意味着另一方如果参与到市场中就能达成很多交易，从而获

---

① 对不确定性的研究，源于对新古典经济学基本假设的质疑或者批判。继奈特之后，凯恩斯、G. Tintner 等经济学家相继研究了不确定性理论。

得更多的利润，这样他们便乐意参与到市场中来，并愿意承受市场平台对他们收取的较高费用，因为这一边的价格弹性较小。

具体到体育赛事消费者一边，消费者形态根据需求弹性高低可分为三种类型：（一）参与型体育消费者——以直接参加体育活动为主要目的的体育爱好者。他们有固定的运动时间安排，他们认为只有真正地参与运动才是真正的体育爱好者；他们为了直接参与各种体育活动而购买各种体育运动器材、运动服装等体育用品；他们对体育用品的要求比较苛刻，一般都会根据不同的运动项目来选择专业的运动用品；他们购买专业的体育用品会觉得有面子，觉得有资格和动力去参与运动：他们选择如 YONEX（尤尼克斯）的球拍、ASICS（亚瑟士）的跑鞋、LAZENGER（史莱辛格）的网球装备、SPALDING（斯伯丁）的篮球、SPEEDO（速比涛）的泳衣、NIKKO（日高）的背囊等专业运动用品，对于他们来说装备就是面子、资格和动力。这群严肃的体育消费者既是体育赛事最积极的参与者，也是体育赛事的痴迷者和最忠实的消费者。他们始终追随他们喜爱的团队和运动员，付费上网查询他们喜爱的队伍的信息，在购买相关运动产品和服务时一掷千金。（二）观赏型体育消费者——以观赏、视觉享受为主要目的的体育爱好者。他们观看各种体育比赛，以及各种和体育有关的影视录像、展览等。他们大部分是各种各样的“球迷”“车迷”；他们不一定真会踢球或开车，可是他们对这项运动无比热爱；他们购买体育用品是为了增加与其他人交流的素材，或是为了显示自己对某项运动的偏爱，或只是为了赶时髦。这部分人一般不直接参与体育活动，他们更倾向于购买体育报纸杂志了解体育的动态，或是购买比较独特的运动用品或与某项运动相关联的运动用品等以显示他们与这项运动的联系。他们选择如 NIKE（耐克）、ADIDAS（阿迪达斯）、REEBOK（锐步）之类的国际体育品牌，这些品牌看起来既专业又迎合时尚，几乎在任何场合下都不失体面。这群积极的体育消费者也是体育赛事的痴迷者，他们不管风和日丽还是烈日雷雨，会一直在赛场上摇旗呐喊，或是守在电视机前捶胸顿足。他们一般是成熟度较高的体育赛事的忠实拥护者。（三）概念型体育消费者。此类型体育消费者兼有观赏型和参与型体育消费者的特质。他可能会观看各种比赛和参加运动，或者压根就不参加任何体育活动，甚至根本没听说过 YONEX 的球拍、ASICS 的跑鞋；但是他们喜欢装扮成正准备去运动或者刚从户外运动回来的样子，因为这样的形象可以令自己产生信心，让自己看起来充满朝气；他们享受概念化的运动体验，不需要真正的运动场。他们选择如 PEPSI（百事）、KAPPA（背靠背）、PUMA（彪马）等既有个性又不失运动感觉的休闲运动品牌，他们要的其实只是一种充满运动概念的生活外观。这群业余体育消费者正是新兴体育消费主力人群，是体育赛事市场的长尾。他们也许对运动感兴趣，但他们的体育赛事消费更具有娱乐性；他们愿意掏钱去看比赛，却没有固定的消费模式可循，预测他们就如同预测世界杯冠军一样难，而他们却是未来体育赛事品牌塑造中需要重点俘获的人群。

三、用户的产品多样性偏好

微观经济学通常假定消费者的偏好是天生不变的，但事实上消费者的偏好会随时间产生变化，而且他们对体育赛事产品的偏好具有多样性。相对于实物产品，赛事的内容和观赏效果是因人而异的。每一个人的兴趣、爱好和知识水平不同，对信息的需求千差万别，即每个消费者的效用函数是不同的。因此，体育赛事产品要实行分类化、差异化。体育赛事设计更多依赖消费者即赛事观众的个人信息，根据他们的个人偏好进行分类，进而制定赛事产品和实行差异化定价。这样的差异化定价策略是根据消费者的边际支付意愿而不是根据产品的边际成本制定的。同时，体育赛事产品的价值严重依赖时效，时效性越强则价值越大；一旦适用的时间已过，产品的价值将大打折扣甚至急剧下降为零。另外，体育赛事产品的价值也存在着积累效应。众多过时的产品被传承延续的时候，就会产生强烈的赛事品牌效应和更高层面的影响价值。

用户的产品多样性偏好往往存在较大差异，体育赛事的消费者尤其如此。Hagiu（2005）指出用户的产品多样性偏好差异会对市场创造型双边市场（如体育赛事）产生显著的影响。假定平台只收取注册费，那么平台的收入如何在两边分摊，也就是平台将哪边作为收费重点，将是平台定价模型的研究重点。Hagiu 的研究结论表明，会对平台的定价产生重要影响的因素是产品赞助商的市场势力以及用户的产品多样性偏好。当赞助商在市场上处于强势时，平台从赞助商一边获得主要收入，反之则从用户一边获得主要收入；当用户的产品多样性偏好处于较高水平时，平台侧重于从产品供给方一边获得收入。国内调查发现，有 18.7%的居民表示可能会到现场观看 2008 年奥运会这一盛事，这部分居民的核心特征为：18 到 28 岁、大专及以上学历、男性城市居民。

竞争平衡价格取决于市场双边竞争的强度，也跟双边平台涉及的客户差异化程度有关（Gabszewicz & Wauthy，2004）。消费者可能并不在乎由两个不同平台提供服务，平台却不然。平台之间的竞争会导致平台对市场双边收

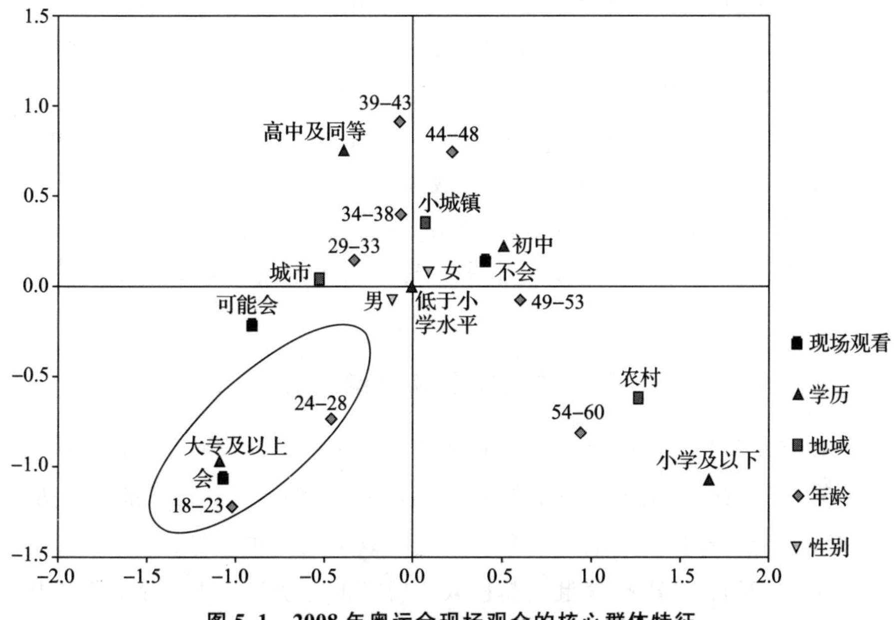

图 5.1　2008 年奥运会现场观众的核心群体特征

资料来源：零点调查与北京科技咨询业协会调查专业委员会于 2004 年 4 月合作完成的《奥运的商业价值》研究报告。

费的降低，平台对哪一边降价更多则由客户差异化的程度决定（Chakravorti & Roson，2004）。一般来说，哪一边的客户差异化大，平台就在哪边降价幅度大一些，以在差异化大的一边赢得更多的客户，增强平台的成员外部性，从而在客户差异化小的那一边吸引更多的客户。

四、产业投入成本和平台用户规模

同一产业固定成本的投入不一样，采取的定价策略也会不一样，但不管是营利性平台还是非营利性平台都必须收回成本并实现盈利。实现预算平衡主要根据拉姆齐定价法（Ramsey pricing）。平台对两边收费的难易程度使得在平台某一边收费可能比较困难，所以更多的平台要依靠向企业或赞助商收取赞助费来获得收入。体育赛事主办方充分利用网络外部性，利用有特色的赛事产品获得较大的受众规模，以获取级别赛事和区域控制权。如果平台市场的盈余由平台一边创造，且另一边的规模能够为这一边创造重要的外部性，那么通过降低价格吸引另一边成员的参与，对平台而言将是特别有利可图的。

在双边网络中，两个用户群体互相吸引，会产生网络效应。用户一般愿意为更大的网络支付更高的价格，因此，用户基数越高，平台的利润率也将越高。这种规模收益递增的前景，会激发各家企业点燃“赢家通吃”的战火。因此，志向远大的平台提供者必须权衡再三——是和竞争对手共享平台，还是和竞争对手拼个你死我活。像索尼公司（Sony），为了建立自己的Betamax录像带标准而发起一场战争，显然是一个错误的选择。企业可以根据用户使用多平台的成本、网络效应、用户对特殊功能的偏好等因素，判断所在市场是否只需要一个平台提供服务，然后再决定是战斗还是共享。

五、独占交易和捆绑销售

独占交易和产品捆绑销售可以圈定市场，并且可以帮助企业保持或获得垄断地位。在双边市场中，需要考虑市场的一边是如何影响市场的另一边的，以及圈定行为具有什么样的竞争影响。一种效果是，在市场的一边圈定竞争者可以在市场的另一边有效阻止其进入。后芝加哥学派认为一个企业会阻止一个生产互补品的竞争者退出市场以阻止该企业未来对主要市场的进入（Whinston，1990）。市场的另一边产生的潜在收益，产生了独占交易的可能。在双边市场中，由于外部性的存在，一边上的独占交易会帮助平台的另外一边获得市场势力。消费者在一边接受了独占交易和捆绑销售后，短期内会从独占交易中获益，但是他们并没有考虑平台另外一侧因竞争放松而给消费者带来的成本。在双边市场中，非独占交易的一边的成员可以转移到一个竞争性的平台上来，迫使竞争的一边的客户接受独占交易。在一个买方集中度较高的市场中，买方往往不愿意接受独占交易的条款，因为他们担心这一市场会被该平台垄断从而导致将来的不合理的高价格。

提供各种赛事服务的赛事组织也可以通过对赛事的捆绑销售来获利。与传统市场上的价格歧视或进入壁垒有所不同，双边市场上的捆绑销售能够在不损害社会福利的前提下，使得平台在买方和卖方的平衡方面表现更好（Rochet & Tirole，2004）。例如，2008年奥运会现场观众最想观看的三大运动项目是足球（50.3%）、乒乓球（48.2%）和篮球（44.5%），不过将观众平时经常观看的项目与他们打算到奥运会现场观看的项目相比较可以看出，体操、跳水和艺术体操等中国强项赛事吸引了许多平时不观看这些运动项目的人前往现场观看。

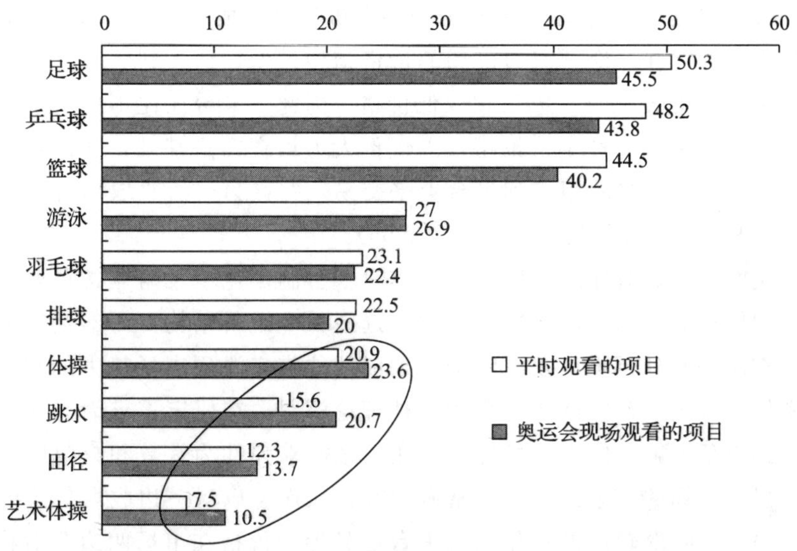

图 5.2　2008 年奥运会现场观众平时经常观看的项目和现场观看的项目的比较

注：此题为多选题，各选项比例之和大于 100%。图中数据以会到 2008 年北京奥运会现场观看的人为基数。资料来源：引自零点调查与北京科技咨询业协会调查专业委员会于 2004 年 4 月合作完成的《奥运的商业价值》研究报告。

第二节　体育赛事双边市场定价的理论分析

一、基本定价模式和模型分析

（一）双边市场平台的基本定价模式

定价是双边市场研究的一个关键方面。在早期的文献里，Rochet & Tirole（2003）考察了一个只收取交易费用的垄断双边市场，发现在需求呈现对数凹性的情况下，理想的总价格取决于垄断勒纳情况，即理想的价格结构依赖于个体市场一边的需求价格弹性大小，市场一边的理想价格与它的需求交叉弹性呈负相关关系。Caillaud & Jullien（2003）的媒介竞争模型里，基于直接网络外部性，平台通过对市场一边进行补贴而对另一边弥补损失。Rochet & Tirole（2004）讨论了市场价格结构是如何被买者所影响，以及被市场一边的多归属程度所影响。Hagiu（2004）认为在一个卖者竞争激烈的双边市场模型里，买者对产品多样性需求的程度改变了理想的价格结构，平台可以从卖者一边获取更高的利润。Armstrong（2006）考虑成员外部性和只收取注册费的情形，建立并讨论了双边市场的价格结构模型，认为利润来自多归属的一边，平台从单归属的一边只收取低价格。因此，平台往往不拘泥于某一边的盈亏，而采用非对称定价策略，以低价大力培育客户基础，通过网络外部性的作用来吸引更多的用户到平台上来交易，并在另一边收取高价以保证平台的收入和盈利（纪汉霖、管锡展，2006）。

在实践中，非对称的价格结构安排对平台制定竞争策略非常重要。为了平衡双边用户的需求，这些平台倾向于选择一个定价结构，而不是一个价格水平。在反垄断分析里，较高的价格加成往往带来滥用市场势力的判断。本书试图给出双边平台价格非对称的一种理论解释，在假定需求为对数凹形情形下，提出角点解的价格是最优的。在考虑需求弹性为常数和只收取使用费的模型里，市场的一边比另一边富有弹性，从而可以对一边收取最少的使用费，对另一边收取较高的使用费。平台业务趋于价格在市场两边非对称，非对称的力度根据两边的弹性引起的网络外部性的量值而定。如果双边市场的A方对B方引起的外部性远大于B方对A方的外部性，则A方趋于获得一个较低的价格。

研究发现，平台在利润最大化定价下，某一边可能会获得补贴，而另一边的价格较高，是平台利润的主要来源。现在，我们假设有两组参与人，分别用组1和组2表示。每组的参与人都关心使用平台的另一组成员的数量。（简化分析下忽略参与人也关心平台同一边参与人数量的情况。）假设参与人的效用由以下方式决定：如果平台双边吸引的成员数量为 n_1 和 n_2，组1和组2单个参与人的效用可以表示为：

$$u_1=a_1n_2-p_1;\quad u_2=a_2n_1-p_2 \tag{5.1}$$

其中 p_1 和 p_2 是平台向双边收取的价格。参数 a_1 表示一个组1参与人与一个组2参与人交易时所获得的收益，参数 a_2 表示一个组2参与人与一个组1参与人交易时所获得的收益。式5.1描述了效用如何由双边参与人数量决定。我们再假定参与人数量是效用的函数，即如果双边的效用分别为 u_1 和 u_2，则加入平台的每一边的成员数量可以表示为：$n_1=\varphi_1(u_1)$，$n_2=\varphi_2(u_2)$，其中 $\varphi_1(*)$ 和 $\varphi_2(*)$ 为增函数。

假设平台服务每个组1参与人的成本为 f_1，服务每个组2参与人的成本为 f_2，则平台的利润为 $\pi=n_1(p_1-f_1)+n_2(p_2-f_2)$。如果我们把平台的选择变量看成 $\{u_1, u_2\}$，而不是 $\{p_1, p_2\}$，那么，组1的价格可以表示为 $p_1=a_1n_2-u_1$，组2的价格可以表示为 $p_2=a_2n_1-u_2$。因此平台的利润可以用效用来表示：

$$\pi(u_1, u_2) = \varphi_1(u_1)[a_1\varphi_2(u_2) - u_1 - f_1] + \varphi_2(u_2)[a_2\varphi_1(u_1) - u_2 - f_2] \tag{5.2}$$

用 $v_i(u_i)$ 表示 i 组消费者的总剩余，$i=(1,2)$，$v_i(*)$ 满足包络条件 $v_i'(u_i) \equiv \varphi_i(u_i)$。那么用未加权的利润和消费者剩余之和表示的社会福利为：$w=\pi(u_1, u_2)+v_1(u_1)+v_2(u_2)$。

当社会福利最大化时，效用满足：$u_1=(a_1+a_2)n_2-f_1$；$u_2=(a_1+a_2)n_1-f_2$。从式 5.1 可得，社会最优价格满足：$p_1=f_1-a_2n_2$；$p_2=f_2-a_1n_1$。

由此可以得到，组 1 的最优价格等于向组 1 的参与人提供服务的成本减去新增的一个组 1 参与人为平台上所有组 2 参与人带来的额外收益。（平台上有 n_2 个组 2 的参与人，平台上每新增一个组 1 参与人给每个组 2 参与人带来的收益为 a_2）。特别地，如果 $a_1, a_2>0$，价格将低于成本。

由式 5.2 可知，平台利润最大化满足：

$$p_1=f_1-a_2n_2+\frac{\varphi_1(u_1)}{\varphi'_1(u_1)};\ p_2=f_2-a_1n_1+\frac{\varphi_2(u_2)}{\varphi'_2(u_2)} \tag{5.3}$$

因此，组 1 的利润最大化价格等于提供服务的成本 f_1，扣除向组 2 提供的外部收益（a_2n_2），加上与组 1 参与弹性有关的因素。这些利润最大化价格可以通过勒纳指数和弹性的形式得到，结果可以概括为以下命题：

命题 5.1：当一边参与人数量给定时，另一边的需求价格弹性为：

$$\eta_1(p_1/n_2)=\frac{p_1\varphi'_1(a_1n_2-p_1)}{\varphi_1(a_1n_2-p_1)};\ \eta_2(p_2/n_1)=\frac{p_2\varphi'_2(a_2n_1-p_2)}{\varphi_2(a_2n_1-p_2)}。$$

则追求利润最大化的平台向双边收取的价格满足如下条件：

$$\frac{p_1-(f_1-a_2n_2)}{p_1}=\frac{1}{\eta_1(p_1/n_2)};\ \frac{p_2-(f_2-a_1n_1)}{p_2}=\frac{1}{\eta_2(p_2/n_1)} \tag{5.4}$$

通过以上分析，可以发现利润最大化定价条件下，某一边可能会获得补贴，比如组 1 可能会出现 $p_1<f_1$。由式 5.4 可知，如果组 1 的需求弹性较高，或者组 2 获得的外部收益很大，组 1 就会获得补贴。这里的分析可以典型地应用于垄断的体育赛事市场，通常体育赛事市场门票价格是较低的，利润多数来自向赞助商收取的费用。

（二）基本定价模型分析

接下来所使用的模型以 Schmalensee（2002）、Rochet & Tirole（2003）的模型为基础。假设买者和卖者为 b 和 s，二者的交易在垄断平台上进行。在只存在使用费的模型里，平台提供服务的同时，向买者 b 和卖者 s 各收取一笔使用费，表示为 $t_b \geqslant 0$ 和 $t_s \geqslant 0$，平台的边际成本表示为每个交易 $c \geqslant 0$。买者和卖者在平台交易并各自获取利益。假定买者在利益 b_b 方面是不同的类群，$b_b \in [\underline{b}_b, \bar{b}_b]$，$\bar{b}_b \leqslant \infty$，利益来自交易。这些利益的可能密度函数 h_b（*）来自累积密度函数 H_b（*）。同样地，卖者的利益 b_s 和平台通过交易联系，$b_s \in [\underline{b}_s, \bar{b}_s]$，$\bar{b}_s \leqslant \infty$，其利益的可能密度函数 h_s（*）与累积密度函数 H_s（*）有关。

当买者的利益 b_b 大于使用费 t_b 时，交易可以在平台发生。即买者使用平台的条件是：

$$q_b = D_b(t_b) = P_r(b_b \geqslant t_b) = 1 - H_b(t_b) \quad (5.5)$$

类似地，卖者使用平台的条件是：

$$q_s = D_s(t_s) = P_r(b_s \geqslant t_s) = 1 - H_s(t_s) \quad (5.6)$$

假设 b_b 和 b_s 独立，期望的平台总交易量为：

$$q = D(t_b, t_s) = D_b(t_b) D_s(t_s) \quad (5.7)$$

现在，我们外生交易总数量，它们全部在或完全不在平台上交易，于是平台网络服务的总需求被 $N \cdot D(t_b, t_s)$ 给定。通过收费，垄断平台试图最大化利润，表示为：

$$\pi(t_b, t_s, c) = (t_b + t_s - c) \cdot N \cdot D(t_b, t_s) \quad (5.8)$$

当需求未呈现对数凹形时，利益的最大化产出可能是一个角边解。在一个角点解里，市场一边的参与者是在它的最大位置上，此时价格结构完全与市场的另一边非对称。更准确地讲，一个角点解 (b_i, m_j) 的特征是：参与者 i 获得最小的利益水平 $\underline{b}_i$，参与者 j 被收取双边垄断价格 m_j。此时，m_j 由下式决定：

$$m_j = \arg\underset{t_j}{mag}\, \pi(\underline{b}_i, t_j, c) \quad (5.9)$$

观察低价格参与者一边 i，发现需求是最大化的，$D_i(\underline{b}_i) = 1$。

为证明双边市场的非对称价格，我们引入一个密度函数，并扩展为需求弹性为常数的密度函数，并用可能的密度函数来描述平台交易的利益。

$$h_i(x) = \underline{b}_i^{\varepsilon_i} \varepsilon_i x^{-\varepsilon_i - 1},\ x \in [\underline{b}_i, \infty],\ \underline{b}_i > 0,\ \varepsilon_i > 1,\ i = (b, s) \quad (5.10)$$

密度函数的需求为：

$$D_i(t) = \underline{b}_i^{\varepsilon_i} t^{-\varepsilon_i},\ i = (b, s) \quad (5.11)$$

其中，需求的常数弹性表示为 $(\partial D_i / \partial t_i)(t_i / D_i) = \varepsilon_i$，并且不是对数凹形的。为不失一般性，我们假定买者的价格弹性大于卖者的价格弹性，即 $\varepsilon_b > \varepsilon_s$。

引申的利润函数可以表示为：

$$\pi\ (t_b,\ t_s,\ c)\ = N\,\underline{b}_b^{\varepsilon_b}\ \underline{b}_s^{\varepsilon_s} t_b^{\ -\varepsilon_b} t_s^{\ -\varepsilon_s}\ (t_b + t_s - c) \tag{5.12}$$

均衡解为：

$$t_b^{\ *} = \frac{c\varepsilon_b}{\varepsilon_b + \varepsilon_s - 1},\ t_s^{\ *} = \frac{c\varepsilon_s}{\varepsilon_b + \varepsilon_s - 1} \tag{5.13}$$

实际上，最大化可以在两个角点解处获得。根据公式 5.5，在需求弹性为常数的情形下，卖者和买者的角点解可以表示为：

$$(\underline{b}_b,\ m_s)\ = \left[\underline{b}_b,\ \frac{(c-\underline{b}_b)\ \varepsilon_s}{\varepsilon_s - 1}\right];\ (m_b,\ \underline{b}_s)\ = \left[\frac{(c-\underline{b}_s)\ \varepsilon_b}{\varepsilon_b - 1},\ \underline{b}_s\right] \tag{5.14}$$

这两个角点解要实现最大化利润，依赖于市场每一边的弹性大小。我们考虑如下命题：在最小的利润水平下，平台通过在低弹性卖者一边收取高价格实现利润最大化，而在高弹性的买者一边保持最低的利润水平。

命题 5.2：假设需求弹性为常数并且$\underline{b}_s + \underline{b}_b \leqslant c$，则存在 $\bar{\varepsilon} \geqslant \varepsilon_s$，$\varepsilon_b > \bar{\varepsilon}$，垄断平台通过收费获取最大利润：$(t_b^M,\ t_S^M)\ =\ (\underline{b}_b,\ m_s)\ = \left[\underline{b}_b,\ \frac{(c-\underline{b}_b)\ \varepsilon_s}{\varepsilon_s - 1}\right]$，买者完全参与，$D_b\ (t_b^M)\ = 1$。

证明：如果对一个买者收取$\underline{b}_b$，卖者收取 m_s，平台利润为：

$$\frac{\partial\,\pi\ (m_b,\ \underline{b}_s,\ c)}{\partial\,\varepsilon_b} = -N\,\frac{(c-\underline{b}_s)\ \left[\frac{\varepsilon_b\ (c-\underline{b}_s)}{\underline{b}_b\ (\varepsilon_b - 1)}\right]^{-\partial_b} \log\left[\frac{\varepsilon_b\ (c-\underline{b}_s)}{\underline{b}_b\ (\varepsilon_b - 1)}\right]}{\varepsilon_b - 1} < 0 \tag{5.15}$$

同样可以证明，卖者的角点解实现的利润为：

$$\pi\ (m_b,\ \underline{b}_s,\ c)\ = N\,\frac{\underline{b}_b^{\varepsilon_b}\left[\frac{\varepsilon_b\ (c-\underline{b}_s)}{\varepsilon_b - 1}\right]^{1-\varepsilon_b}}{\varepsilon_b} \tag{5.16}$$

说明：第一，这些价值存在并且对最小的利润水平有促进作用，即如果$\underline{b}_i \leqslant c$，$i = (b,\ s)$，则自动满足$\underline{b}_s + \underline{b}_b \leqslant c$。第二，在 ε_b 下的 $\pi(\underline{b}_b,\ m_s,\ c)$ 是不变的，当 $\varepsilon_b \to \infty$ 并且 ε_s 为常数时，我们可以得到$\bar{\pi}_b = \lim_{\varepsilon_b \to \infty} \pi(\underline{b}_b,\ m_s,\ c) > 0$ 和 $\bar{\pi}_s = \lim_{\varepsilon_b \to \infty} \pi\ (t_b^M,\ \underline{b}_S,\ c)\ = 0$。第三，当且仅当 $\log\left[\frac{\varepsilon_b\ (c-\underline{b}_s)}{\underline{b}_b\ (\varepsilon_b - 1)}\right] > 0$，我们得到式 5.15。也就是说，当且仅当$\underline{b}_s + \underline{b}_b\ (1 - 1/\varepsilon_b)\ \leqslant c$，即满足$\underline{b}_s + \underline{b}_b \leqslant c$ 和 $\varepsilon_b > 1$，此时 $\pi\ (m_b,\ \underline{b}_s,\ c)$ 是下降的，因为 $\pi\ (m_b,\ \underline{b}_s,\ c)$ 在 ε_b 情况下下

降，并且 π（$\underline{b}_b$，m_s，c）不变和 $\bar{\pi}_s<\bar{\pi}_b$。这意味着，存在着 $\bar{\varepsilon}\geqslant\varepsilon_s$，当 $\varepsilon_b>\bar{\varepsilon}$ 时，π（$\underline{b}_b$，m_s，c）$>\pi$（m_b，$\underline{b}_s$，c），因此（t_b^M，t_S^M）$=$（$\underline{b}_b$，m_s）。对称地，如果 $\underline{b}_b=\underline{b}_s$，$\varepsilon_b=\varepsilon_s$，则 π（$\underline{b}_b$，m_s，c）$=\pi$（m_b，$\underline{b}_s$，c）。更进一步，若 $\underline{b}_b>\underline{b}_s$ 则 $\bar{\varepsilon}>\varepsilon_s$，若 $\underline{b}_b<\underline{b}_s$ 则只能是 $\bar{\varepsilon}=\varepsilon_s$。又因式 5.14 依赖于条件 $\underline{b}_s\leqslant c$，根据定义，$D_b$（$t_b^M$）$=D_b$（$\underline{b}_b$）$=1$，这时实现了买者的完全参与。

命题 5.2 针对双边市场商业领域的经验事实，为其非对称价格结构提供了另一种解释。实际上，我们的结论说明，在需求弹性为常数的情形下，非对称的价格结构可以实现利润最大化。Bolt & Tieman（2003）发现非对称价格可以引致差别定价和理想的价格。直觉告诉我们，这个价格结构的运行机制在于：买者的高价格弹性决定了平台需要向其收取低价格，平台因卖者的低价格弹性可以向其收取高价格；每一个卖者参与平台，其利润通过正的外部性实现，这激励其积极参与到平台中来。特别地，我们的命题 5.2 关于非对称价格的结论为近年来国内关注的体育赛事产业提供了一个解释。在这个市场上，观众（消费者）支付较少的交易费用（门票价格），而赞助商却支付高额赞助费用。分析表明，观众和赞助商的弹性不同，使高价格明显倾斜到赛事赞助商一边。

客观地讲，我们的非对称价格结论并不全是来自弹性不同的差异，还依赖于市场两边积极的参与。比如，我们的分析假设 $\underline{b}_b>\underline{b}_s$，可以看到买者对交易费用高度关注，哪怕买者比卖者有更高的价格弹性。我们的命题建立在买者的价格弹性充分高的基础上，买者在角点处支付最小价格，卖者支付一个高价格实现最小的利润水平。Hermalin & Katz（2004）讨论卖者和买者对利润的贡献，分析了哪些因素是其中的关键信息，哪些是局部信息。

二、存在价格歧视的定价模型

前文讨论限于对双边的倾斜定价，还没有考虑对消费者一边实行价格歧视的策略。事实上，由于消费者对产品的偏好不同，平台企业可以将消费者的偏好差异反映到价格中，在自己的价格范围内实行价格歧视。由于网络外部性和产品差异化的存在，即使相继对每一边实行价格歧视，也不会导致他们转而享受竞争对手的产品。

三、平台双边定价效应模型

下面我们考察区域内只有两个体育赛事平台的双寡头垄断产业。典型消费者观赏体育赛事得到的（总）效用水平为：

$$U=V_1+V_2-\frac{1}{1+b}\left(\frac{V_1^2}{2}+\frac{V_2^2}{2}+bV_1V_2\right) \tag{5.17}$$

这里 V_j 是消费者观赏体育赛事的时间 j，$j=(1,2)$，$b\in[0,1]$ 是产品相互替代程度的测度。如果 $b=0$，产品完全差异化，而当 $b\to 1$ 时，没有水平差异化。更具普遍性的解释是，b 越高，从消费者的观点来看，体育赛事的产品更具可替代性。我们将消费者数量标准化为 1。

每个消费者必须为每单位的赛事商品（例如一场 NBA 比赛）支付 $p_j\geqslant 0$，$j=(1,2)$。同时，他们被现场广告打扰而存在反效用，因此广告的存在可认为是对体育赛事产品的间接收费。因此假设，体育赛事产品的主观成本等于 $C_j=(p_j+\gamma_jA_j)V_j$，$j=(1,2)$，$A_j\geqslant 0$ 是广告数量，$\gamma_j\geqslant 0$ 是衡量消费者被体育赛事打扰的反效用的参数。为简化分析，假设 $\gamma_j=1$，$j=(1,2)$。因此消费者剩余等于：

$$CS=U-(p_i+A_i)V_i-(p_j+A_j)V_j$$

在 $\partial CS/\partial V_i=\partial CS/\partial V_j=0$ 的情况下，我们得到消费者需求函数：

$$V_j=1-\frac{p_j-bp_i}{1-b}-\frac{A_j-bA_i}{1-b} \tag{5.18}$$

由式 5.18 我们发现，观赏体育赛事 j 的消费者数量随 j 赛事的门票价格和赞助商广告数量的提高而下降，这符合双边网络外部性的假设。此外，消费者的总数量等于 $V_1+V_2=1-(A_1+A_2)-(p_1+p_2)$，即对于任意特定的广告数量和赛事门票价格，消费者的总数独立于 b。

我们构造一个两阶段博弈，在 1 阶段体育赛事同时为赞助商和消费者制定广告和门票价格，在 2 阶段赞助商选择对每个体育赛事赞助多少广告，消费者购买的门票数量随之确定。

假设 R_1 和 R_2 分别代表体育赛事 1 和 2 因为广告而向赞助商收取的价格，体育赛事现场广告的成本等于零。因此，体育赛事的利润函数可以写为：

$$\Pi_j=R_jA_j+p_jV_j \tag{5.19}$$

同时，假设有 n 个相互独立的赞助商，表示为 $i\in\{1,\cdots,n\}$，他们在相互独立的产业市场上运营，而且通过体育赛事广告直接或间接产生销售收入。通过在体育赛事 j 上赞助 A_{ji} 个广告，赞助商 i 将向该体育赛事的每个消费者销售出 A_{ji} 单位的商品。假设每个赞助的收入等于 1，则赞助商 i 的利润水平为：

$$\pi_i=(A_{1i}V_1+A_{2i}V_2)-R_1A_{1i}-R_2A_{2i} \tag{5.20}$$

均衡分析如下：

先来看整个产业（体育赛事和赞助商）由一个企业拥有的情形。由于在这种情况下赞助价格是无关的量，最大值问题简单地就是：

$$\max_{A_1, A_2, p_1, p_2} \{A_1V_1 + A_2V_2 + p_1V_1 + p_2V_2\} \tag{5.21}$$

在上式中 $A_j \equiv \sum_{i=1}^{n} A_{ji}$。因为总的市场规模独立于 b，赞助数量和门票价格也将独立于 b。对于式 5.21 求最大值问题，得到：

$$A_j{}^* + p_j{}^* = 1/2 \tag{5.22}$$

这说明体育赛事产业收益来自赞助收益和门票收益的平衡。总的产业利润等于 $\Pi^* = 1/2$，每个体育赛事消费者数量为 $V_j^* = 1/2$。

现在求证两个独立体育赛事和 n 位独立赞助商的市场情形。我们寻求两阶段博弈中子博弈的完美均衡，采用逆向归纳法，因此先考察 2 阶段。此阶段，赞助商 i 的最大值问题为：

$$\pi_i = \max_{A_{1i}, A_{2i}} \{(A_{1i}V_1 + A_{2i}V_2) - R_1A_{1i} - R_2A_{2i}\} \tag{5.23}$$

所以它的一阶导数条件由 $\partial \pi_i / \partial A_{1i} = \partial \pi_i / \partial A_{2i} = 0$ 给出，$i = (1, \cdots, n)$。使 $\partial \pi_i / \partial A_{1i} = 0$，我们发现：

$$A_{1i} = \frac{1}{2}\left[(1-b)(1-R_1) - (p_1 - bp_2) - A_{1,-i} + b(2A_{2i} + A_{2,-i})\right] \tag{5.24}$$

这里 $A_{1,-i}$ 和 $A_{2,-i}$ 分别是其他所有赞助商在体育赛事 1 和 2 上赞助的广告数量。式 5.24 表明，赞助商 i 在体育赛事 1 上赞助的广告数量 A_{1i} 随 $A_{1,-i}$ 上升而下降，而随其他体育赛事上赞助商广告数量 A_{2i} 和 $A_{2,-i}$ 上升而递增。上面的结论反映了这样的事实：在其他因素相同时，体育赛事 1 对于消费者更具吸引力，消费者被体育赛事 2 的现场广告打扰更多。另外，我们看到，A_{1i} 随广告成本 R_1 上升而下降。对于体育赛事 2 的赞助需求有类似的表达式。

由于赞助商是对称的，在均衡时他们将有相同的赞助数量。这意味着 $A_{ji} = A_j/n$。代入式 5.24 我们得到赞助的需求函数：

$$A_j(R_j, R_i) = \frac{n}{1+n}\left(1 - p_j - \frac{R_j + R_ib}{1+b}\right),\ (i, j) = (1, 2),\ i \neq j \tag{5.25}$$

经计算，$\partial A_1 / \partial R_2 = \partial A_2 / \partial R_1 = -nb/[(1+n)(1+b)] < 0$，所以每场体育赛事的赞助数量随着该体育赛事的赞助成本的增长而下降。也就是说，具有较低赞助价格的体育赛事将拥有较大数量的赞助。同时，每场体育赛事的赞助数量也随其他体育赛事的赞助成本的增长而下降。换句话说，体育赛事 1 上的赞助和体育赛事 2 上的赞助是互补品。分析其原因，假设 R_1 增加，

它的直接效应是赞助商减少了他们在体育赛事 1 上的广告数量，这就使体育赛事 1 对消费者变得更具有吸引力，体育赛事 2 变得相对缺乏吸引力，而且将因此减少被消费者现场观赏的机会。因此，赞助商将通过减少它们在体育赛事 2 上的广告数量而做出反应。而且体育赛事被认为的差异化程度越小，该效应越突出；即 b 越大，制定相当高的广告价格的负面效应越小。此外，每个体育赛事的赞助商广告数量随该体育赛事对消费者收取的赛事门票价格上升而递减。这隐含的事实是，对消费者收取的价格越低，消费者现场观赏体育赛事的次数或者人数越多，赞助商越愿意在该体育赛事上投放广告。这符合双边市场理论关于双边网络外部性的描述，即赞助商的收益随消费者数量增加而增加。

通过对式 5.25 关于 b 求导：

$$\frac{\partial A_1}{\partial b}=\frac{n}{1+n}\frac{R_1-R_2}{(1+b)^2}=-\frac{\partial A_2}{\partial b}>0 \text{（当且仅当 } R_1>R_2\text{）} \qquad (5.26)$$

式 5.26 的含义是，如果 $R_1>R_2$，则 A_1 随 b 增加而递增，而 A_2 随 b 增加而递减。这意味着，体育赛事被认为的差异化程度越小，具有较高赞助价格的体育赛事将销售越多的赞助。当 $R_1>R_2$ 时，体育赛事 1 对消费者具有相对较高的吸引力。

对于 2 阶段，我们总结得出如下结论：

引理 5.1：对于给定的一对赞助价格：(1) 如果两家体育赛事的赞助价格是相同的，那么广告数量独立于 b，即，如果 $R_1=R_2=R$，那么 $A_j=\frac{n}{n+1}(1-p_j-R)$；(2) 如果两家体育赛事的赞助价格不同，那么越低价的体育赛事将吸引越多的赞助；(3) 如果两家体育赛事的赞助价格不同，那么体育赛事被认为的差异化程度越低，在更昂贵的体育赛事上的赞助数量越多。

此外，由式 5.19、5.20 和 5.26，我们得到：

$$\frac{\partial^2 \Pi_j}{\partial p_i \partial p_j}=\frac{b}{1-b}>0;\quad \frac{\partial^2 \Pi_j}{\partial R_i \partial R_j}=-\frac{n}{1+n}\frac{b}{1+b}<0$$

命题 5.3：消费者支付是战略互补的，赞助价格是战略替代的。

命题 5.3 表明，在体育赛事企业同时运营的两个市场之间有根本的不同。在消费者市场上，一个企业提价将形成其他企业也提高价格的激励，这与标准教科书对价格竞争的描述相一致。但是在体育赛事赞助市场上情况则大不相同。体育赛事 1 提高赞助价格后，将销售较少的赞助；但由于现场广告对消费者产生负效应，将导致消费者从体育赛事 2 转向体育赛事 1；从而使体育赛事 2 面临较少的赞助需求，因此体育赛事 2 将具有降低它的赞助价格的激励。

现在我们考察1阶段。在1阶段，使$\Pi_j = R_jA_j + p_jV_j$最大化，我们容易得到对称均衡解：

$$p_j = \frac{1-b}{2-b};\ R_j = \frac{1+b}{2+b} \tag{5.27}$$

经计算，(1) $\frac{\partial R_j}{\partial b} = \frac{1}{(2+b)^2} > 0$，表明体育赛事的可替代性越强，均衡时的赞助价格越高。这是因为赞助商从一家体育赛事转移到另一家体育赛事的意义不大，这就为体育赛事收取较高的赞助价格提供了机会。同时注意，赞助商的数量n并不影响均衡价格，因此只是体育赛事间的竞争对赞助价格具有决定性。(2) $\frac{\partial p_j}{\partial b} = \frac{-1}{(2-b)^2} < 0$，表明体育赛事的可替代性越强，均衡时的门票价格越低。原因是，体育赛事同质化程度严重将降低它们的吸引力，为吸引消费者它们只有降低价格。特别地，当$b=1$时，$p_j=0$，对消费者收取的价格降为零，目的是为了维持一定的消费者客户基群体，以吸引赞助商前来进行赞助。

由体育赞助和门票价格的均衡价格公式5.27，我们能够容易地计算出均衡数量：

$$A_j = \frac{n}{n+1}\frac{b^2}{4-b^2};\ V_j = \frac{1}{n+1}\left(\frac{1}{2-b} + n\frac{1+b}{2+b}\right) \tag{5.28}$$

由$\frac{\partial A_j}{\partial b} = \frac{n}{n+1}\frac{8b}{(4-b^2)^2} > 0$知，在每个体育赛事上的赞助数量随$b$增加而增加。原因是：消费者在体育赛事间转换的意义不大；增加现场赞助商的广告数量，同时对消费者收取较低的门票价格，消费者也能够忍受。特别地，当$b=0$时，$A_j=0$，这是由于两家体育赛事差异化非常明显，一个体育赛事现场广告要多得多，其消费者就会转换到别的体育赛事，迫使其把现场广告数量降为零。

$\frac{\partial V_j}{\partial b} = \frac{1}{n+1}\left[\frac{1}{(2-b)^2} + \frac{n}{(2+b)^2}\right] > 0$，这意味着，体育赛事的访问数量随$b$增加而增加。这主要是由体育赛事企业降低门票价格所致。

计算赞助商的利润：

$$\pi_i = \frac{2}{(n+1)^2}\frac{b^4}{(4-b^2)^2};\ \frac{\partial \pi_i}{\partial b} > 0 \tag{5.29}$$

这表明，赞助商的利润随b增加而增加。在这种情形下，尽管赞助商被收取较高的赞助价格，但由于降低了门票价格，消费者访问量增加，现场广告效用也增加了，这些给赞助商带来更大的收入，因此赞助商将获得更多的利润。

体育赛事企业的利润水平总为正，但随 b 增加而下降：

$$\Pi_j=\frac{n}{1+n}\frac{1+b}{(2+b)^2}+\frac{1}{1+n}\frac{1-b}{(2-b)^2};\ \frac{d\Pi_j}{db}<0 \tag{5.30}$$

分析原因，首先假设 $b=0$。由式 5.28 我们有 $R_j=1/2$，$p_j=1/2$。由于当 $b=0$ 时，两个体育赛事实际上是相互独立的市场，因此，赞助和门票价格等于 1/2 时，体育赛事总利润将最大化。而且由于市场规模独立于 b，因此对于所有的 b 值，$R_j=p_j=1/2$ 使体育赛事利润达到最大化。此外，正的利润水平意味着伯川德悖论（Bertrand Paradox）得以解决。

命题 5.4：体育赛事产品可替代性越强，收取的门票价格越低，则消费者越多，赞助数量和赞助价格也越高，然而这种行为将减少体育赛事的利润。

我们定义 S 为体育赛事赞助收入在总收入中的比重：

$$S=\frac{AR}{pV+AR} \tag{5.31}$$

利用式 5.26 和 5.27，我们能够把 S 表示为 b 的函数：

$$S(b)=\frac{n(1+b)(2-b)b^2}{n(1+b)(2-b)^2+(1-b)(2+b)^2};\ S'(b)>0 \tag{5.32}$$

假设市场上有无穷多的广告商，则 $\lim\limits_{n\to\infty}S(b)=b^2/(2-b)$，得到 $S(0)=0$，$S(b)=1$。因此我们总结：

命题 5.5：体育赛事相互替代性越强，其赞助收入占总收入的比重越高。在 $b=0$ 时，体育赛事完全由消费者资助，而当 $b\to1$ 时，则完全由赞助商资助。

结合上面两个命题可以预言，主要由赞助商资助的体育赛事具有相对比较多的消费者。如 NBA、CBA、欧洲杯足球锦标赛等，观众消费者多，赞助商的广告也多。然而，这不是他们努力寻求更广泛的客户基的结果，而是因为拥有庞大的客户基吸引了更多的赞助收入。

综合本节的分析，我们预测体育赛事未来的盈利模式，主要采用“内容＋平台”的模式。(1) 内容：在传统消费关系中，商品信息一般是“推”式的，即将产品推销给消费者，消费者处于被动地位；在赛事产品网络消费关系中，赛事产品信息则为“拉”式的，即消费者通过网络外部性输送赛事信息并选择赞助商，然后再把定制好的消费品“拉”到手里，消费者处于主动地位。内容就是赛事主办方能够提供足够的让消费者选择的信息，包括赛事产品、娱乐互动等。(2) 平台：体育赛事是观众、主办方、赞助商交流的平台，也是一种生活性互动平台，一种商业宣传交易平台。平台相对于内容而言显得更为重要。“内容＋平台”的模式从宏观上给体育赛事提供了一个盈利模式，具体实施还要结合体育赛事自身的特点。

第三节　经验证据

一、实证研究

基于产品差异化理论，厂商将产品差异视为一种主要的产品策略，通过实施产品本身质量差异、提供附加服务、发布广告、选择比较有利的工厂位置和销售地点等差异化手段，影响消费者的偏好并确立自己的独特品牌，借此尽量弱化由激烈的价格竞争所造成的不稳定和破坏效应。实施体育赛事产品的差异化，可以实现与众不同的产品特性和观赏体验效果，使产品具有不完全替代性，满足消费者的多样性和个性化需求，从而提升体育企业的竞争力。

在现实的体育赛事产业中，双边市场特征和差异化竞争并不是截然分开的，而是交织在一起，呈现出多样性的市场组织结构特征。而且由双边网络外部性和差异化引致的客户基增长，往往使体育赛事具有更强的市场势力。因此，将双边市场理论和产品差异化结合起来，分析体育赛事中的企业策略性定价行为及其对市场各方的影响便成为本节分析的重点。

笔者将立足于中国国情和体育赛事的双向外部性，从理论研究层面分析体育赛事产品定价的策略性行为及其原因，并采取问题导向方法，以 2008 年北京奥运会为例进行产品差异化条件下的体育赛事定价策略研究。

（一）模型分析

本节所使用的模型是以纪汉霖、管锡展（2007）的服务质量差异化模型为基础，将其应用在体育赛事产业。假设平台提供两种质量（赛事吸引力不同）的赛事服务性产品，分别为 λ_H 和 λ_L，λ 表示交易成功的概率，如 $\lambda_H>\lambda_L$ 表示，高质量服务相比低质量服务可以提高用户寻找到平台另一边合适的交易用户的概率。对于两个边的用户，用 θ 表示消费者的偏好参数，θ 在区间 $[0, \infty]$上均匀分布，消费者只有单位产品需求。在垄断平台下，假设两边的用户数都是 1，由于体育赛事双边市场两边用户之间存在着网络外部性，其效用函数为：

$$U=\begin{cases}\lambda\theta+\lambda an-p\\0\end{cases}$$

其中 p 为平台提供的服务价格，a 表示网络外部性参数，假设两边用户的网络外部性参数相同，n 表示平台另外一边用户的数量。因此两边用户享受高质量的赛事服务时获得的效用是 $U_H=\lambda_H\theta+\lambda_H an-p_H$，享受低质量的赛事服务时获得的效用是 $U_L=\lambda_L\theta+\lambda_L an-p_L$。

假设$\frac{p_H}{p_L}=\frac{\lambda_H}{\lambda_L}$，令 $U_H=0$，$U_L=0$，可以得到消费者偏好的临界点：

$$\theta_H=\frac{p_H}{\lambda_H}-an，\theta_L=\frac{p_L}{\lambda_L}-an \tag{5.33}$$

令 $U_H=U_L$，可以计算出对于消费者高质量和低质量服务无差别的消费者偏好参数为：

$$\theta_{HL}=\frac{p_L}{\lambda_L}-an \tag{5.34}$$

在$\frac{p_H}{\lambda_H}>\frac{p_L}{\lambda_L}$的假设下，$\theta_{HL}\geqslant\theta_H\geqslant\theta_L$。

当消费者的偏好参数处于不同的区间时，消费者的行为会有所不同：当 $\theta\in[0,\theta_L]$时，消费者不购买任何服务；当 $\theta\in[\theta_L,\theta_{HL}]$时，消费者购买质量为 λ_L 的赛事服务产品；当 $\theta\in[\theta_{HL},\infty]$时，消费者购买质量为 λ_H 的赛事服务产品。

按照时间顺序可以将赛事平台分为：平台同时提供高质量和低质量赛事服务；先提供低质量服务，再提供高质量赛事服务；先提供高质量服务，再提供低质量赛事服务。

（1）平台同时提供高质量和低质量服务

在平台同时提供高低两种质量的服务时，消费者购买高低质量的服务的情况分别是：$\theta\in[\theta_L,\theta_{HL}]$的消费者购买质量为 λ_L 的服务；$\theta\in[\theta_{HL},\infty]$的消费者购买质量为 λ_H 的服务。假设平台两边是对称的，也就是无论低端还是高端服务，平台对两边制定相同的价格，平台一个边的利润等于两种服务的利润之和，平台的利润等于两边的利润之和，那么平台的利润函数为：

$$\pi_1=2p_L\left[\frac{p_H-p_L}{\lambda_H-\lambda_L}-\frac{p_L}{\lambda_L}\right]+p_H\left[\infty-\frac{p_H-p_L}{\lambda_H-\lambda_L}+an_2\right]+$$
$$p_H\left[\infty-\frac{p_H-p_L}{\lambda_H-\lambda_L}+an_1\right]$$

π_1 是（p_H, p_L）的函数，取$\frac{\partial\pi}{\partial p_\pi}=\frac{\partial\pi}{\partial p_L}=0$，可以得到平台对质量差异的

两种服务的定价方式：

$$p_{L1}=\frac{\lambda_L}{2}\ (\infty+a);\ p_{H1}=\frac{\lambda_H}{2}\ (\infty+a) \tag{5.35}$$

可以得到$\frac{p_H}{p_L}=\frac{\lambda_H}{\lambda_L}$，表示平台对服务的定价与服务质量呈正相关关系。同时可得低端服务的需求量为零，在均衡状态下用户只选择消费高质量的服务。此时，平台的利润为：

$$\pi_1=\frac{\lambda_H\ (\theta+\alpha)^2}{2} \tag{5.36}$$

（2）平台先提供低质量服务，再提供高质量服务

在这种情况下，$\theta<\theta_H$ 的消费者购买质量为 λ_L 的服务。由于信息不对称，$\theta\in[\theta_{HL},\ \infty]$的消费者并不知道平台是否会提供高质量的服务，这部分用户会存在一个等待成本。定义 $\theta_2=\frac{\Delta U+p_H-p_L}{\lambda_H-\lambda_L}-an$，$\Delta U$ 表示偏好高质量服务的用户的等待成本的门槛值。对于这部分偏好高质量服务的用户，如果他们的等待成本大于 ΔU 或者耐心不足，他们会选择低质量的服务；反之，他们会选择等待，直到平台推出高质量的服务。因此，两种质量服务的需求量分别为：

$$D_{L2}=\frac{\Delta U+p_H-p_L}{\lambda_H-\lambda_L}-\frac{p_L}{\lambda_L};\ D_{H2}=\infty-\frac{\Delta U+p_H-p_L}{\lambda_H-\lambda_L}+an$$

可以求解出定价公式：

$$p_{L2}=\frac{\lambda_L}{2}\ (\infty+a),\ p_{H2}=\frac{\lambda_H}{2}\ (\infty+a)\ -\frac{\Delta U}{2} \tag{5.37}$$

比较式 5.35 和 5.37，在其他参数相同的情况下，在平台先推出低质量服务后推出高质量服务的情况下，低质量服务的定价不变，而高质量服务的价格会有所下降，下降的幅度等于偏好高质量服务用户的等待成本的一半。也就是用户的耐心越好，高质量服务价格的下降幅度就越大。平台的利润：

$$\pi_2=\frac{\lambda_H\ (\infty+a)^2}{2}+\frac{(\Delta U)^2}{2\ (\lambda_H-\lambda_L)}-\Delta U\ (\infty+a) \tag{5.38}$$

（3）平台先提供高质量服务，再提供低质量服务

由于信息不对称，消费者并不知道平台后期会提供低质量的服务，原来购买低质量服务的 $\theta\in[\theta_L,\ \theta_{HL}]$的消费者现在改为购买高质量服务，$\theta<\theta_H$ 的

消费者不购买任何服务。当平台推出低质量服务后，$\theta \in [\theta_L, \theta_H]$的消费者开始购买低质量服务。这样，两个阶段的平台服务需求为：

对高质量服务：$D_{H3}=\infty-\frac{p_H}{\lambda_H}+an$；对低质量服务：$D_{L3}=\frac{p_H}{\lambda_H}-\frac{p_L}{\lambda_L}$

利润函数对两个价格求导可得：

$$p_{L3}=\frac{\lambda_H\lambda_L}{4\lambda_H-\lambda_L}(\infty+a);\ p_{H3}=\frac{2\lambda_H^2}{4\lambda_H-\lambda_L}(\infty+a) \tag{5.39}$$

平台的利润：

$$\pi_3=\frac{2\lambda_H^2(\infty+a)^2}{4\lambda_H-\lambda_L} \tag{5.40}$$

（4）分析与结论

在赛事定价方面，$p_{L1}=p_{L2}>p_{L3}$，$p_{H3}>p_{H2}>p_{H1}$。其实在赛事平台同时提供质量差异服务时，低质量服务的需求为零，这时 p_{L1}是没有意义的。以上的关系式表示，平台在先提供高质量服务再提供低质量服务时，采用“高质量高价格，低质量低价格”的定价策略，即对先推出的高质量服务收取一个“撇油”的价格，对延迟推出的低质量服务采用低价以获取更多的用户和市场份额。平台在先提供低质量服务后提供高质量服务时，对高端服务的定价在三种情况中是最低的，并且相对于平台同时提供质量差异服务时的高端价格所下降的幅度等于高端用户的等待成本，也就是偏好高端服务的用户对高质量服务等待的耐心。

在赛事平台利润方面，$\pi_3>\pi_1$ 表明垄断平台先提供高质量服务后提供低质量服务时的利润高于同时提供质量差异服务时的利润，但是平台先提供低质量服务后提供高质量服务对平台利润的影响是模糊的。在第一、三种情况下，平台利润均随着网络外部性的增强而增加。

（二）案例研究——以 2008 年北京奥运会为例

1. 北京奥运会赞助安排。北京奥运会赞助计划①由三级架构构成：一级为合作伙伴，二级为赞助商，三级为供应商（包括独家供应和供应商）。到 2007 年 5 月为止，北京奥运会赞助商计划基本完成，随后启动供应商计划。有关赞助统计数据参见表 5.1、表 5.2。

---

① 北京奥运会赞助计划由第 29 届奥林匹克运动会组织委员会（简称北京奥组委）负责，该组织成立于 2001 年 12 月 13 日，它承担着北京奥运会和北京残奥会各项筹办任务的组织工作，具体赞助工作由其下设机构市场开发部执行。

表 5.1　历届奥运会合作伙伴（TOP 计划）实施情况

项　目	汉城 1985—1988	巴塞罗那 1989—1992	亚特兰大 1993—1996	悉尼 1997—2000	雅典 2001—2004	北京 2005—2008
赞助费（万美元）	400	1000	4000	5500	6000	6500
赞助商（个）	9	12	10	11	10	11
计划创收（亿美元）	0.8	1.4	3.5	3.5	不详	4
实际创收（亿美元）	1.105	1.75	4	5.5	6.5	7.34

资料来源：根据历届奥运会赞助计划和周丽萍等统计数据整理。

表 5.2　2008 年北京奥运会赞助商

赞助层级	2008 年北京奥运会赞助商名单	赞助底线
国际奥委会全球合作伙伴	可口可乐、atosorigin、GE、强生、柯达、联想、Manulife、麦当劳、松下、OMEGA、三星、VISA 信用卡	6500 万美元
北京奥运合作伙伴	中国银行、中国网通、中国石化、中国石油、中国移动、大众汽车集团（中国）、阿迪达斯、强生、中国国际航空股份有限公司、中国人保财险、国家电网公司	约 1 亿美元
北京奥运赞助商	美国 UPS 公司、海尔集团、百威啤酒、搜狐公司、伊利集团、青岛啤酒、燕京啤酒、必和必拓、恒源祥、统一企业	约 2 亿元
北京奥运独家供应商	长城葡萄酒、金龙鱼、北京歌华特玛捷票务、梦娜、贝发文具、帝华、亚都、士力架、千喜鹤食品、思念食品、皇朝家私、STAPLES、TECHNOGYM、SCHENKER	4100 万元
北京奥运供应商	泰山、曙光、英孚、爱国者、理想飞扬、水晶石科技、元培翻译、奥康、立白、普华永道、大运、首都信息、优派克、微软（中国）、国誉、新奥特、盟多	1600 万元

资料来源：根据 2008 年北京奥运会赞助计划统计数据整理。

从表 5.1 和表 5.2 总结，2008 年北京奥运会赞助主要有以下特点：（1）按层级顺序进行赞助洽谈合作。赞助层级依次是北京奥运合作伙伴、北京奥运赞助商、独家供应商、供应商，赞助费金额逐级递减。四种形式的奥运赞助名额几乎全部被国内外各行业的一线企业占得，有效实现了优先提供高质量赞助的计划。(2) 奥运会的品牌效应和竞争性瓶颈的约束，使得赞助费不断提高。奥运会的意义远远超过了一个体育事件，它是民族品牌走向世界的窗口，是国际品牌在中国营销的入口。一项调查显示，在中国有接近七成的人更有可能会选择 2008 年北京奥运会赞助商或者合作伙伴的产品或者服务。从 TOP 计划的实施情况来看，赞助费用开始由长期快速增长过渡到稳步增长阶段。(3) 基于国家奥委会的半官方性质，国有大型企业提供了数目可观的赞助费用。北京奥组委拥有政府支持的优势，这可减轻其在筹集预算方面的财政压力。中国人民在很多方面支持像奥运会这样的全国性活动，国有企业更是义不容辞，北京奥运的合作伙伴和赞助商基本都是国家控股的垄断性企业。(4) 某些业务领域（如啤酒等）的激烈竞争导致真正的竞标局面出现，企业争相获取赞助权。由于 TOP 赞助权非常不容易获得，北京奥组委作为奥运营销权力在中国的排他性销售机构，具有垄断地位，因此企业通过各种关系网络和技术手段以获取赞助资格。比如北京奥运赞助商中有三家啤酒企业：百威啤酒、青岛啤酒、燕京啤酒。

2. 北京奥运会门票销售安排。门票销售主要面向奥运会三大客户群：一是合同客户群，即经国际奥委会批准，与北京奥组委就购买门票事宜有合同义务关系的客户，主要包括国际奥委会、国际单项体育联合会、奥运会赞助企业、奥运会转播商、各国家和地区奥委会等；二是境外公众；三是境内公众。蔡铁雪 (2007) 在分析历届奥运会门票营销特点时指出：洛杉矶奥运会首创电子分票系统实现了盈利；亚特兰大奥运会首创可乐专卖店免费提供奥运门票预订单，使其成为奥运历史上购票最容易的一次盛会，实现盈利 4 亿多美元；悉尼奥运会采用邮购、预定、抽签、预留门票等方式，保证了高上座率，实现 5.5 亿美元收入。

表 5.3 历届奥运会门票销售情况

项　目	1984 洛杉矶	1988 汉城	1992 巴塞罗那	1996 亚特兰大	2000 悉尼	2004 雅典	2008 北京
有效票（百万张）	6.9	4.4	3.9	11	7.6	5.3	9
已售票（百万张）	5.7	3.3	3.02	8.32	6.7	3.8	7
出售率（%）	82.6	75	80	82.3	88	72	77
奥委会收入（百万美元）	156	36	79	425	551	228	211

资料来源：根据历届奥运会票务计划和蔡铁雪统计数据整理。

表 5.4 北京奥运会门票销售情况

销售阶段	主要场次	数量	价格（元）	销售方式	销售情况
第一阶段（2007 年 4 月至 9 月）	境内公众配额的全部开闭幕式门票和 50% 的体育比赛门票	约 350 万张	开幕式 200—5000，闭幕式 150—3000，篮球 50—1000，跳水 60—500；田径、乒乓球、排球 50—800，足球 40—800	公开认购，抽签确认	开幕式的门票申购数量 55 万张，中签率为 1/21；比赛门票的平均中签率为 34.6%，前五位依次是篮球、跳水、乒乓球、足球和体操项目
第二阶段（2007 年 10 月至 12 月）	另外 50% 的体育比赛门票和第一阶段剩余的门票	约 185 万张	艺术体操 100—400，乒乓球 50—800，跳水、花样游泳 60—500，体操 50—300	先到先得，售完为止	预订了约 450 万张门票，关注度集中，艺术体操、乒乓球、跳水、花样游泳和体操成为中签率最低的项目
第三阶段（2008 年 5 月至 6 月）	244 个体育比赛场次，涉及 16 个体育比赛大项、17 个分项	约 138 万张	公路自行车免费，山地自行车 30，现代五项、射击 30—50，铁人三项 50，赛艇、皮划艇静水 30—80	实时购票，面向公众个人	持续火爆

资料来源：根据 2008 年北京奥运会票务计划统计数据整理。

从表 5.3 和表 5.4 分析，奥运门票销售主要有以下特点：（1）历届奥运会门票收入差别较大。2000 年悉尼奥运会有 5.51 亿美元，而 2004 年雅典奥运会只有 2.28 亿美元，2008 年北京奥运会只有 2.1 亿美元。究其原因，主要有：一是雅典组委会在开幕前把大量精力耗费在场馆建设的进度上，导致奥运门票销售的计划大受影响；二是希腊人追求自由悠闲的生活方式，45.1% 的雅典居民选择在奥运期间外出度假，而外国人在看到工期拖延、门票滞销等负面报道后，对雅典奥运会都采取了观望态度；三是不少赞助商认为雅典奥运会不会给他们带来丰厚回报，由赞助商负责的 230 万张门票只卖出了 90 万张；四是北京奥运会门票销售采取了低价的策略，满足不同经济实力的社会群体参与奥运、体验奥运的需求，注重奥运会门票低价格带来的社会效应和国人的参与热情。(2) 北京奥运门票销售时间分为三个阶段，全部门票分成两部分在第一和第二阶段销售，第三阶段销售前两阶段剩余门票。同时，门票销售价格按项目、场次和观众参与程度分为若干等级，各类票价相对级差不大，体现了价格的由高到低、场次的由热到冷。(3) 北京奥运在定价方面充分考虑了国内公众普遍的收入和消费水平，为广大人民群众的广泛参与创造了条件；高度重视在青少年群体中普及、弘扬奥林匹克精神，专门设立了"青少年奥林匹克教育计划"门票配额，定向销售给中小学生和青少年运动员。(4) 公众的购票热情很高，但关注度过于集中，一些热门场次的订票数量远远超过可售票数量。北京奥运期间开幕式的门票申购数量最大，一些体育项目的决赛和半决赛门票的预订需求也明显高于同项目其他场次。

启示和结论：(1) 从前文的数理模型分析的结论可知，垄断平台先提供高质量产品再提供低质量产品的收益高于同时提供高低质量产品的收益。北京奥运会在门票定价方面，还没有完全实行产品质量分级，只是按工作顺序进行了简单的三阶段门票销售。如果将比赛按不同场次、不同比赛阶段进行质量等级划分，在此基础上进行产品定价和销售，并在不影响观众广泛性的基础上，优先向市场提供开闭幕式门票、各场次半决赛和决赛阶段门票，北京奥运会门票销售的经济收入将会更高。(2) 对那些观赏性高、职业化程度不高的赛事，比如艺术体操、花样游泳等项目，要尽快实行产业化运作，通过俱乐部制、表演赛、系列大奖赛等形式，打造体育赛事差异化高端产品服务平台。而对那些观众参与少、观赏娱乐性相对差的赛事，如铁人三项、皮划艇等项目，要注重培养和挖掘潜在观众群，通过低票价吸引观众参与以提高客户基，进而吸引企业赞助推动赛事发展。(3) 坚持排他性原则，是保证赛事获取高额赞助的重要条件。奥运会赞助在每个行业只允许一家企业参与，才能赋予赞助企业垄断的权力，避免隐性市场侵权行为，最大限度地确保赞助企业的商业利益，从而促使奥运品牌的无形资产与日俱增，实现奥运与赞助企业的双赢。

二、案例分析——2005 年上海网球大师杯赛门票价格

网球大师杯赛是由 ATP、大满贯和 ITF 共同拥有的年终总决赛[①]，是男

---

① ATP 是 Association of Tennis Professional 英文缩写，即国际职业网球联合会，也称作职业网球球员协会，它是世界男子职业网球选手的"自治"组织机构。网球"大满贯"是指一位或一对网球运动员在同赛季获得温布尔登网球锦标赛、美国网球公开赛、澳大利亚网球公开赛、法国网球公开赛这四大锦标赛的冠军，即获得"大满贯"。ITF 是国际网球联合会（International Tennis Federation）的英文缩写，简称国际网联。

子职业网球巡回赛的年终总决赛，是网坛级别最高的赛事。ATP 等三大赛事中年度排名前八位的选手将在此项赛事中角逐世界第一的桂冠。该赛事始于 2000 年，在里斯本（2000 年）、悉尼（2001 年）、上海（2002 年）、休斯敦（2003 年、2004 年）先后举办了五届，上海承办 2005—2007 年的网球大师杯赛。参加 2005 年大师杯赛的不仅有世界排名前八位的单打选手，还有世界排名前八位的双打组合，比赛总奖金高达 445 万美元。

表 5.5　2005 年上海网球大师杯赛门票普通票价格

日期	票价（元）		
	A＋	A	B
11 月 13 日（周日）	680	380	280
11 月 14 日（周一）	680	380	280
11 月 15 日（周二）	680	380	280
11 月 16 日（周三）	680	380	280
11 月 17 日（周四）	680	380	280
11 月 18 日（周五）	780	480	380
11 月 19 日（周六）	1380	880	680
11 月 20 日（周日）	1380	880	680

资料来源：根据 2005 年上海网球大师杯赛官方及李南筑票务统计数据整理。

购买套票可以节省 30％，套票持有者能观看赛事举办期间所有比赛场次；如果本人无法每天亲临现场观赏比赛，可以将余下门票转送给朋友。另外还有团体票优惠，包括：20 张以上大师杯赛门票享受 3％团体折扣；如果需要豪华巴士接送，车价享受 20％折扣；大师杯纪念品享受 20％折扣，并安排户外团体活动。

为了提供高级差别化服务，网球大师杯赛提供了包厢观赏服务，具体价格如表 5.6。

表 5.6　2005 年上海网球大师杯赛门票包厢价格

包厢级别	座位数量	包厢价格（美元）	包厢单人座价格（美元/人＊天）
铂金包厢	8	38400	600
黄金包厢	8	35200	550
白银包厢	8	32000	500

资料来源：根据 2005 年上海网球大师杯赛官方及李南筑票务统计数据整理。

包厢的附加服务包括：（1）整个赛事期间为贵宾级观众保留私人包厢，在包厢顶上的显著位置标明公司名或其他要求标示的内容。（2）每日提供顶级赛票，内场最靠前的包厢座位使包厢观众距离网球巨星一步之遥，是最佳的观赛地点。（3）每天在贵宾餐饮区享用国家五星级厨师准备的食物和饮料。（4）免费赠送赛事纪念册，同时赛事纪念册上出现包厢观众需要的标志。（5）另外附送两个受邀参加所有与赛事相关的 VIP 活动的名额，包括赛前的新闻发布会、网球挑战赛和欢迎酒会。

从有关理论和案例提供的资料分析，我们可以发现本案例的以下特点：（1）赛事采用了普通票、套票、学生票、团体票等传统的差别定价方法。（2）单人、单天的包厢价格、A＋、A、B 的票价比约为 15.71∶2.43∶1.36∶1，以 B 等的票价为 1，包厢价约为其 16 倍。从销售情况看，包厢和 A＋最先售完；包厢全部由单位购买，说明组织对赛事观赏需求量较大，制定包厢价格体系及服务满足了组织需要。（3）套票价同所含单场票价之和的比值约为 1∶1.43，即折扣率 30%，而团体票比普通票仅有 3%的折扣（不包括其他优惠服务）。从承办方角度考虑，套票能够避免不同场次观众观赏数量的波动，有利于平衡到场观众的数量。（4）本次赛事最大的风波来自 ATP 排名前四的运动员只有一个到场参赛，为此承办方承诺今年的持票者明年购票可折扣 40%。这说明观众消费者很大程度上相信“名气”重过“实力”，验证了赛事的不确定性给体育赛事双边市场定价带来了不确定性影响。[①]

综合以上案例分析，我们发现，双边市场平台提供者必须为每一边制定价格，并且要考虑每边的价格对另一边的增长和支付意愿的影响。平台若想获得显著的网络效应，至关重要的一点是要吸引大量消费者，所以平台提供者针对消费者制定的价格会比较低，而向赞助方征收较高的费用。现实中的很多双边市场都是采用非对称的价格策略，对其中一边的价格加成远远高于市场的另一边。对收取使用费的垄断平台的理论分析，表明在需求弹性为常数的情形下，通过在市场富有弹性的一边保持低价格来刺激需求、在另一边制定高价来创造持续的利润这种非对称的价格策略，可以实现平台利润最大化，其实现的机制是正的网络外部性。

体育赛事对观众消费者一边的补贴从实质上看是一种差异化的定价策略：根据消费者与赛事举行地的距离远近实行有区别的成本补偿，从而达到消除

---

① 同样的证据来自 2008 年 NBA 中国赛，早已经安排好的密尔沃基雄鹿队对阵金州勇士队比赛，由于中国球员易建联的突然转会而出现了门票销售和上座率下降，导致赛区亏损。

消费者空间上的差异性、增强赛事吸引力、提高消费总量的目的。由此进一步引出的问题和启示是：针对某边消费者的不同特质和消费行为，通过实行更为广泛的差异化定价措施而不仅仅是交通补贴，是否有可能提高消费量，拉动赛事需求？从本质上来说，差异化的价格激励措施的根本目的在于通过特定机制甄别不同消费者的需求曲线，最大程度地扩大赛事需求总量。赛事平台间的竞争和非对称价格策略的多归属将是我们下一步关注的重点，同时体育赛事平台反垄断对其双边市场非对称价格的影响也是一个具有挑战性的研究方向。

第六章　竞争性瓶颈与平台互联

体育赛事经历了从单边市场过渡到双边市场阶段（如第四章所述）、双边市场结构巩固阶段（如第五章所述），进入到赛事平台互联互通阶段，即由双边市场向三边市场甚至多边市场发展阶段，形成了更为复杂而牢固的商业生态系统，进一步增强体育赛事的影响力和竞争力。体育赛事平台之间的合作行为形成了一种合作性网络，本章将对赛事平台之间的竞争性合作行为进行探讨。

第一节　平台互联的概念

一、体育赛事平台互联释义

双边市场理论主要研究两个边的用户群的中介平台以及两个边的经济行为。在双边市场理论中，互联互通是一个非常重要的课题。体育赛事的互联互通可以优化资源配置、提高社会福利，市场上的新进入者可以凭借互联互通比较容易地进入目标市场。因此，互联互通可以促进市场竞争和合作。

双边平台互联互通研究需要考虑的因素比较多，包括平台兼容性、消费者转换升级成本、消费者归属行为（单归属和多归属）、平台接入费等方面。互联互通问题在电信网络、银行卡等产业中已经有了大量研究成果，而基于体育赛事的自身属性和互联特点的双边市场互联研究还比较少。体育赛事产业发展到成熟阶段，各利益群体就构成一个商业生态系统。[①] 在体育赛事生态系统形成初期，赛事之间是孤立的；但随着竞争环境的变化和消费者需求的升级，赛事之间、赛事和媒体之间的合作日益紧密，逐渐形成一个利益驱动的赛事双边市场组群。所谓赛事双边市场组群是指在赛事生态系统的演化过程中，为了适应环境的变化、抵制竞争者打压，赛事利益相关主体自愿结成

---

① 参见陈宏民、胥莉《双边市场：企业竞争环境的新视角》前言，上海，上海人民出版社，2007。

的紧密联盟，成员包括俱乐部、球员、投资商、赞助商、观众、媒体。在组群中，成员之间是共生的关系，有共同的愿景、遵守规则、分享利益、共担风险。而体育赛事的外部性、全球性为赛事结盟提供了最为便利的条件，媒体的实时性、敏捷性又提高了赛事的影响力和联盟沟通和反应的效率。这个系统的形成与演化都是一个自组织过程。自组织特性是指体育赛事通过自发地、自主地向结构化和有序程度增强方向演化的过程和结果。正如黑格尔所说，自然界是一种由各个阶段组成的体系，其中一个阶段是从另一个阶段必然产生的。①

下面，我们从媒体的角度切入，来阐释体育赛事平台利益组群内的互联互通。传媒为了获取最大利润，总以比较利益的原则寻求中间产品作为其再生产的投入品，以获取更多的广告收入，实现高效率的再生产。传媒业包括报刊、广播、电视、网络等，其中电视产业是传媒业中一个重要组成部分。电视台等媒体为了获取更多广告收入，总是寻求收视率高的传播内容作为其再生产的投入品。在现代社会里，体育与社会的关系日益密切，但人们不可能都亲临现场观看体育赛事，相当多的人呆在家里收看体育赛事的转播。因此，大型体育赛事具有相当高的收视率，成为各家电视媒体不惜重金竞争电视转播权的对象。以奥运会电视转播权出售情况为例，可以看出大型体育赛事已经成为电视产业重要的消费对象。（参见表 6.1）

表 6.1 美国电视媒体购买奥运会转播权的价格及经营收入（单位：亿美元）

年份	承办地点	购买公司	购买价格	公司转播经营收入	奥运会电视转播权总收入
1984	洛杉矶	ABC	2.25	3.4	2.87
1988	汉城	NBC	3.0	—	4.03
1992	巴塞罗那	ABC	4.01	—	6.36
1996	亚特兰大	NBC	4.56	7.0	9.35
2000	悉尼	NBC	7.05	9.0	13.33
2004	雅典	NBC	7.93	—	14.94
2008	北京	NBC	—	—	17.37

数据来源：陈云开：《赛事经营管理概论》，上海，复旦大学出版社，2005；http://www.olympic.org.

① 黑格尔的《自然哲学》，介于《小逻辑》和《精神哲学》之间，把整个自然界的发展看作是绝对精神自我异化和自身复归的过程。

奥运会赛事转播权的销售收入呈现快速稳健增长的趋势，约占赛事全部收入的 1/3。

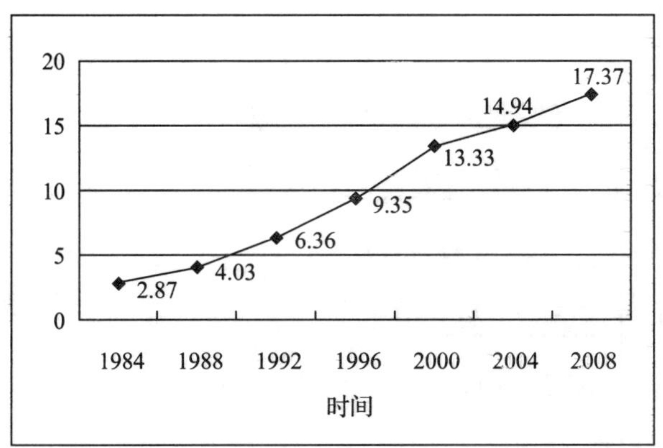

图 6.1　夏季奥运会电视转播权收入

表 6.2　1992—2000 三届奥运会电视转播收入分配情况统计表（单位：万美元）

年份	奥组委收入	奥林匹克团结基金分配给各国家奥组委的收入	国际单项体育组织收入	合计
1992	44000	5160	3760	52920
1996	56800	8090	8660	73550
2000	79800	11870	19000	110670

资料来源：根据邱招义《奥林匹克营销》整理，北京，人民出版社，2005。

图 6.2 显示，电视体育节目是中国电视观众最喜爱的电视节目类别之一。居民平时最喜欢观看的电视节目是新闻类（74.6%）和电视剧节目（73.9%），体育类节目（27.5%）排在第五位。与其他国家相比，中国电视体育节目所吸引的观众群体比例不高。电视体育产业目前仍面临诸多管制，其最大障碍是电视剧节目在收视构成中的过大比例。体育节目作为一种积极向上的电视节目类型，没有突破“计划性”限制，没有实现其自身的市场化配置。

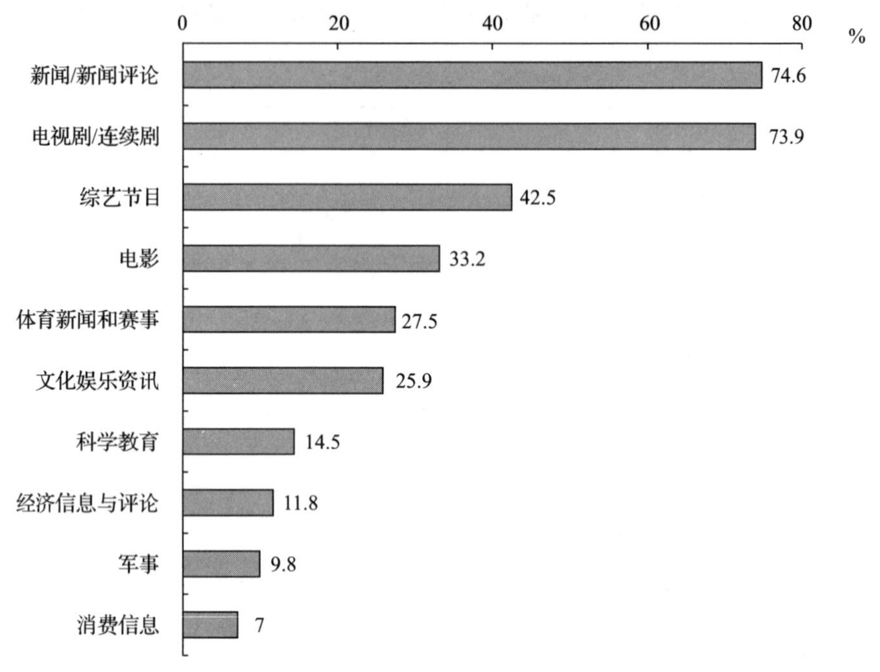

图 6.2　中国电视观众喜欢的电视节目一览

资料来源：零点调查与北京科技咨询业协会调查专业委员会于 2004 年 4 月合作完成的《奥运的商业价值》研究报告。

二、平台互联动机：竞争性瓶颈

瓶颈（bottleneck）从字面上理解就是瓶子的脖子，一般是指在整体中的关键限制因素，也就是整个系统中最薄弱的环节。不管国家、企业还是个人，寻求更大发展的关键都是集中资源首先突破瓶颈因素。

对于体育赛事产业而言，竞争性瓶颈①（competitive bottlenecks）就是那些由一边多归属、另一边单归属引致的限制平台提升吸引力的因素。研究发现单归属一边会受到优待（平台对其收取的价格不高于成本），而多归属一边的所有剩余价值都被榨取。平台内赞助厂商的竞争就是平台面对的一个竞争性瓶颈。例如如果某石油类赞助商要求体育赛事组委会承诺不接受竞争对手的赞助要求，则其可能需要支付更高的赞助费。平台内赞助商存在竞争通常

① 竞争性瓶颈概念源自双边市场理论奠基人 Mark Armstrong 的经典文献《Competition in Two-sided Markets》。

意味着赞助费用比赞助商垄断时更高。因此，可以预期如果平台允许赞助商竞争，则平台从赞助商一边获得的收入可能会减少，但从消费者一边获得的收入会增加。从消费者的角度看，情形则是：平台如果向消费者收取入场费，就会容许平台内出现竞争；反之，如果消费者可以免费入场，那么平台将限制竞争以增加从赞助商一边获得的赞助收入。

体育赛事的竞争性瓶颈，主要包括：(1) 时间性瓶颈。体育赛事的生命是时效性、观赏性和瞬间万变性，正是扑朔迷离、变化无常的比赛过程和结果吸引了无数的体育迷。然而，受工作性质、时间安排等因素影响，现场观看赛事的观众毕竟有限。研究表明电视实况转播的收视率不足现场直播收视率的10%，原因就在于观众收看电视体育节目，就是想在第一时间看到比赛的现场。(2) 空间性瓶颈。竞技的场地（例如足球场、网球场、游泳池等）都安排在特定的城市，表演场地观众席只能容纳有限的人数。(3) 技术性瓶颈。因为技术、设备以及人员素质等因素的制约，早期的电视体育赛事报道通常以单纯的录像转播或者单一的比赛直播的形式呈现在观众面前，赛事和媒体的互联必须由先进的电视设备与熟练的播送技术支撑。

体育赛事的运作系统是开放式的，因此竞争性合作组织有着非同寻常的活力，系统运作的成功一直极大地激励着新成员的加入。一方面，双边市场的平台之间存在着互联互通的内在需求。一般而言，销售互补产品的公司组织，通常有强烈的商业动力来促使互补产品很好地协作运行。由于网络外部性的存在，赛事平台之间的互联互通可以强化整个赛事产业的正的外部性，提升整个赛事网络的价值。因此，网络外部性特征使赛事平台间的互联互通成为平台经济的内在要求。另一方面，在合作和竞争之间，经常存在战略张力[①]（strategic tension）。个别企业尤其是产业的领导企业，有时不愿选择与竞争者在通用标准上开展合作，即使这种合作从整体上看对所有公司和消费者都有利。例如，在体育赛事平台网络的互联互通中通常存在两个方面的问题：第一，大型体育赛事之间缺乏互联互通经济激励，拒绝互联；第二，即使实现互联，但由于经济或技术原因，有可能出现接入标准不兼容、互联质量达不到要求等现象，这归根结底还是因为互联双方存在不同的经济激励。正是由于网络外部性的存在，各赛事运营商为了增加自身的网络价值、削弱竞争对手的网络价值，往往使用技术和商业手段造成互联互通的通而不畅。

---

① 战略张力反映了战略管理者和理论研究者在处理战略问题时面临的困境，它为人们提供了解决各类战略问题时进行辩证反思与行动的依据。

目前，在提供互补兼容类产品的企业竞合关系研究方面已经有了不少成果。Matutes & Regibeau（1988）以及 Economides（1989）研究了提供互补产品的企业对相互兼容的态度，发现完全兼容是唯一的非合作均衡。Economides & Salop（1992）考察了双寡头下不同产权结构的效果，发现：联合产权的概念基本等同于纵向一体化，纵向一体化会降低企业定价，横向一体化会提高企业定价；当系统之间替代性很强时，联合产权下的均衡定价高于独立产权下的定价。Farrell & Katz（2000）的研究表明竞争性的互补品生产企业和垄断厂商的一体化会弱化独立企业的创新动机。

现有的平台互联方面的研究成果，基本上认同平台互联互通能够提高社会福利和产业效率。Doganoglu & Wright（2005）研究了用户多归属与兼容性相互关系的问题，发现多归属对于兼容性只有很弱的替代作用，多归属会弱化企业之间的竞争并且带来企业无法内部化的增量成本；平台之间的兼容会提高社会福利，但是用户多归属的存在会降低企业对兼容性的需求。胥莉（2005）研究了银行卡平台互联互通中持卡人转换成本和多归属行为对发卡银行竞争策略以及社会福利的影响，结果表明：我国银行卡持卡人的转换成本较高；在平台互联未能有效实施的情况下，当持卡消费者因转换成本较高而对互联互通非常敏感时，收单市场的市场占有率是决定发卡银行发卡市场份额的主要因素。总体来说，现有文献没有考虑到平台不对称或者平台收取接入费和补贴用户的情况。

第二节 同类型平台的互联

已有的理论和实证研究表明，兼容将会提高社会福利，但是仅通过厂商的自发行为，未必会实现兼容。双边市场诞生初期，每个市场都拥有独立的市场网络，互不兼容，兼容的目标需要通过社会相关机构的努力才能实现。当两个或多个网络互联时，就产生了网络运营商之间网络外部性相互影响的问题。当网络间不能互联时，我们称网络是不兼容的；当网络能互联时，我们称网络是兼容的。在兼容网络中，当厂商不进行价格歧视时，亦即消费者为网内交易和网外交易支付的价格相同时，我们称网络是完全兼容的；当厂商进行价格歧视时，亦即消费者为网内交易和网外交易支付的价格不同时，我们称网络是部分兼容的——在大多数情况下，厂商都有进行价格歧视的偏好。

采用渐进的互联策略或者革命的卓越功能策略是企业对付消费者惰性的

两种基本方法。厂商有强烈的动机扩大其产品间的互联性以获得最大利润，因为渐进的策略为消费者提供了一条更方便的转移和升级通道，减少了消费者的转移成本。

本节考虑体育赛事之间互联互通的情况。在体育赛事之间可以互联互通的情况下，设赛事主办方需要为实现互联互通花费固定成本 f。由于体育赛事之间实现了互联，观众消费者不但可以在任一体育赛事中观赏所有体育赛事，而且可以在任一体育赛事的赞助商处获取所有广告等宣传信息。这意味着消费者不会从多方持有中获得额外的网络效用，因而消费者将不愿意支付由多方持有所引起的额外支出。在这种情况下，由于体育赛事的时空限制性，所有的观众消费者都只会观赏某一体育赛事。同时，各体育赛事对消费者的促销活动比如场内庆祝用品的折扣优惠等几乎都通过赞助商进行。因此，尽管体育赛事之间实现了互联互通，但是消费者在自己观看的赛事及其赞助商处获得的效用大于从其他赛事及其赞助商获得的效用。

我们定义如下变量：赛事所占市场份额 s，赛事数量 n；平台消费者一边规模 m_1，平台另一边市场规模 m_2；赛事消费价格 p，消费者的赛事产品偏好系数 t；消费者所获平台基础效用 v_0，赛事产生的网络效用 β。若消费者观赏的体育赛事和发展赞助商的体育赛事为同一赛事，设消费者获得的边际网络效用为 a；若消费者观赏的体育赛事和发展赞助商的体育赛事不同，设消费者获得的边际网络效用为 γ。根据以上分析，显然 $a>\gamma$。

对赛事产品具有 x 偏好特性的消费者持有（即观赏）体育赛事 1 和 2 所获得的效用分别为：

$$\begin{cases} U_1(x, b, n_1)=v_0+am_1+\gamma m_2-p_1-tx+b \\ U_2(x, b, n_2)=v_0+\gamma m_1+am_2-p_2-t(1-x)+b \end{cases} \tag{6.1}$$

由 $U_1(x, b, n_1)=U_2(x, b, n_2)$ 可以得到，赛事 1 所拥有高端消费者和低端消费者的市场份额为 $s_1^c=n_1^c=\dfrac{1}{2}+\dfrac{p_2-p_1}{2t}+\dfrac{(a-\gamma)(m_1-m_2)}{2t}$。赛事 2 所拥有高端消费者和低端消费者的市场份额为 $s_2^c=1-s_1^c$，$n_2^c=1-n_1^c$。

为了实现互联互通，体育赛事 i 需要支付互联成本，其支付函数为：$\pi_i^c=(p_i-f)n_i-\dfrac{1}{2}m_i^2-f$，$i=(1, 2)$。

将 n_1^c、n_2^c、s_1^c、s_2^c 代入体育赛事的支付函数，并对价格求解一阶导数可得赛事 1 和赛事 2 的市场价格和市场份额分别为：

$$p_1^c=f+t+\frac{(a-\gamma)(m_1-m_2)}{3}；\ p_2^c=f+t+\frac{(a-\gamma)(m_2-m_1)}{3}$$

$$s_1^c = n_1^c = \frac{1}{2} + \frac{(a-\gamma)(m_1 - m_2)}{6t}; \quad s_2^c = n_2^c = \frac{1}{2} + \frac{(a-\gamma)(m_2 - m_1)}{6t} \quad (6.2)$$

将价格竞争阶段的均衡市场价格、市场份额代入上述支付函数，由一阶条件$\frac{\partial \pi_i}{\partial m_i}=0$可得两家体育赛事在赞助商一边的赞助规模$m_1^c = m_2^c = \frac{a-\gamma}{3}$，因而均衡市场价格、均衡市场份额以及均衡利润分别为：

$$p_1^c = p_2^c = f+t; \quad n_1^c = n_2^c = \frac{1}{2}; \quad \pi_1^c = \pi_2^c = \frac{t}{2} - \frac{(a-\gamma)^2}{18} - f \quad (6.3)$$

赛事互联情况下的均衡社会福利是赛事主办方获得的利润与消费者剩余之和。其中，消费者剩余为高端消费者与低端消费者观赏赛事获得的剩余之和，即：

$$CB_B^c = v_0 + \beta + \frac{(a^2 - \gamma^2)}{3} - f - \frac{5}{4}t \quad (6.4)$$

赛事主办方获得的利润总和：$\Pi^c = \pi_1^c + \pi_2^c = t - 2f - \frac{(a-\gamma)^2}{9}$ (6.5)

因此，总的社会福利：$CS_T^c = v_0 + \beta + \frac{2a^2 - 4\gamma^2 + 6a\gamma}{9} - f - \frac{t}{4} - 2f$ (6.6)

式 6.6 中前三项表示互联情况下消费者的保留效用以及网络效用。从网络效用看，与不存在互联的情况不同的是，社会福利中包含了赛事产生的所有网络效用β。同时，由于体育赛事产品的双边网络特征，社会福利中还包含了赞助规模产生的网络效用$\frac{2a^2 - 4\gamma^2 + 6a\gamma}{9}$。网络效用引起社会福利上升的同时，为了实现互联而花费的固定成本部分降低了社会总福利。此外，市场均衡价格提高导致消费者剩余减少。

第三节 非同类型平台的互联：体育赛事和电视媒体

体育赛事就其本身的媒介意义来讲，有着不容忽视的传播功能，传递着各类信息尤其是有关赛事主办方的经济信息，所在国或者所在城市的投资环境（不仅是基础设施、资源状况等硬环境，也包括该地区的企业管理模式和人文风情等软环境）会通过体育赛事媒介正面或侧面展示出来。许多奥运会主办城市如日本东京、韩国汉城（现首尔）、西班牙巴塞罗那都因为成功举办奥运会而一跃成为世界著名城市，并带动了本国经济的发展，奥运的长远影响正在逐渐显现。

体育比赛的电视观众人数远远超过现场观众人数，电视媒体造就了体育产业化所需要的庞大消费群体。可以说，电视媒体和体育赛事的平台互联是保证体育赛事供求平衡的条件。以电视观众为主要对象而策划、设计的体育赛事"电视体育"开始出现，由约翰逊与贝利"合演"的"世界飞人"大赛就是一例。表6.3对现场和电视转播的赛事观赏效果进行了比较。

表6.3　赛事现场和电视转播的效果比较

	现场观看体育赛事	电视转播体育赛事
效果	体育赛事真实表现	体育赛事扭曲表演，多部摄像机、剪辑、慢镜头、重复，制造梦幻体育
空间	现场是整体空间，固定座位和视点观看，属于远景单镜头	跟随摄像机镜头走动，不同角度，可以回放
关注点	关注球队整体表现	专注球员个人表现
时间	同步观看、当下观看	转播预先策划，整个过程都被转播

非同类型双边平台在体育赛事产业中较为常见，这些平台之间同样具有互联互通的需求，尤其是规模小、发展势头好的平台。例如，体育赛事与媒体平台往往通过短期合同或者长期契约来维持两平台之间的关系。这样做一般是出于两个原因：一是确保交易双方承诺的可信性，而承诺是无法通过一系列短期契约来提供的；二是部分体育赛事与媒体平台的交易是一次性或者短期的，大多数的体育赛事与媒体平台之间的交易是重复或者长期的，并需要双方付出一定的事前或事中投资。现在我们分析基于长期契约的竞争与合作。只有签订长期契约才能防止逆向选择所引发的低效投资，减少道德风险所造成的机会主义行为。Malcomson & Spinnewyn（1988）认为，长期契约意味着更高水平的承诺，因为，在任何情况下契约双方都没有积极性或激励去偏离初始的安排。现在我们借鉴朱振中、吕廷杰（2008）的研究，放宽这个假设，允许赞助商和体育赛事主办企业基于长期契约，建立平台互联的紧密商业生态系统。例如，某些体育赛事与赞助商及电视转播机构进行平台互联组成了平台联盟。当然，也有许多赛事企业主动或被动地选择了独立，主要是那些非常设的赛事活动。

假设在阶段0，竞争的两个体育赛事决定是否与其他平台建立战略合作关系，形成平台联盟。这可能导致0阶段后的三个子博弈：首先是没有战略合作伙伴关系的平台；其次是一个赛事与一个平台组成一个战略合作伙伴关系的平台联盟，而另一个体育赛事和其他平台仍然是独立平台架构；最后是拥有两个平台联盟的情形，即竞争的两个体育赛事均与其他平台建立了战略合作关系。下面，我们先分析后面的两个子博弈，然后回到0阶段以确定这三个阶段博弈的均衡结果。为简化分析，把具有战略合作伙伴关系的互联平台视为横向一体化，从而考察稳定的互联平台的市场竞争性优势。我们试图回答下面的问题：出现稳定互联平台联盟时的均衡结果是什么？在此依然用 b 表示产品相互替代程度，$b\in[0,1]$，b 越大则产品可替代性越强，b 越小则产品差异化程度越大。

(1) 一个战略合作伙伴关系的平台联盟情形

假设体育赛事1和电视媒体1组成了互联的平台战略合作伙伴关系，且最大化他们的总利润，而体育赛事2和剩余的 $m=(n-1)$ 个电视媒体依然是独立平台。如果在平台联盟内有不止一家电视媒体平台，定性结论也不会变。博弈过程包括两个阶段：在1阶段，平台联盟确定对消费者收取的内容价格 p_1（在联盟内广告价格 R_1 是无关的），体育赛事2同时确定广告价格 R_2 和内容价格 p_2。在2阶段，联盟和独立电视媒体分别选择广告量，消费者购买的内容数量随之确定。

用 A_{1m} 表示体育赛事1上 m 个独立电视媒体的转播总水平，A_{11}、A_{21} 分别表示电视媒体1在体育赛事1和2上的转播容量水平，则平台联盟的利润水平可以表示为：

$$\hat{\Pi}_1=R_1A_{1m}+A_{11}V_1+p_1V_1+A_{21}V_2-R_2A_{21} \tag{6.7}$$

式6.7中的第一项是向独立赞助商销售广告的利润，第四项是在独立体育赛事上的电视转播权成本，其余三项是下游利润。此时，独立体育赛事和电视媒体的利润水平仍然由式6.3给出。

电视转播权收益一般将在体育赛事和它的参与者之间分割，因此，平台联盟不具备让独立电视媒体在体育赛事1上进行电视转播的吸引力，即 $A_{1m}=0$。

在2阶段，对体育赛事和电视媒体平台联盟求解 $(A_{11},A_{21})=\text{argmax}\,\hat{\Pi}_1$，而对每个独立电视媒体 k 求解 $A_{2k}=\text{argmax}\,\pi_{2k}$，$k=(1,\cdots,m)$。由此我们发现，在平台联盟内体育赛事上的媒体容量水平等于：

$$A_{11}\equiv A_1=\frac{1}{2}-\frac{b}{2(1+b)}R_2-p_1 \tag{6.8}$$

而对于独立体育赛事我们有：

$$A_{2k}=\frac{1}{3m}[(1-R_2)(1-b)-p_2] \tag{6.9}$$

$$A_{21}=\frac{1}{3}[(1-R_2)(1-b)-p_2]+\frac{b}{2(1+b)}[1+b(1-R_2)] \tag{6.10}$$

其中，$\partial A_1/\partial b<0$，$\partial A_{2k}/\partial b<0$。这反映了这样的事实：$b$ 越大，体育赛事之间的竞争会造成越低的电视媒体转播容量水平。

在 1 阶段，将式 6.8、6.9 和 6.10 代入式 6.7 和 6.3，我们发现，平台联盟的利润与 p_1 无关；为吸引更多消费者，平台联盟一定会制定 $p_1^{1VA}=0$ 的价格（用上标 1VA 表示单个平台联盟的均衡值）。这是单边市场中不可能发生的现象。

而对于独立体育赛事 2，我们得到如下结果：

$$p_2^{1VA}=b-1\leqslant 0；\quad \frac{\partial p_2^{1VA}}{\partial b}=1>0 \tag{6.11}$$

$$R_2^{1VA}=\frac{(4-b)(1+b)}{2(4-b^2)}；\quad \frac{\partial R_2^{1VA}}{\partial b}=\frac{3(4-b)^2}{2(4-b^2)}>0 \tag{6.12}$$

式 6.11 表明，独立体育赛事对消费者收取负的价格，表示面对平台联盟的竞争它需要对消费者进行补贴，而且补贴随着体育赛事差异化程度的减少而减少。原因是，差异化程度减小，消费者的选择就减少，独立体育赛事面临的竞争随之减小，补贴的力度也随之降低。这也与单边市场的情形完全不同。

由电视媒体转播和赛事的均衡价格 6.11 和 6.12，我们能够计算出均衡转播容量水平：

$$A_1^{1VA}=\frac{1}{2}-\frac{b(4-b)}{4(4-b^2)}；\quad A_2^{1VA}=1-\frac{3b}{4} \tag{6.13}$$

对于 $b\in[0,1]$，$A_1^{1VA}<A_3^{1VA}$。因此，总体上在联盟体育赛事上的媒体转播容量低于独立体育赛事。随即得到均衡消费者数量：

$$V_1^{1VA}=\frac{8-4b-3b^2+b^3}{4(4-b^2)}；\quad V_2^{1VA}=1+\frac{b}{4-b^2} \tag{6.14}$$

对于 $b\in[0,1]$，$V_1^{1VA}<V_2^{1VA}$。所以，总体上在联盟体育赛事上的消费者数量低于独立体育赛事。当电视转播商数量非常大时，$V_2^{1VA}>V_j$，表明独立体育赛事此时拥有比垂直分离情形下更多的消费者。而观赏平台联盟赛事的消费者数量则可能高于或低于分离情形，随差异化程度的不同而不同。

用 $\hat{\Pi}_1^{1VA}$ 表示联盟的利润水平。经计算，赛事平台联盟和独立体育赛事的利润水平分别为：

$$\hat{\Pi}_1^{1VA}=\frac{320-192b-256b^2+136b^3+67b^4-29b^5-6b^6+2b^7}{16(4-b^2)^2}$$

$$\Pi_2^{1VA}=\frac{-16+24b+3b^2-5b^3}{8(4-b^2)} \tag{6.15}$$

它们随 b 的变化而变化，但方向正好相反。其中 $\hat{\Pi}_1^{1VA}$ 随 b 的增大而减小，但总为正；Π_2^{1VA} 随 b 的增大而增大，由负变为正；$\hat{\Pi}_1^{1VA}-\Pi_2^{1VA}$ 随 b 的增大而减小，但总为正。因此我们得到结论：

引理 6.1：假设存在只有一个平台联盟的市场结构，则：(1) 独立电视转播商将被属于平台联盟的体育赛事排除出去 ($A_{1m}=0$)。(2) 建立了平台联盟的体育赛事的消费者数量和电视转播容量低于独立体育赛事，而且他们都是正的。(3) 独立体育赛事为吸引消费者而对他们进行补贴，体育赛事差异化程度越大，补贴越多。(4) 赛事平台联盟的利润总为正，随 b 的增大而减小；独立体育赛事的利润随 b 的增大而增大，由负变为正。赛事平台联盟的利润总是高于独立体育赛事；当 $b=1$ 时，赛事平台联盟和独立赛事的利润最为接近。

(2) 两个赛事平台联盟的情形

下面要考察的市场结构是，体育赛事 1 和电视媒体 1 组成联盟，体育赛事 2 和电视媒体 2 组成联盟。博弈同样包括两个阶段：在 1 阶段，两个联盟确定对消费者收取的观赛价格；在 2 阶段，两个联盟同时选择电视转播容量水平。在这样的情形下，所有的独立电视媒体被排除出市场。两个平台联盟的利润分别是：

$$\hat{\Pi}_1=R_1A_{12}+A_{11}V_1+p_1V_1+A_{21}V_2-R_2A_{21}$$

$$\hat{\Pi}_2=R_2A_{21}+A_{22}V_2+p_2V_2+A_{12}V_1-R_1A_{12}$$

保持前面讨论的时序结构，我们得到，在第二阶段，对平台联盟内体育赛事的电视转播的容量水平为：

$$A_{11}=\frac{(1+b)+R_1-2R_2b}{3(1+b)}-p_1;\ A_{22}=\frac{(1+b)+R_2-2R_1b}{3(1+b)}-p_2 \tag{6.16}$$

在竞争性体育赛事上：

$$A_{12}=\frac{(1+b)+R_2b-2R_1}{3(1+b)}-p_1;\ A_{21}=\frac{(1+b)+R_1b-2R_2}{3(1+b)}-p_2 \tag{6.17}$$

利用式 6.16 和 6.17，对具有两个平台联盟的第一阶段求解，得到对称的均衡电视媒体转播容量和赛事定价（用上标 $2VA$ 表示两个平台联盟的均衡值）：

$$p_j^{2VA}=\frac{4b(1-b)}{4+10b-6b^2};\ R_j^{2VA}=\frac{2+5b+3b^2}{4+10b-6b^2} \tag{6.18}$$

由式 6.18 得均衡的广告量和访问者数量：

$$A_j^{2VA}=\frac{2-3b+3b^2}{4+10b-6b^2};\ V_j^{2VA}=\frac{2+9b-5b^2}{4+10b-6b^2} \tag{6.19}$$

$A_{11}>A_{12}$，$A_{22}>A_{21}$，表明联盟内体育赛事的电视媒体转播容量多于其他体育赛事的转播容量。

由式 6.16、6.17、6.18 和 6.19 计算赛事平台联盟的均衡利润：

$$\Pi_j^{2VA}=\frac{(2+b-b^2)(2+9b-5b^2)}{(4+10b-6b^2)^2} \tag{6.20}$$

引理 6.2：在具有两个赛事平台联盟的市场结构中：(1) 市场上只剩下两家独立电视媒体，其余的被排除出市场。(2) 联盟内体育赛事的电视媒体转播容量多于其他体育赛事。(3) 赛事平台联盟的利润都为正。

命题 6.1：当体育赛事差异化程度很小时，企业组建垂直联盟的动力较小，此时市场中可能只有独立体育赛事，也可能独立体育赛事和联盟共存。当差异化程度较大时，组成联盟是企业的最佳选择。

命题 6.1 与我们的观察相一致：专业性强的体育赛事往往与赞助商进行各种形式的合作，如 NBA 赛事与它的许多赞助商建立了诸如现场技术支持、运动装备等伙伴关系。而同质化严重的小型体育赛事，则较少出现平台互联的建立。中国足球、篮球、乒乓球等体育赛事也正在加强与赞助商、电视媒体合作，通过签订长期契约建立稳固的合作联盟关系。

第四节 经验证据

一、实证研究：基于时间序列数据

美国 NBA 篮球联赛的赛事吸引力稳步提高，表现为规模的不断扩大、球队常规赛胜率的稳定、球星市场影响力不断增强，同时其电视收视率也长期增长。NBA 赛事与电视媒体实现互联互通后，二者之间存在怎样的关系？本节将采用定量的方法对二者关系进行求解。其中，电视媒体竞争力通过电视的 NBA 总决赛收视率体现，NBA 赛事吸引力通过对总决赛的冠军常规赛胜率、亚军常规赛胜率、两队球星总数（以入选美国篮球名人堂及其候选人为标准）、两队所在城市竞争力排名、总决赛紧张程度、是否卫冕等 6 个指标进行主成分分析处理得到。相关数据均来自 NBA 官方网站，样本区间为 1976—2008 年。

（一）NBA 赛事吸引力

以 1976—2008 年 NBA 总决赛统计数据为样本，以表 6.4 中的 6 个指标的标准化数据为变量构建矩阵，采用 SPSS11.5 统计分析软件进行数据处理，通过计算机运算得出矩阵的特征根和相应的方差贡献率，根据特征根值的大小和累积方差贡献率选择主成分并得到因子提取结果和因子回归系数。因为主成分是原始变量的线性组合，包含了绝大部分原始变量的信息，所以可以根据因子回归系数计算出每个样本城市的各个因子得分，公式如下：$A_{ik}=\sum_{j=1}^{n}W_jP_{ij}$，式中 A_{ik} 表示第 i 年第 k 个主成分的因子得分，W_j 表示第 j 个指标的因子回归系数。由于各主成分所包含的信息量不一致且信息量之间是相互独立的，因此本书以所选主成分的方差贡献率为权数，将各个因子得分进行综合，得出 NBA 赛事的综合因子得分 S_i，以此作为衡量 NBA 赛事吸引力的指标。

表 6.4 NBA 总决赛吸引力评价指标体系

主目标层	子目标层	指标因子层
赛事供给条件	球队成绩	冠军常规赛胜率 X1
		亚军常规赛胜率 X2
	球队明星	两队球星总数 X3（以入选美国篮球名人堂及其候选人为标准）
市场需求条件	基本需求	城市吸引力得分 X4（以球队所在美国城市排名打分）
	观众行为选择	比赛是否精彩 X5（总比分 4∶3 得分 2；4∶2 得分 1；4∶1得分 0；4∶0 得分－1）
	观众偏好选择	是否卫冕 X6（两个球队都是上届总决赛参加者得分 2；一个是一个不是得分 1；两个都不是得分 0）

用 SPSS11.5 统计分析软件进行数据处理，通过计算机运算得出矩阵的特征根和相应的方差贡献率，见表 6.5：

表 6.5 总方差分解

序号	未经旋转的因子载荷的平方和 Initial Eigenvalues			经旋转的因子载荷的平方和 Extraction Sums of Squared Loadings		
	特征根	方差贡献率（%）	累计方差贡献率（%）	特征根	方差贡献率（%）	累计方差贡献率（%）
1	2.044	44.068	44.068	2.044	44.068	44.068
2	1.387	33.116	77.184	1.387	33.116	77.184

注：Extraction Method：Principal Component Analysis.

表 6.6　旋转后的因子提取结果和因子回归系数

指标	旋转后的因子提取结果		旋转后的因子回归系数	
	主成分 1	主成分 2	主成分 1	主成分 2
X1	0.775	0.263	0.379	0.190
X2	0.755	−0.148	0.369	−0.107
X3	0.731	0.109	0.358	0.079
X5	0.027	0.692	0.013	0.499
X6	0.527	−0.648	0.258	−0.467
X4	0.242	0.620	0.119	0.447

注：Extraction Method：Principal Component Analysis；Rotation Method：Varimax with Kaiser Normalization，Rotation converged in 5 iterations.

根据表 6.6 中的因子回归系数计算出 NBA 赛事的各个主成分因子得分，然后以每个主成分的方差贡献率为权数，得到 NBA 总决赛的综合因子得分，以此评定 NBA 总决赛的吸引力。图 6.3 为依据综合得分描绘的 NBA 总决赛吸引力长期趋势图。

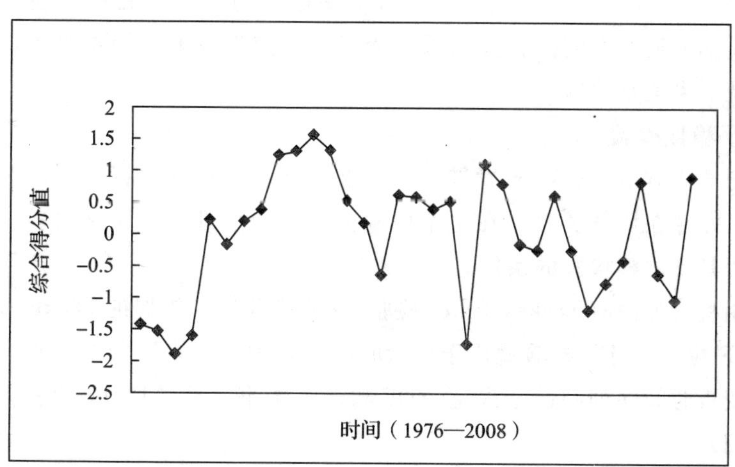

图 6.3　NBA 总决赛吸引力长期趋势图

（二）NBA 赛事吸引力与电视媒体收视率相关分析

借助 SPSS11.5 软件中非参数检验的秩相关分析法，对 1976—2008 年 NBA 赛事吸引力与电视媒体收视率进行相关分析，结果如表 6.7 所示。Pearson、Kendall 和 Spearman 相关系数显示，NBA 赛事吸引力与电视媒体收视率呈正相关关系；从 Spearman 相关系数看，它们之间的相关关系系数较高（一般｜R｜<0.3 为微弱相关，0.3≤｜R｜<0.5 为低相关，0.5≤｜R｜<0.8 为显著相关，0.8≤｜R｜<1 为高度相关或强相关）。因此，进一步强化 NBA 赛事与媒体特别是新兴媒体的互联互通，是提高 NBA 赛事影响力和吸引力的有效途径。

表 6.7 NBA 赛事吸引力 y 与电视媒体收视率 m 相关分析（样本量：33）

y	m
Pearson Correlation	.516 *
Sig. （2－tailed）	.016
Kendall's tau _ b Correlation Coefficient	.608 *
Sig. （2－tailed）	.012
Spearman's rho Correlation Coefficient	.550 **
Sig. （2－tailed）	.009

注：*、** 分别表示在 5%、1%的显著性水平（2－tailed）上显著。

（三）NBA 赛事吸引力与电视媒体收视率的协整及因果关系分析

秩相关分析的结果已经表明 NBA 赛事吸引力与电视媒体收视率显著相关，但要知道他们之间的相关关系是否长期稳定以及谁是因谁是果，就要进行协整及因果关系检验。

1. 平稳性检验

从图 6.4 看出，y 和 m 发展趋势存在不同步、相反等特征，这意味着它们之间可能存在协整关系。在协整检验前要对变量进行平稳性检验，以测度它们是否具备协整检验的条件。

常用检验方法有 Dickey-fuller 检验（DF 检验）和扩展的 Dickey-fuller 检验（ADF 检验）。DF 检验适用于变量时间序列为一阶自回归的情形，高阶自回归的变量时间序列则适合采用 ADF 检验。本书采用 ADF 法检验，即进行如下回归：

$$\Delta x_t = \beta_0 + \lambda T + (\rho - 1) X_{t-1} + \sum_{i=1}^{p} \gamma_i \Delta x_{t-i} + \varepsilon_t \tag{6.21}$$

式中，β_0 表示截距项，T 表示趋势项，Δ 表示一阶差分，ε_t 表示随机误差项。

ADF 假设的原假设为 H_0：$\rho=1$，备择假设为 H_1：$\rho<1$。若 ADF 值大于临界值，则接受 H_0，意味着变量时间序列 x_t 含有一个单位根，即变量时间序列 x_t 是不稳定的；若 ADF 值小于临界值，则拒绝 H_0 而接受 H_1，变量时

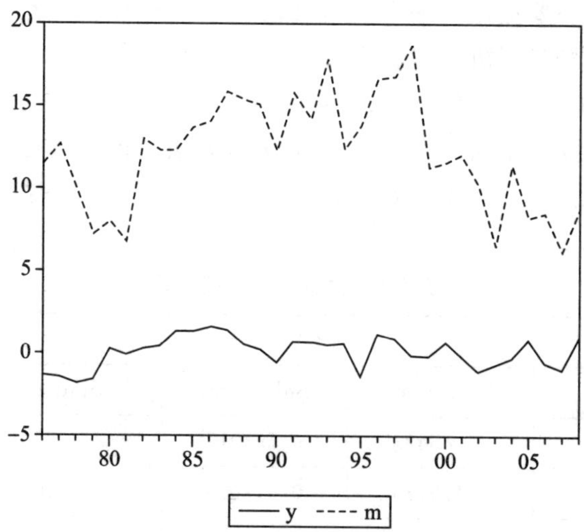

图6.4 NBA 赛事吸引力 y、电视媒体收视率 m 时序图

间序列 x_t 是稳定的。滞后阶数的选取按照 AIC（Akaike Information Criterion）和 SIC（Schwarz Information Criterion）最小原则来选择（Akaike, 1969）。各变量时间序列 ADF 检验结果如表 6.8 所示。

表 6.8 单位根检验结果

变量	ADF 检验值	1%临界值	5%临界值	10%临界值	检验结果
y	−2.8685	−3.6661	−2.9627	−2.6200 ***	非平稳
D（y）	−4.4357	−3.6752 *	−2.9665 **	−2.6220 ***	平稳
m	−1.4300	−3.6661	−2.9627	−2.6200	非平稳
D（m）	−4.1915	−3.6752 *	−2.9665 **	−2.6220 ***	平稳

注：d 为一阶差分；*、**、*** 分别表示在 1%、5%和 10%的显著性水平上拒绝原假设，即时间序列是平稳过程。

ADF 检验结果表明：NBA 赛事吸引力 y、电视媒体收视率 m 序列的 ADF 检验值都大于显著性水平为 10%的临界值，说明序列存在单位根，在差分前都是非平稳序列。经一阶差分后 NBA 赛事吸引力 y、电视媒体收视率 m 分别在 10%、5%、1%的临界值水平上通过平稳性检验，显示出这两个变量均为一阶单整序列，符合协整检验的前提。

2. 协整检验

协整检验方法有两种：EG（Engle-Granger）两步法和 Johansen 极大似

然法。前一方法主要适用于两个变量之间的协整检验；后者适用于多个变量之间的检验，特别是当协整向量不止一个时。我们采用 EG 两步法检验 NBA 赛事吸引力 y、电视媒体收视率 m 两个变量是否存在协整关系以及协整关系的数目。一是建立协整回归方程，并用 OLS 方法对模型进行估计，结果见表 6.9。二是根据 $\varepsilon_t = y_t - 0.119586 * m_t + 1.454235$，对残差序列进行平稳性检验，结果见表 6.10。

表 6.9　协整方程回归结果

$y_t = \alpha + \beta * m_t + \varepsilon_t$				
	Coefficient	Std. Error	t-Statistic	Prob
常数项	−1.454235	0.593017	−2.452264	0.0200
m	0.119586	0.047016	2.543501	0.0162
R-squared	0.672658			
Adjusted R-squared	0.645970			
F-statistic	26.469396			
Log likelihood	−42.47109			
Akaike info criterion	2.695218			
Schwarz criterion	2.785915			

表 6.10　残差项的 ADF 检验结果

Variable	ADF Test Statistic	−4.022898	1% Critical Value *	−2.6369
$D(\hat{\varepsilon}_t)$			5% Critical Value	−1.9517
			10% Critical Value	−1.6213
R-squared	0.638453		Akaike info criterion	2.488689
Adjusted R-squared	0.638453		Schwarz criterion	2.534493
Log likelihood	−38.81903		Durbin-Watson stat	2.014745

残差序列在显著性水平为 1%的临界值下通过平稳性检验，说明 NBA 赛事吸引力 y、电视媒体收视率 m 之间确实存在长期稳定的协整关系。因此，推动与电视媒体的互联互通是 NBA 赛事扩大规模、提高影响力和市场竞争力的必然要求和重要途径。

3. 误差修正检验

既然 NBA 赛事吸引力 y、电视媒体收视率 m 之间存在协整关系，下面我们就通过误差修正模型来进一步了解电视媒体收视率 m 拉动 NBA 赛事吸引力 y 的短期波动回到长期均衡状态的作用力的大小。

一是用 OLS 法估计系数和残差序列，这已经在协整检验中完成，如下：

$ecm_t = \varepsilon_t = y_t - 0.119586 * m_t + 1.454235$

二是将误差修正项 $ecm_t = \hat{\varepsilon}_t$ 代入模型：$\nabla y_t = \beta_0 + \beta_1 \nabla m_t + \alpha ecm_{t-1} + \varepsilon_t$，用 OLS 法进行估计后可以得到回归结果：

表 6.11　误差修正模型回归结果

$\nabla y_t = \beta_0 + \beta_1 \nabla m_t + \alpha ecm_{t-1} + \varepsilon_t$				
	Coefficient	Std. Error	t-Statistic	Prob
常数项	0.054889	0.150993	0.363521	0.7189
∇m_t	0.116183	0.054371	2.136852	0.0412
ecm_{t-1}	−0.678677	0.182309	−3.722680	0.0008
R-squared	0.745079			
Adjusted R-squared	0.799912			
F-statistic	17.640058			
Log likelihood	−38.74365			
Akaike info criterion	2.608978			
Schwarz criterion	2.746391			
Durbin-Watson stat	2.023342			

在该误差修正模型中，差分项反应了短期波动的影响。NBA 赛事吸引力 y 的短期波动可以分为两部分：一部分是 NBA 赛事发展自身以及电视媒体短期波动的影响，另一部分是偏离长期均衡的影响。误差修正项 *ecm* 的系数大小反映了电视媒体收视率对 NBA 赛事吸引力偏离长期均衡的调整力度。从模型的误差修正项系数估计值来看，当 NBA 赛事吸引力的短期波动偏离长期均衡时，电视媒体能以 0.223 的调整力度将非均衡状态拉回到均衡状态，显示出电视媒体收视率对 NBA 赛事吸引力具有较强的修正能力，说明增强与电视媒体的互联互通能够明显提升 NBA 赛事的发展水平。

4. 因果关系检验

前文证实了 NBA 赛事吸引力 y、电视媒体收视率 m 之间确实存在长期稳定的均衡关系，下面利用 Granger 因果检验分析法进一步对 NBA 赛事吸引力 y、电视媒体收视率 m 之间作用力的方向即因果关系进行检验，结果如

表 6.12。

表 6.12　NBA 赛事吸引力 y、电视媒体收视率 m 的 Granger 因果检验

零假设	样本数	滞后期	F 统计量	零概率	结论
M does not Granger Cause Y	32	1	3.0E－05	0.99565	接受
Y does not Granger Cause M	32	1	3.18167	0.08494	拒绝

检验结果显示：在 99.565％的显著性水平上，拒绝电视媒体收视率不是 NBA 赛事吸引力的 Granger 原因的零假设；在 8.494％的显著性水平上，拒绝 NBA 赛事吸引力不是电视媒体收视率的 Granger 原因的零假设。因此，可以认为，NBA 赛事吸引力 y、电视媒体收视率 m 之间存在明显的单向因果关系，即 NBA 赛事吸引力是电视媒体收视率 Granger 原因，说明 NBA 赛事水平的提高可以带动电视媒体进一步提升其收视率，与电视媒体的互联互通又可以加快 NBA 赛事水平的提高，最终通过平台间的互联互通，非同类型两个平台的市场竞争力和垄断力量得到加强。

二、市场调查：来自中国的横截面

本节试图把 NBA 赛事吸引力和电视观众观赏需求结合起来，从观众的角度分析体育赛事与电视媒体平台互联的市场影响。充分认识和了解 NBA 中国电视观众的需求差异，对于 NBA 开拓中国市场、国内联赛借鉴国际经验具有重要参考价值。市场需求分析一般从年龄、性别等人口学特征角度进行，从年龄和性别方面着手是较常见的研究模式，但从职业角度分析 NBA 赛事中国电视观众需求的研究成果很少。基于以上考虑，结合城市居民是目前中国 NBA 赛事观赏的生力军这一特征，笔者以南京市为例，运用市场抽样调查方法，从观赏赛事动机和目的、行为特征和结果反应方面，分析城市居民观赏 NBA 赛事的需求的职业差异，试图把握 NBA 赛事消费的基本规律并提供数据支持。

（一）研究设计与样本情况

1. 研究设计

根据 NBA 赛事和研究的实际需要，笔者参考国内外文献设计了《NBA 赛事中国电视观众需求调查问卷》。问卷内容主要包括三个部分：第一部分是南京市民的人口学特征和职业特征；第二部分是 NBA 赛事观赏的动机和目的；第三部分是 NBA 赛事观赏的行为特征和结果反应。

在对动机和目的的考察上，消费动机研究要求研究者对于各个阶层、年龄、性别、职业、地区等的消费者对各种各样的感官知觉、事件的象征、物的自然符号意义和物的文化符号意义的价值判断和情感反应具有丰富的了解，并掌握其规律性。因此，为防止以定量调查为主要手段的市场调查给企业造成误导，笔者借用 Klenosky（2002）和刘昌雪（2005）、汪德根（2008）等在研究旅游动机时的一种有效方法——推力和引力分析法。推力—引力模型把旅游者的自身因素比作推力，例如旅游开销、经济收入、空暇时间等；而真正使旅游者做出选择的是引力，比如旅游地的自然资源、人文资源、吸引力程度、旅游地形象、实用价值等。推力—引力模型中的推力因素是针对旅游者而言，是使旅游者产生旅游需求的因素；而引力因素是针对旅游目的地而言，是对旅游目的地自身特质、特性和吸引力的概括（刘昌雪，2005）。换句话说，推力因素是从参与个体的角度而言，指影响个体决定实施体验活动的特定动力，是激发或创造体验需求的因素；引力因素是从活动对象的角度而言，指影响个体决定选择某一特定体验活动的动力，是对体验活动自身特征、吸引力的概括。

为了分析南京市民观赏 NBA 赛事的动机，本研究在历史文献和国外研究的基础上，总结出了 12 项推力指标和 9 项引力指标。推力和引力指标测度采用 Likert 5 分制测量法，通过让被访问者描述观赏 NBA 赛事的潜在理由来测量推力和引力指标的大小。比如一项 NBA 赛事观赏的推力因素是“感受激情、领略技巧和身体的对抗”，被访问者有 5 个选择范围：完全同意＝5，同意＝4，中性＝3，反对＝2，完全反对＝1。引力指标的测量与其类似，比如一项 NBA 赛事观赏的引力因素是“支持中国球员姚明所在的火箭队”，5 个选择范围是：完全支持＝5，支持＝4，中性＝3，反对＝2，完全反对＝1。在此基础上，利用单因素方差分析法检验在推力和引力层面不同职业类群的动机差异。

本研究的基础数据来源于南京大学国家文化产业研究中心在南京市区的现场问卷调查和访问。调查时间为 2007 年 12 月 22、23 日，发放问卷和访问地点选择在南京各职业类群市民双休日出行集中的区域，主要包括商业繁华区（新街口和湖南路）、公园景区（紫金山和玄武湖）、体育休闲区（五台山体育场）。合计发放 1000 份调查问卷，共回收 916 份，回收率 91.6%。遵循问卷调查处理的过程（预试、项目分析、因素分析、因素命名、信度分析），经过复查最终确认有效问卷 873 份，对有效问卷采用 SPSS11.0 统计软件进行数据分析。

调查结果统计显示，从性别构成看，样本中男性占 74.91%，女性占

25.09%，性别比例差距明显。年龄结构上，15—20岁的观众占18.34%，21—30岁的观众占39.26%，31—40岁的观众占27.53%，14岁以下和60岁以上观众的比例偏低，说明南京市民观赏NBA赛事的群体以有闲暇的中青年为主。在教育程度方面，大学本科以上学历的比重为48.67%，占绝对优势；大专和高中文化程度的比重为29.02%。可见南京市民观赏NBA赛事的群体以文化教育程度较高的市民为主。从收入水平看，被调查者平均月收入主要集中在无收入和2000—4000元，分别占样本总量的35.32%和41.28%，其中无收入者主要是在校学生。从职业类型看，观赏NBA赛事的群体以政府公务员、企事业管理人员、专业技术人员、学生、商业销售贸易人员、工人、离退休人员等7类群体为主，累计比重达到76.49%，农民和军人比重很低，其他职业市民占17.15%。因此，本研究在考察南京市民观赏NBA赛事的职业差异时，主要分析比重较大的7类职业类群人员的观赏需求的职业差异。

2. 南京市民观赏NBA赛事的职业差异分析

在历史文献和国外研究的基础上，本书总结出了NBA赛事观赏12项推力指标和9项引力指标（见表6.13、表6.14）。推力因素是针对赛事观众而言，是使观众产生赛事观赏需求的因素；而引力因素是针对赛事本身而言，是对体育赛事自身本质、特性和吸引力的概括。

表6.13 南京市民观赏NBA赛事推力因素的职业差异

项目	推力1	推力2	推力3	推力4	推力5	推力6	推力7	推力8	推力9	推力10	推力11	推力12
公务员	4.58	4.61	4.50	4.60	4.23	4.21	3.96	4.42	4.52	3.91	3.96	3.50
企事业管理人员	4.45	4.60	4.50	4.52	4.10	4.18	3.91	3.93	4.28	3.85	3.93	3.61
专业技术人员	4.59	4.48	4.42	4.38	4.02	4.23	3.85	4.01	4.13	3.97	3.92	3.43
学生	4.62	4.63	4.10	4.59	3.75	4.15	4.67	4.69	3.90	4.21	4.21	2.95
商业销售贸易人员	4.33	4.41	4.45	4.23	3.97	4.14	4.03	3.92	4.07	4.18	3.85	3.11
工人	4.35	4.23	4.38	4.05	4.23	4.07	4.23	3.85	3.87	4.16	3.76	3.23
离退休人员	4.21	4.02	4.07	4.01	4.65	3.85	4.13	3.75	3.75	3.65	3.21	2.53
均值	4.45	4.43	4.35	4.34	4.14	4.12	4.11	4.10	4.07	3.99	3.83	3.19
众数	5	5	5	4	4	4	4	4	4	3	3	3

续表

项目	推力1	推力2	推力3	推力4	推力5	推力6	推力7	推力8	推力9	推力10	推力11	推力12
标准差	0.57	0.59	0.65	0.69	0.73	0.75	0.81	0.85	0.89	0.91	0.96	1.03
赞成率	91.2	90.8	90.2	88.6	85.1	80.2	76.3	71.3	67.4	66.2	60.5	55.9
类型	Ⅰ最主要推力			Ⅱ主要推力			Ⅲ次要推力			Ⅳ一般推力		

注：推力指标分别是：1. 享受NBA赛事激情；2. 喜欢中国球员姚明；3. 放松身心，感受娱乐休闲；4. 作为茶余饭后谈资；5. 怀旧情结；6. 喜欢篮球运动；7. 电视消费观赏NBA成本低；8. 无其他体育赛事直播；9. 增进与家人、朋友间的感情；10. 躲避工作和生活的烦扰；11. 对其他电视节目更没兴趣；12. 工作需要。

（1）推力因素的职业差异表现。表6.13显示，推力“享受体育赛事激情”“喜欢中国球员姚明”“放松身心，感受娱乐休闲”是推动南京市民观赏NBA赛事的最主要因素，处于第一层次，三项得分均值分别为4.45、4.43、4.35。从众数上分析，被调查者选择“完全同意”“同意”的比例超过了90%，反映了南京市民认为这三项是观赏比赛的最主要推力。而且这三项的标准差较低，进一步体现了不同职业类群对这三项的认知是一致的，说明这三项推力因素对不同职业类群选择观赏NBA赛事均具有较大影响。

推力“作为茶余饭后谈资”“怀旧情结”“喜欢篮球运动”处于第二层次，得分均值分别为4.34、4.14、4.12，众数为“同意”，比例在80%—90%之间，反映了大部分南京市民同意这三项是观赏比赛的主要推力。该层次的标准差比第一层大，说明不同职业类群对这三项的态度存在一定差异。学生和商业销售贸易人员由于年龄小和经常出差等，“怀旧情结”得分较低；离退休人员的“怀旧情结”得分最高，而其“喜欢篮球运动”评价得分较低，更多是基于身体锻炼需要而参与篮球运动。

推力“电视消费观赏NBA成本低”“无其他体育赛事直播”“增进与家人、朋友间的感情”处于第三层次，得分均值分别为4.11、4.10、4.07，赞成率在67%—76%之间，反映了市民同意这三项是观赏赛事的次要推力。该层次的标准差相对较大，在0.8—0.9之间，说明对这三项认知的职业差异明显。其中，公务员、企业事业管理人员、专业技术人员并不认为电视消费成本低是主要推力，学生认同电视观赏NBA成本低和无其他体育赛事直播的推力作用，这与其学业状况和NBA电视转播的时段有关。

推力“躲避工作和生活的烦扰”“对其他电视节目没兴趣”“工作需要”处于第四层次，得分均值较低，众数为“一般”，赞成率在60%左右，标准差分值接近或超过 1，说明对此几项的职业认知差异明显。对于“躲避工作和生活中的烦扰”推力因素，离退休人员的认知度低（得分仅为 3.65），说明上班族因工作和生活节奏快，观赏比赛成为消除烦扰的理想方式。“工作需要”因素在所有推力中居末位，反映出观赏 NBA 更多源于收入提升带来的生活品质改善。

（2）引力因素的职业差异表现。由表 6.14 可知，“偏爱特定球队的比赛”“球星非凡魅力与才华”“NBA 作为第一体育赛事品牌的号召力”“流畅的进攻”四项引力是吸引市民选择观赏 NBA 赛事的最主要因素，处于第一层次，得分均值分别为 4.33、4.24、4.24、4.24。在众数上被调查者大部分选择了“非常同意”，赞成率超过 90%，且标准差较低，体现了不同职业类群的认知一致性强，职业差异不明显。“强壮的身体对抗”“NBA 衍生商品众多”得分均值较低，得分均值分别为 3.92、3.71，是两项次要引力，标准差接近 1，距离均值的离散程度较大，说明职业认知差异显著。

表 6.14　南京市民观赏 NBA 赛事引力因素的职业差异

项目	引力 1	引力 2	引力 3	引力 4	引力 5	引力 6	引力 7	引力 8	引力 9
公务员	4.11	4.21	4.20	4.15	4.05	4.31	4.01	3.94	3.72
企事业管理人员	4.48	4.18	4.32	4.31	4.40	4.01	4.03	3.92	3.80
专业技术人员	4.35	4.20	4.28	4.32	4.08	4.21	4.11	3.81	3.65
学生	4.82	4.75	4.02	4.65	4.10	4.45	4.51	4.23	4.02
商业销售贸易人员	4.20	4.15	4.29	4.18	4.23	4.20	4.27	3.78	3.93
工人	4.31	4.17	4.28	4.07	4.28	4.08	4.32	3.76	3.61
离退休人员	4.01	4.05	4.31	4.00	4.46	4.11	4.07	3.99	3.25
均值	4.33	4.24	4.24	4.24	4.23	4.20	4.19	3.92	3.71
众数	5	5	5	4	4	4	4	4	3
标准差	0.59	0.60	0.61	0.63	0.65	0.72	0.78	0.85	0.91
赞成率	92.3	91.5	90.8	90.4	89.5	79.4	75.9	65.2	58.8
类型	Ⅰ最主要引力					Ⅱ次要引力		Ⅲ一般引力	

注：引力指标分别为：1. 偏爱特定球队的比赛；2. 球星非凡魅力与才华；3. NBA 作为第一体育赛事品牌的号召力；4. 流畅的进攻；5. 传统强队的王者风范；6. 扣人心弦的赛事比分；7. NBA 拉拉队的表演；8. 强壮的身体对抗；9. NBA 衍生商品众多。

学生选择“偏爱特定球队比赛”和“球星非凡魅力与才华”的分值在所

有项中最高，为 4.82 和 4.75；同时学生对“NBA 衍生产品”的评价得分 4.02，是该项所有职业类群中最高的，预示着 NBA 在中国的宣传和青少年篮球培养计划初见成效，培养起一批固定的客户群体。同时，NBA 衍生产品得分均值（3.71）最低，表明其产品还没有完全进入中国消费者生活中，需要增强产品市场销售力度。

（3）观赏 NBA 赛事的消费意愿的职业差异。如表 6.15 所示，意向消费 300—499 元的人数在所有职业类群中所占比重均超过 10%，表明随着中国经济增长和居民收入提高，体验性消费意愿普遍增强。消费额 300 元以下者以离退休人员、工人和学生比重最高，分别为 79.21%、72.02%和 52.39%；消费 1500 元以上者，比例最高的为企事业管理人员和商业销售贸易人员，分别为 18.28%和 16.24%，表明消费意愿基本符合现实收入情况。同时值得关注的是，受未来预期性收入影响，学生选择“1500 元以上”比例为 7.09%，而工人选择比例仅为 0.85%。

表 6.15　南京市民观赏 NBA 赛事消费意愿职业差异（单位：%）

职业类型	300 元以下	300—499 元	500—999 元	1000—1499 元	1500 以上
公务员	15.23	19.36	23.87	28.19	13.35
企事业管理人员	8.29	14.38	26.76	32.29	18.28
专业技术人员	19.23	32.98	28.36	11.37	8.06
学生	52.39	21.08	11.23	8.21	7.09
工人	72.02	20.39	4.38	2.36	0.85
商业销售贸易人员	21.35	25.39	24.60	12.42	16.24
离退休人员	79.21	11.27	6.23	2.27	1.02

注：表中数据为某职业人员选择某一类型的人数占样本中该职业人员总人数的比重。

（4）观赏 NBA 赛事的时间和地点意愿的职业差异。由于中国和美国的时差，在 NBA 观赏时间方面，时间可以灵活自由支配的类群多选择在比赛日观看，如离退休人员、学生和商业销售贸易人员，比例为 81.73%、70.52%和 54.71%，其余多选择在双休日等节假日观赏比赛。同时，观赏直播意向的比例非常高，最高为学生（86.28%）。到现场观看的意愿比例方面，选择最高的类群是学生和商业销售贸易人员，比例为 51.61%和 48.68%，表明学生渴望感受 NBA 赛事现场气氛，而商业销售贸易人员由于收入较高和闲暇较多，喜欢体验和参与体育赛事。

表 6.16 南京市民观赏 NBA 赛事时间和地点意愿的职业差异（单位:%）

职业类型	双休日等假日	比赛日	看直播	看重播或新闻	电视转播	现场观看
公务员	72.89	27.11	82.12	17.88	79.26	20.74
企事业管理人员	78.12	21.88	78.24	21.76	62.19	37.81
专业技术人员	81.29	18.71	76.29	23.71	63.27	36.73
学生	29.48	70.52	86.28	13.72	48.39	51.61
工人	78.25	21.75	52.47	47.53	85.25	14.75
商业销售贸易人员	45.29	54.71	47.10	52.90	51.32	48.68
离退休人员	18.27	81.73	91.26	8.74	93.24	6.76

注：表中数据为某职业人员选择某一类型的人数占样本中该职业人员总人数的比重。

（5）观赏 NBA 赛事结果和购买衍生产品的职业差异。如表 6.17 所示，不同类群在选择比赛胜负对自身生活的影响时，只有 32.47%的学生选择了有影响，大多数人还是把比赛作为一项娱乐和体育活动。在选择购买 NBA 商品（如球衣、球鞋和球星卡等）上，53.19% 的学生选择购买，而工人（13.98%）和离退休人员（11.27%）选择购买最低，说明学生对未来的收入有较高预期，并热衷于 NBA 时尚商品。在选择是否购买 NBA 赞助商商品上，除离退休人员外，大部分选择购买，购买比例为 53.12%—87.23%，表明赞助商的赞助效应突出。

表 6.17 南京市民观赏 NBA 赛事结果反映的职业差异（单位:%）

职业类型	胜负影响	购买 NBA 商品	购买 NBA 赞助商商品
公务员	11.98	21.37	79.25
企事业管理人员	14.32	28.35	83.13
专业技术人员	17.24	25.98	74.29
学生	32.47	53.19	67.19
工人	12.19	13.98	53.12
商业销售贸易人员	23.14	37.26	87.23
离退休人员	8.25	11.27	18.57

注：表中数据为某职业人员选择某一类型的人数占样本中该职业人员总人数的比重。

3. 结论和启示

NBA 赛事需求升级态势，主要表现在南京市民已经由简单的观赏 NBA 电视转播，向观看 NBA 中国赛、到美国看 NBA 的趋势发展，NBA 球星的球鞋、球星卡、球衣等衍生产品潜在需求市场广阔。分析表明，南京市民开始由基本生活需求消费向享受型消费转变，消费中的休闲娱乐含量不断提高，消费结构日趋合理，有效拓展了消费需求的空间。

同时，南京市民观赏 NBA 赛事因职业差别而呈现出不同的特征。总体来看，收入水平高、工作稳定的职业类群（如公务员、企事业管理人员、商业销售贸易人员）对 NBA 赛事观赏的需求高；学生因为闲暇时间多，对 NBA 赛事也有强烈的需求。相对而言，收入水平低的职业类群（如工人、离退休人员）对 NBA 赛事观赏需求是生活性基本需求，而且对 NBA 衍生产品需求非常低。因此，NBA 要注意选择合适的比赛场所，降低消费者交易费用，拓展市场需求旺盛的衍生产品生产销售。要按照消费者和赞助商的需要的差别进行市场细分，价格区间要符合中国国情和当地收入水平，适当拉开价格差距，保证实际收入水平和潜在客户培养的平衡。

值得注意的是，NBA 电视观众需求差异分析的结论是具体而非一般化的结论。本节着重对南京不同职业类群中 NBA 电视观众需求差异加以梳理和分析，以期全面了解需求差异带来的市场影响。当然，南京地处中国东部经济发达地区，地区消费者升级需求基本一致，因而本研究将对该地区的体育文化消费研究具有参考意义。

三、历史经验

回顾美国职业体育赛事包括 NBA 赛事的电视互联历史（见表 6.19），我们发现，体育节目收视市场蓬勃发展，体育赛事产业成为美国经济体系中的一个重要分支，并成为其国民经济增长中的新亮点。在体育与经济双向拉动、彼此影响的关系中，媒介尤其是电视媒介与体育的结合延伸了体育产业价值链，对体育产品和服务的传播及消费起到了极大的推动作用。电视对美国重大体育赛事的直播及报道可以激发收视率大幅度提高，这为电视体育赋予了巨大的市场机会和经营空间，而体育赛事的电视平台互联正是电视体育市场的基础。

表 6.18 美国职业体育赛事媒体转播回顾

阶段	安 排
萌芽阶段 1941—1961	1.1934 年，美国广播电台实况转播 NFL 感恩节比赛，开了赛事转播的历史先河； 2.1939 年，NBC 转播美式足球赛； 3.1941 年，美式足球联盟首次出售其冠亚军决赛转播权； 4.1950 年，美国法院判定赛事联盟整体出售电视转播权违法； 5.1961 年，美国国会通过"运动转播法案"，从此职业运动电视转播权交易免于反托拉斯规范，使得联盟转播权行为合法化。
快速增长 1962—1980	1.NFL 成为第一个将转播权打包卖给电视网的职业联盟，开创了美国职业体育的电视时代，引发了三家电视网的电视转播权竞争； 2. 美国职业运动联盟的电视转播收入在 1960—1980 年间持续增长，如 NFL 球队的年电视转播收入由平均 33 万美元发展到解禁后的 110 万美元。
缓慢增长 1980—1986	1.1983 年，美式足球转播收视率开始降低，广告量减少； 2.1985 年，三大电视网的运动转播中，ABC 损失 5000 万美元，NBC 持平，CBS 略有盈利； 3.1986—1987 年，三大电视网亏损； 4. 由于转播合同的保证，赛事的电视转播收入没有受大的影响，但收视率下降，使本阶段发展缓慢。
全面繁荣 1987 年后	1. 电视市场发生了变革，有线与无线频道在 80 年代的成长，改变了三大电视网垄断电视转播的状况； 2.1987 年，有线频道 ESPN 首度获得 NFL 的部分转播权； 3. 美国第四大电视网 FOX 与 ESPN、TNT、TBS 等有线频道在 90 年代产生了更加激烈的竞争； 4.1994 年，FOX 以 11 亿美元获得 NFL 的 4 年转播合约，开始了 90 年代的 NFL 转播之争； 5.1998 年，CBS、FOX、ABC、ESPN 以 176 亿美元获得 NFL 的 8 年转播合约； 6.2004 年，CBS、FOX、ABC、ESPN 和 NFL 续约，转播费升 15%；NBA 电视合同 6 年 46 亿美元，MLB 电视合同 5 年 35 亿美元，NHL 电视合同 5 年 6 亿美元。

资料来源：根据美国各职业体育联盟资料整理。

表 6.19 显示美国 NBA 赛事水平的提高可以带动电视媒体进一步提升其收视率，而与电视媒体的互联互通又可以加快 NBA 赛事水平的提高。平台间的互联互通，使非同类型的两个平台的市场竞争力和垄断力量得到增强。

表 6.19　NBA 电视市场开发情况

阶段	安　排
1946—1952	这一时期 NBA 是一个自娱自乐的业余联赛，没有任何商业元素。
1953—1954	电视台第一次转播 NBA 的 13 场比赛，支付 3.9 万美元。
1955—1972	NBC 和 ABC 一直转播 NBA 比赛，但没有支付费用。
1973—1974	美国哥伦比亚广播公司（CBS）以 2700 万美元买断 NBA 比赛 3 年转播权，当时不具备实况转播条件，只是播放录像。
1986—1987	CBS 转播费用为 4 年 1.74 亿美元。
1998/1999—2001/2002	转播权归 NBC 和特纳体育电视网所有，共 17.5 亿美元（年均 4.375 亿美元）。
2002	TNT、ABC、ESPN 获得 NBA2002/2003—2007/2008 共计 6 年电视转播权，总价值 46 亿美元；其中，NBA 与 TNT 签订的有线电视合同为 6 年 22 亿美元，与 ABC、ESPN 的网络电视合同为 6 年 24 亿美元。

资料来源：根据 NBA 官方网站有关资料整理。

本章利用双边市场理论构建了体育赛事竞争的双寡头垄断模型，双方同时在广告市场和消费者市场上进行竞争。我们对赛事和媒体无互联、具有一个赛事互联平台联盟和具有两个赛事互联平台联盟的三种情形进行了均衡分析，得到了体育赛事主办机构和电视媒体平台联盟的均衡定价、电视转播容量水平、消费者数量以及均衡利润。

分析结果表明：（1）在两家独立体育赛事竞争的情形下，体育赛事企业产品的可替代性越强，对消费者收取的价格就越低，到体育赛事现场观赏的消费者就越多，电视媒体转播容量水平和赞助价格也越高，然而这减少了体育赛事的利润。体育赛事竞争的加剧导致收入来源从消费者支付向企业赞助转移，主要由赞助资助的体育赛事具有相对多的消费者。这与我们观察到的现象完全吻合。接着我们利用该模型分析了体育赛事企业和电视转播商组成利润最大化互联平台联盟的情况。（2）在只有一个互联平台联盟的市场结构中，独立电视媒体被联盟排除出去，平台联盟体育赛事的消费者数量和赞助数量都低于独立体育赛事，但平台联盟的利润高于独立体育赛事企业；进行平台互联组建平台联盟者具有显著的先动者优势，出现亏损的独立体育赛事具有非常强烈的意愿组成平台联盟。然而当体育赛事企业产品的可替代性很强时，独立企业的利润接近于赛事平台联盟，组成联盟的激励强度下降。(3)在具有两个赛事平台联盟的市场结构中，市场上只剩下两家独立电视转播商，其余的被排除出市场。对联盟内体育赛事的媒体转播数量多于对竞争对手体育赛事的媒体转播数量。

双边市场理论为分析体育赛事市场竞争提供了新的视角，我们的研究也得到了一些有益的结论。在独立体育赛事间的伯川德竞争下，体育赛事同时面临的赞助市场和消费者市场是性质完全不同的两种市场：消费者支付是战略互补的，而赞助价格是战略替代的。正的利润水平意味着伯川德悖论得以解决。在组成一个互联平台联盟的市场中，平台联盟为消费者确定的价格为零，而独立赛事企业对消费者制定负的价格，形成交叉补贴。这在单边市场经济学中常常被认为是反竞争的，这为制定反垄断规制政策提供了新的视角。我们为分析的方便，假定了按消费者观赏体育赛事场次收费的方式，这在大型体育赛事中经常用到，现行普遍的年票或者赛季票形式也可以作为一个扩展方向。我们假设赞助商的广告效益报酬不变，至于更符合实际的回报递减的情况则需要进一步的研究。此外，赛事和媒体互联的具体形式也很多，从简单的线性定价到完全横向一体化都有，本书采用了横向一体化的极端形式，其他可能的战略合作关系形态也值得关注。

第七章　基于双边市场理论的对策思考

第一节　双边福利评价与涉及的制度问题

体育赛事产业的双边福利涉及赛事的各利益群体，是由赛事主办方、赞助商、观众以及地方政府等构成的赛事生态系统。这个系统的形成和发展过程始终离不开赛事主办方的积极推动，主办方通过赛事生态系统内部的自组织机制发生作用，进而影响整个系统的形成与发展。赛事主办方、赞助商和观众构成赛事生态系统的核心层。赛事在举办过程中产生的外部经济性会刺激地方服务业、交通运输业及餐饮酒店业的发展，并大大提升城市的形象和影响力。政府则通过政策手段和行政手段来保护赛事服务提供商的利益，维护赞助商的权益，规范赛事市场中的商业行为，创造公平的竞争秩序和良好的赛事环境。

一、赞助商福利

企业之所以争做体育赛事的赞助商，是因为能够从中获取利益，其利益可归结为四点（Howard & Crompton，1995）：（一）消费者对企业认知度的提升。美国的一项调查显示，受访者中64%表示因为体育赞助厂商的公益性而愿意购买其产品。一项数据统计表明，企业每支付2000万美元的广告费，在世界范围内品牌认知度提高1%，而通过大型的体育比赛，比如奥运会、世界杯等，认知度能够提高10%，同时还能获得很好的经济效益。所以，大型企业都不惜花大价钱成为大型比赛的合作伙伴，以此开拓市场，获取经济利益。体育赞助有利于企业树立品牌的健康形象，借助体育活动本身的光环效应提升品牌的知名度和美誉度。对于企业名称、商品及服务名称都不为人知的企业来说，这是让众多潜在消费者注意到它们、提高认知度的绝好机会。（二）企业形象的改善和提升。企业、商品和服务的形象是直接影响到对商品及服务的购买欲的重要因素。企业在社会中开展商业活动，不仅受到公众、顾客、竞争者和营销中介的影响，而且受到政治、法律、人口、文化等宏观环境因素的影响；企业不是孤立的产品制造商或销售商，其市场行为受到政府、社会团体的指导和制约。与政府和社会团体尤其是体育团体建立良好的合作关系，有助于树立企业的正面形象。体育运动本身就蕴含着“健康”“开朗”“有力”的积极形象，赞助企业借用体育的积极内涵能够有效改善、提升企业形象。（三）扩大流通渠道，刺激直接销售。企业所赞助的队伍在各地比赛，不必开展特别的宣传活动就可以推广企业和商品，开拓新的销售和流通渠道。另外，向现场观众直接销售或免费提供的方式，达到了向现有和潜在消费者进行宣传的目的。（四）获得重要客户。赞助商通过招待购买本公司产品及服务的重要消费者和相关企业，以非正式的形式与之构筑并维持了密切的关系。比如，在1996年亚特兰大奥运会中，各赞助商预订了约400个客房、约800张开闭幕式门票、约1600张比赛观赏券，筹划了提供配有司机的4辆汽车等VIP一揽子服务（Ruffenach，1992），以此招待重要的消费者和关系组织。

在一项赞助方案中，赞助商所关注的要点体现为：1. 体育组织简介：活动内容；活动历史；组织的使命和活动目标。2. 赛事概要：时间和地点；往期赛事参加者数量和特性；内容与主题；体育组织的赛事主办经验和前景。3. 赞助企业与目标市场的互动性如何，赛事与赞助企业的互动性如何，投资赛事为什么对赞助商有利。4. 赞助所能获得的所有利益和机会，尽可能提供一些明确的情报。例如：同样的赞助使赞助商的认知度从多少上升到了多少；多少人在电视上收看，其中百分之多少是赞助企业的目标市场；该赛事在这个国家是第几位引人注目的体育运动；每年有多少人观看这个球队的比赛，体育组织在发行多少份的地方报纸上有多少版面报道；等等。5. 媒体包装和宣传计划：电视和网站的转播预告，杂志、报纸的刊载预告，赛事的宣传广告计划。6. 赞助投资：作为赞助可提供机会的范围。7. 赞助效果的评价：测定、评价赞助商所获利益的方法。8. 其他资料：刊载赛事的报纸报道和照片、往期赞助商送来的感谢信、往期赛事的宣传册、往期赛事的录像等。①

二、观众消费者福利

由于物质文明的迅猛发展，人们的生活水准和消费需求不断升级。进

① Howard, D. R. and Crompton, J. L. (1995). *Financing Sport*. Fitness Information Technology, Inc. Chapter 11: Implementation of Sponsorship Partnerships. P324.

入后工业社会，人们更关注生活的质量，追求心理上和精神上的满足，而体育赛事观赏正是这样一种经济提供物。消费者对纯体验性消费的需求日增，而体育赛事消费正是这样一种消费。体育赛事现场的全面体验消费，使花钱买刺激成为一种时尚消费模式，人们收入中用于体育、休闲、娱乐等消费的比例逐步提升。为了迎合这种消费需求，NBA 对比赛规则进行调整，不但取消了原来对某些行为如扣篮的禁止，而且还在季后赛中增加扣篮表演，目的就是增加观赏性，把比赛变得更有娱乐价值。在消费者变得日益感性化、个性化的情况下，体育竞赛中各队伍也由追求实用转向追求娱乐和实用相结合。

促使观众（消费者）追捧体育赛事的另一个重要原因是对偶像的崇拜和对成功的分享欲。体育赛事体现了真正的公平，体育英雄是在众目睽睽之下诞生的，难以掺假；而分享成功体验是英雄崇拜的原始动力。这就是体验与产品和服务的区别：产品是实体的，服务是无形的，而体验是难忘的。

第二节　国外体育赛事产业的双边规制实践

西方国家体育赛事产业主要是体育企业推进模式，即在充分的体育社会化基础上或者说在体育创造了充分的大众体育消费需求的基础上，由各类体育企业满足大众日益增长的体育消费需求，进而引导和创造大众体育消费需求的过程。从欧洲主要国家统计数据来看，政府的体育投入相对较少，来自社会的体育投入占多数，其中主要是家庭的体育消费和企业厂商的体育赞助，它们形成了足够的体育产业规模。

表 7.1　欧洲主要发达国家 1990 年体育支出的结构（单位：亿美元）

国别	中央及地方政府对体育的投入				来自社会的体育投入					合计	
	总值	占 GDP 比例 (%)	中央政府	地方政府	总值	占 GDP 比例 (%)	企业	家庭	足球彩票等	总值	占 GDP 比例 (%)
德国	58.88	0.35	1.2	57.68	159.73	0.95	8.28	149.54	1.9	218.61	1.28
英国	26.19	0.24	1.32	24.87	192.38	1.76	8.36	130.36	53.66	218.57	1.49
法国	28.68	0.42	13.33	13.35	157.07	2.47	6.65	85.43	65	183.75	1.1
意大利	24.88	0.2	10.66	14.22	142.87	1.15	10.26	94.35	38.27	167.75	1.04

数据来源：《国外体育动态》2003 年第 2 期。

表 7.2　部分国家体育产业指标一览表

指标＼国家	英国（2000 年）	加拿大（2000 年）	美国（2001 年）	澳大利亚（2001 年）	中国（2002 年）
体育产业增加值	152 亿英镑	89 亿美元	1946.4 亿美元	19.42 亿澳元	696.64 亿元
体育产业增加值占 GDP 比重	1.8%	1.1%	2%	/	0.67%
体育产业就业人口（万）	45	26.23	294.9	8.74	306.35
体育产业就业人口占就业人口比重	1.6%	2%	/	/	0.4%

数据来源：根据 *Sport Business Journal* 及《中国体育产业统计报告 2004》整理。

下面我们来看看欧美国家对体育赛事产业的管制方式。

一、美国的职业体育联盟。美国对体育产业的界定较为模糊，有关经济部门把体育的商务活动及与体育相关的经营活动都列入体育产业统计的范畴，因此美国体育产业是由许多特点各异的子系统构成的集合体。职业体育产业是美国体育产业中历史最悠久而且至今仍富有巨大活力的一个领域。美国有 4 个大的职业体育联盟：全国篮球协会（NBA）、棒球大联盟（MLB）、全国橄榄球联盟（NFL）及全国冰球联盟（NHF），共 100 多支职业队。近年来，又涌现了一批新成立的职业体育联盟，如足球大联盟（MLS）、全国足球协会（NSA）、女子 NBA 及女子职业垒球协会（WPF）等。目前，全美大大小小的职业联盟约有 800 支职业队，职业队之多列全球之最。

美国职业体育实行联盟制，即合作管理模式。由参加联盟的各职业队的老板组成业主委员会，他们具有对联盟竞赛与经营事宜的决策权。经营工作由联盟总裁负责。总裁由业主委员会选聘，任联盟首席执行官（CEO）。首席执行官对业主委员会负责，并对联盟的日常工作有决策权、惩处权及裁定权。

美国职业体育产业的主要收入来自电视转播权、门票、场租（包厢、货摊租金、停车等）及特许纪念品的销售，这四项收入（平均值）分别占总收入的 37.0%、42.3%、15.2%、5.5%。根据美联邦统计局的统计，1999 年体育馆普通门票和包厢门票收入分别为 1047 亿和 32.5 亿美元，比赛场馆内电子牌广告一项收入就达 166.8 亿美元。对拳击、网球、高尔夫球等单项商业赛事而言除前述四方面的收入外，赞助也是一项很重要的收入。赞助商出资赞助赛事，赛事主办者以赛事冠名及场地广告作为回报。

如何保持职业体育联盟劳资关系的稳定及向观众奉献高水平的球技使观众满意，是当前美国各职业体育联盟面临的主要课题。四大职业体育联盟还面临着来自新兴的女子职业体育、足球、其他小职业体育联盟及大学体育分流市场的挑战。

二、欧洲杯足球锦标赛的经验。每一届欧洲杯足球锦标赛的观众人数和盈利都相当可观，堪比奥运盛会。欧洲杯赛事的火爆，依赖的是欧洲足球赛本身的高对抗高观赏性的产品质量，仰仗的是极具煽动精神的欧洲媒体的宣传造势，在管理运营上则离不开欧足联及各俱乐部的经营准则。其经营经验之一在于制造遗憾、创造完美。体育赛事得以延续的生命力在于竞技，要提高竞技强度就必须制造“稀缺”。虽然欧洲各国的足球队实力接近，但欧洲杯决赛阶段的球队数量一直控制在 16 支。参赛名额的稀缺性决定了比赛过程和结果的戏剧性和残酷性，以至每一届赛事，观众都可能为一支或几支传统强队的落马嘘唏不已。制造些许遗憾，就是创造无限完美。欧足联用技术和行政手段将欧洲杯打造成了含金量极高的国际赛事。

欧洲杯的另一条经营经验，就是感性附体、文化至上。欧洲杯的成功从根本上得益于欧洲大陆深厚的足球文化底蕴。欧洲杯的文化来自积淀，也来自营造。在其他的体育赛事中，我们习惯从技术和能力的角度评价一支队伍；但在欧洲杯中，用色彩和流派等感性符号才能描述一支球队，如橙色的全攻全守、蓝色的防守反击等。我们观看亚洲杯、美洲杯时更多探讨球队的实力和成绩，但面对欧洲杯队伍，我们总喜欢探讨气质和宿命。一项赛事如果被赋予了某种人文内涵，就会具有持久的生命力，长盛不衰。

欧洲杯的第二条经营经验是链接媒体、合纵连横。近几届欧洲杯除了传统的门票销售、食品饮料销售、旅游、赞助和广告收入，电信和新媒体服务已成为其新的盈利点。2008 年欧洲杯赛电视转播权卖到 8 亿欧元，全球观众突破 79 亿人次，全部 31 场比赛为欧洲带来 14 亿欧元收入。后续的媒体价值延伸对欧洲乃至世界足坛的推动作用难以估量。可以说足球带来效益，媒体创造效应，“足球＋媒体＝经济奇迹”。

表 7.3　意大利 AC 米兰足球俱乐部 1995—1996 赛季收入结构

项目	赛事	收入（万美元）	结构比例（%）
门票收入	联赛	2394	45
	欧洲联盟杯赛	119	
	欧洲杯赛	8	
	贝尔鲁斯科尼杯赛	119	

续表

项目	赛事	收入（万美元）	结构比例（%）
赞助收入	主要赞助商	672	29
	技术赞助商	665	
	官方赞助	343	
电视转播收入	联赛	280	24
	收费电视	252	
	欧洲联盟杯赛	630	
	商业比赛	210	
商务收入	标志使用权	49	2
	俱乐部标志产品		

资料来源：张林《我国职业体育俱乐部运行机制研究》，上海体育大学博士学位论文，2000，20 页。

第三节　对中国体育赛事产业的评论和政策建议

一、中国体育赛事产业发展情况与评价

与西方国家相比，中国体育赛事产业的形成与发展路径有明显不同。中国体育赛事产业采取政府推进模式，如何市场化运作体育赛事、如何吸引并稳固市场两边，都有待深化认知。

（一）总体发展情况。国务院 1985 年颁布的《国民生产总值计算方案》开始运用三次产业分类方法，将体育部门列入第三产业。此后出现了体育产业，体育从一种传统的文化形式转变成社会经济活动中的文化活动并进而成为相对独立的产业门类。从经济角度看，体育有强大的服务功能和娱乐功能，创造出巨大的经济价值，是当代社会经济中不可或缺的一部分。体育产业与整个社会大环境密不可分，需要一定的经济、政治、文化基础才可能顺利发展。为了推动体育产业的发展，国家制定了一系列的方针政策。1995 年的全国体委主任会议就提出了“面向市场，适应市场，走向市场”的体育产业发展指导思想。1995 年 6 月，国家体委制定并颁布了《体育产业发展纲要》，形成了较为全面的指导我国体育产业发展的理论体系。同年 10 月《中华人民共

和国体育法》颁布实施，在总则第三条中规定：体育产业应当纳入国民经济和社会发展计划。

统计资料显示，2012年中国体育及相关产业增加值为3135.95亿元，占当年全国GDP的0.6%，按可比价比2011年增长14.44%；① 其中体育用品制造业与体育服务业各占半壁江山；在体育服务业中，健身娱乐业的比重在发达地区都超过了60%；而且中国体育服务业的发展速度很快，平均同比增长率超过15%，潜力巨大。与西方发达国家相比，中国体育产业的差距主要表现在以下几个方面：第一，国外多数发达国家体育产业产值占GDP的比重均超过2个百分点，而我国体育产业发展的总体规模不高，对国民经济的带动作用没有充分发挥出来。第二，发达国家体育服务业占体育产业的比重均超过了80%，而与国外体育产业以服务业为主的产业结构相比，我国体育服务业尤其是竞赛表演、培训和中介服务发展不足，说明我国体育产业的结构尚不成熟。第三，我国体育产业发展水平地区差距很大，体育产业主要集中于北京、上海等沿海经济发达地区。

国内体育赛事影响较大的有中国足球甲A联赛、CBA全国男子篮球联赛、中超乒乓球联赛。目前国内绝大多数自主经营的赛事仍处在保本甚至亏本状态，大多数职业俱乐部也无法依靠自身收入维持生计。最成功的CBA涌现了王治郅、姚明、易建联等篮球明星，同时篮管中心进行彻底的商务改革，成立合作公司，采用集约化专业化的新型商务开发模式，取消冠名赞助商，实行打造自我品牌的TOP计划，使CBA成为中国影响力最大的体育赛事。华奥星空提供的数据显示，CBA2004—2005赛季的忠实观众，也就是完整收看整场比赛的观众达到2.24亿人次。相反，甲A足球联赛由于足协存在严重的管理制度缺失问题，以及部分足球投资人和俱乐部经营者的急功近利等因素，导致联赛门庭冷清，现场观众人数衰减，大量赞助商和电视转播商中止或取消合作。②

与此同时，国外的NBA、F1、意甲、德甲、西甲、网球大师杯等赛事及曼联、皇马等足球俱乐部陆续被引进中国，而且几乎所有进入中国的国际成熟体育赛事品牌都很快实现了理想收益。

综合来看，国外成熟的体育赛事有意识或无意识地应用了双边市场理论：采取价格补贴、交通补助、捆绑销售等手段吸引观众消费者一边，建立赛事

---

① 新华网：《2012年中国体育产业实现增加值3135.95亿元》，2013-12-24。

② 关于中国足球产业的评论，观点来自《东方早报》(2009.02.06)、腾讯体育（2008.03.12）等。

平台所需要的客户基；在此边稳固的基础上，积极发展赞助商，与媒体进行平台互联，从而把赛事双边市场建成一个复杂的商业生态系统。相比而言，国内体育赛事还处在模仿借鉴国外成功赛事的起步阶段，对如何培养并吸引消费者、如何推进与赞助商的紧密合作，还需要进一步学习和探索。

（二）上市公司情况。作为中国资本市场第一家体育产业上市公司，中体产业1998年成功上市，将中国体育产业推向了资本市场的前台。体育产业与资本市场的结合一度让中体产业风光无限，中体产业的主营收入和净利润持续增长。[①]（参见图7.1）

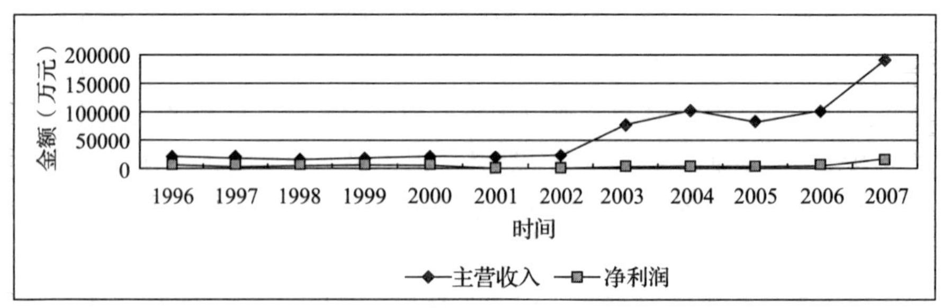

图7.1 中体产业主营收入、净利润趋势图

不过，对中体产业的财务报表进一步分析，可以发现其最近几年的高速增长主要依赖于体育主题地产，这反映了国内体育赛事运作的不成熟。中体产业在广州、上海、天津、北京等十多座大中城市开发的体育主题地产“奥林匹克花园”项目，成为公司收益的主要来源。2007年度的财务报表显示，公司的房地产收入为14.82亿元，占主营收入的77.94%；而体育赛事收入仅有6915.61万元，占主营收入的3.64%，主要来自其作为2008年奥运会特许零售商的门票销售，以及策划举办体育赛事、参与“全民健身与奥运同行”等一些大型活动的收入。图7.2、图7.3对中体产业收入进行了分解。

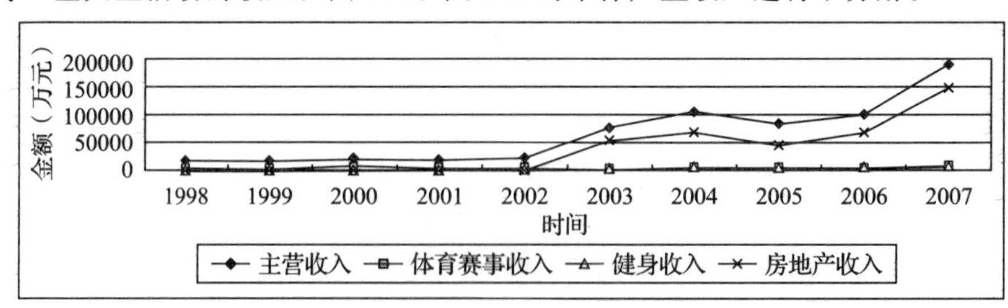

图7.2 中体产业收入分解图

① 中体产业是国家体育总局控股的上市公司，本部分财务资料来源于上市公司年度报告。

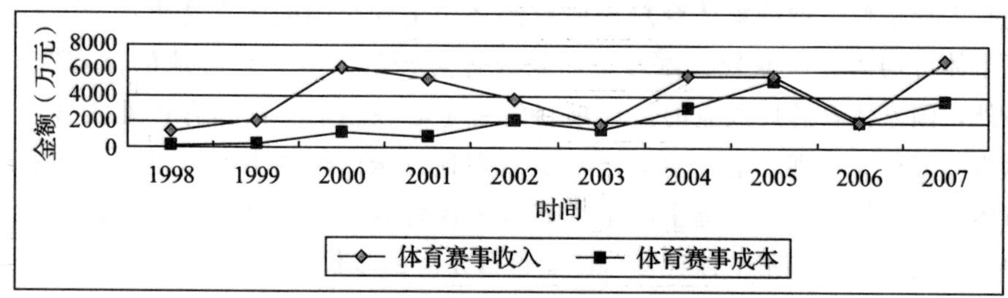

图 7.3 中体产业体育赛事收入、成本示意图

资料显示，中体产业的赛事运作与国家体育产业改革和市场化的历史过程紧密相连，其陆续市场化运作的篮球、足球、高尔夫球、拳击、汽车拉力赛，赛事组织都实现了最大化社会效益，在搭建体育赛事产业平台后又实现了公司业务收入和经营效益的持续增长。

继中体产业之后，陆续有部分上市公司凭借雄厚经济实力进入体育产业，但这些上市公司所投资的经营项目很多尚未达到预期盈利，尤其是在足球赛事领域，各家上市公司投资组建的足球俱乐部多处于高额亏损状态。只有几家运动服装装备生产企业如李宁、安踏、特步、匹克公司，在体育休闲需求快速增长的市场机会中保持了爆发性成长并陆续上市。

综合来看，体育赛事作为受众创造型双边市场平台，是眼球经济和健康经济的集中体现，吸引了众多观众消费者和相关企业的关注。企业希望通过赞助商身份提升公司品牌的市场知名度，但由于赛事运作难以持续有效地吸引并留住观众消费者，赞助商在投入资金后短时间内很难获得对等的销售增长，会出现暂时性亏损。如果企业积极参与赞助大型体育赛事，围绕品牌赛事展开相关营销推广活动，将有助于提升企业经营效益。

(3) 体育赛事消费情况。根据国家体育产业“十二五”规划，“十二五”期间中国体育产业增加值将以平均每年15%以上的发展速度递增，中国体育产业在北京奥运会之后迎来前所未有的大好发展机遇。而体育营销作为体育产业与消费市场的中间介质和孵化装置，将扮演越来越重要的角色。

观众是参与体育赛事的重要的市场一边，中国观众已经成为重要的体育消费力量。中国经济的持续快速增长提高了居民的可支配收入，居民对文化教育的投资和对健康生活的需要，催生了中国观众对体育赛事的关注和参与。在良好的宏观消费背景下，如何吸引并巩固观众消费者一边，是赛事组织需要迫切解决的现实问题。

(四) 管制评价。在体育赛事管制中，目前各级政府的体育行政管理部门仍具主导地位。如国家体育总局体育经济司主管全国的体育赛事产业，各省区市体育局体育产业处、体育市场处或体育经济处等管理各地的体育赛事。另外，国家体育总局成立的运动项目管理中心在当前中国体育产业实践中也承担部分行业管理职能，主要是对所管理项目全国性赛事的审批权；各省区市体育局的体育竞赛管理中心掌握着本地体育竞赛的审批权。这种传统的集中管理模式已经跟不上体育赛事产业迅猛发展的步伐。

首先，赛事企业的竞争和发展战略必须及时适应环境的剧烈变迁。中国的各种产业经济市场化转型的速度和节奏不同，但都经历着相似的过程：市场机制逐步健全，资源按照其市场价值得到配置；企业需要主动从市场获取资源，需要适应新的市场规则，在市场竞争中生存。对私有化和私有产权的保护使民营经济、外资经济成为非常活跃的经济成分，但是市场机制的不健全又给他们带来经营困境。随着市场化、政企分开、法制建设、企业进入国际市场等改革不断深化，更多的跨国体育企业到中国投资。2014 年 4 月 3 日，在全国政协双周协商座谈会上，姚明做了《取消赛事审批，激活体育市场》的发言，呼吁让市场主体自由投资体育赛事。4 月 21 日，《人民日报》发表评论员文章《赛事审批之弊当除》和《赛事审批制度到了改革关口》，指出："如果不是姚明站出来痛陈赛事审批之弊，恐怕很多人并不清楚赛事审批居然存续了这么多年，而赛事审批造成的负面效应居然如此之大。"

其次，部分制度空白造成市场的不成熟和交易机制的不完善，资源配置效率很低，资金难以自由流动，交易成本较高，企业必须努力克服资源壁垒，社会网络和战略联盟成为企业获取资源、降低交易成本的重要手段。中国目前的体育产业在很大程度上属于政府管理型，大部分体育经费的来源是行政拨款（见表 7.4），这无疑制约了体育产业的发展。要从根本上解决体育产业化经费不足的问题，必须开拓思路，让体育产业进入资本市场，让更多的体育企业上市融资，形成一定规模的体育资本，从而提高体育产业的发展能力。

表 7.4　中国 1991—1996 年培养一个世界冠军的国家体育投入经费

年份	1991	1992	1993	1994	1995	1996	六年平均
金额（万元）	1791.14	2095.506	2073.267	2561.451	2436.770	3946.864	2484.166

资料来源：易建东《论中国体育的代价与金牌的价值》，《山东体育学院学报》，1998（4）。

第三，在体育产业里，体育赞助和赛事消费者扮演相当重要的角色。目前，观看体育赛事已经成为中国消费者重要的休闲活动。在 15—49 岁的人群里，运动人口比例高达75％，并且有47％的人曾亲临现场观赏体育赛事。可见，随着人们生活水平的提高，以及体育休闲在人们日常生活中地位的提升，体育赞助的魅力会逐渐体现出来，将给无数企业带来巨大商机，同时促进体育产业的发展。体育赞助的巨大魅力以及它给企业和体育产业带来的影响使它在体育产业发展中占了重要的一席之地。而在消费者一边，中国体育的福利性质是制约体育消费发展的重要因素。大众缺乏自觉的赛事观赏消费观，个人的体育赛事消费费用远不如其他娱乐休闲消费费用，以致中国目前的体育消费群体不稳定、市场规模有限。

二、政策建议

针对我国体育赛事产业发展的现状，以及发展过程中出现的问题，在双边市场理论指导下，我们提出如下政策建议：

随着中国社会主义市场经济的不断发展和广大人民群众物质、文化生活的不断改善，体育事业也有了很大发展，体育赛事、健身锻炼、体育培训等市场逐步形成。市场经济的本质是法制经济、规则经济，管理是其中的重要环节。根据双边市场理论，应尽可能吸引观众消费者和赞助商的积极参与，并出台一些针对体育市场的法律法规，规范和引导体育赛事双边市场的行为。

在体育赛事双边市场中，政府对赛事平台的规制也是必不可少的。应该根据体育赛事双边市场的进入特点制定相关鼓励政策，改革现行体育赛事集中管理体制，随着体育赛事市场规模的扩大适当调整相关政策，以进一步提高国内体育赛事的吸引力和竞争力。双边市场条件下垄断的特性，要求政府规制的目标、内容及方式都做出相应的调整。

一是规制目标的确立。在体育赛事双边市场中，虽然存在较为严重的垄断，但垄断平台却不断地向消费者提供性能更高、价格更低的产品或服务。因此，立足于以往立法目标一味打破垄断的做法可能会损害消费者的福利。政府规制的目标应进行相应调整，从限制垄断地位、保护竞争者利益转为维护市场竞争秩序、促进技术和商业模式创新、维护消费者利益。美国体育赛事的规制政策目标基本实现了这一转变。在这一过程中，对市场垄断地位的合理性尤其是其影响市场竞争的程度进行适当判定变得至关重要。

二是规制内容的调整。政府规制包括规制市场结构和竞争行为两个方面。西方各国早期主要规制垄断市场结构，近几十年来更多地转向规制竞争行为。在体育赛事双边市场中，政府规制应该主要规制市场竞争行为，尤其要规制企业的不合理竞争行为，包括滥用市场主导地位损害其他竞争者的利益和消费者福利等。在双边市场中，政府对垄断行为的判定应主要依据确凿的事实而不是靠推断或预测。

三是规制方式的转变。在体育赛事双边市场中，对企业竞争行为的规制，包括在网络外部性、倾斜价格体系和平台互联过程中对企业不合理竞争行为的规制。对于网络外部性强的双边市场，产品拥有的市场规模越大，其所产生的网络外部性收益越大，同时产生的消费者剩余和生产者剩余越大，因此在这种市场中垄断往往能提高社会福利水平。对于网络外部性可能导致的过度惰性（如中国足球），政府公共政策也可以发挥一定的矫正作用。一般来说，政府需要对参与双方进行协调，促使产业技术和商业模式符合市场双边的需要。

结　语

本研究基于双边市场理论对体育赛事产业平台进行了分析，讨论了双边市场成长过程中的市场各边合作和竞争问题。双边间接网络外部性的存在，促使赛事平台双边强化联系，使体育赛事产业得以成长壮大。

一、主要结论

（一）多归属条件下的体育赛事差异化

多归属指消费者在一定时间内同时在两个或两个以上的网络上使用服务。体育赛事产业的多归属特征不但包括一般意义上的市场双边的多归属，还包括运动员的多归属。因此厂商将产品差异化视为一种主要的战略变量。体育赛事产品的差异化可以实现与众不同的产品特性和观赏体验效果，使产品具有不完全替代性，满足消费者的多样性和个性化需求，从而提升体育企业的竞争力，实现体育赛事差异化竞争和良性发展。

（二）注重客户基培养的双边市场进入

在双边市场中，需求方规模经济以及正反馈机制的特征强化了后入者的进入壁垒。同时，由双边组成的平台系统具有经济价值，双边市场的这种系统产品的特性也会对后入者形成进入壁垒，这种壁垒源于在位者所拥有的完善配套设施。双边市场均衡状态的不完全竞争性进一步强化了消费者转换成本所形成的壁垒。

双边市场在召集阶段，要进行赛事产品细分，注重培养市场两边不同的客户群。以双边市场优先召集买方为例，赛事主办方一般有缩短召集阶段时间策略、降低投资成本策略、优化双边结构策略可以选择。用户所依据的不仅是当前的网络规模，还有对未来网络规模的预期，因此双边市场若提出有时间差异性的收费策略，就更能促使用户做出决策。

（三）赛事不确定性下的双边市场倾斜定价

体育赛事产品受时间和空间限制，具有过程和结果的不确定性，使得消费者每次购买的赛事产品的质量是完全不同的，可能是运动员发挥不同，也可能是天气不同。体育赛事过程和结果的不确定性对体育赛事产品定价影响较大。而且，双边平台的定价问题本就非常复杂。平台提供者必须为每一边制定价格，还要考虑一边的价格对另一边的增长和支付意愿的影响。现实中的很多双边市场都是采用非对称的价格策略，对其中一边的价格加成远远高于市场的另一边。低价格使需求在市场富有弹性的一边得到刺激，高价格使另一边创造持续的利润。

双边市场定价应当考虑跨边网络效应、用户的价格敏感度和质量敏感度、产出成本、同边网络效应、用户的品牌价值等因素。双边市场在成功吸引观众和赞助商进入平台后，需要在定价水平和价格结构方面继续巩固双边的关系，而倾斜定价对于平台企业是普遍和理性的定价方式。体育赛事对观众消费者一边的补贴实质是一种差异化的定价策略，比如根据消费者与赛事场地的距离远近实行有区别的成本补偿，以达到消除消费者空间上的差异性、增强赛事吸引力、提高消费总量的目的。

（四）竞争性瓶颈下的双边市场平台互联

竞争性瓶颈即一边多归属、另一边单归属的情形。平台容量有限导致单归属一边会受到优待（平台对其收取的价格不高于成本），而多归属一边的所有剩余都被榨取。体育赛事的竞争性瓶颈主要包括时间性瓶颈、空间性瓶颈、技术性瓶颈，如竞技的场地（例如足球场、网球场、游泳池等）都安排在特定的城市、表演场地观众席只能容纳有限的人数等。

网络外部性特征使赛事平台间的互联互通成为平台经济的内在要求。由于网络外部性的存在，赛事平台之间的互联互通可以强化整个赛事产业的正的外部性，提升整个赛事网络的价值。如电视传媒利用自身再现现场动感画面的优势，有效地策划、全方位地传递赛事的进展状况，不仅带来了体育赛事的产业化，也造就了体育产业化所需要的庞大消费群体。因此可以说，体育赛事和电视媒体的平台互联是发展体育赛事的重要条件。

二、研究展望

近年来，双边网络平台应用广泛。人们不仅构建了一些全新的双边平台，还把一些传统的业务改造成了双边平台。本书的研究充分考虑体育赛事产业的属性和特征，对完善双边市场理论有所帮助，但是考虑到双边市场和传统市场的差别，还有许多问题值得研究，笔者将在未来继续关注。

首先，体育赛事产业平台内竞争研究。赛事产业赞助商一边在平台构建和发展过程中起着非常重要的作用，是赛事的主要盈利来源。由于赛事竞争性瓶颈的存在，赞助商之间在赞助体育赛事上存在竞争，这是企业制定战略时值得关注的问题。同时，赛事平台如何吸引众多厂商加入到赞助队伍中，并利用高需求弹性收取更高的赞助费，也是赛事产业进一步发展时面临的重要问题。

再次，体育赛事产业赞助效应实证研究。就像进行其他投资决策一样，厂商必须考虑体育赛事赞助的商业价值。赞助商必须测算获得并行使赞助权利的直接和间接成本，以及由此带来的品牌价值提升和销售量增加的空间。由于赞助费的非公开性和保密性，如何利用上市公司公开交易数据进行替代，进行体育赛事产业赞助效应的实证分析，是双边市场理论研究中非常欠缺的领域。

第三，体育赛事产业平台间关系实证研究。例如，NBA 赛事全面进入中国后，CBA 要采取何种策略应对挑战？媒体越来越全方位地包装体育赛事产业，赛事主办方如何凸显体育赛事本身的吸引力？现实的在位平台面临被包围的威胁时，在许多情况下，被包围的单一功能平台除了委身于进攻者或者退出竞争之外，很少有其他选择。当然，也有的通过改变商业模式、建立联盟和诉诸法律等手段设法存活下来，但也必须认真思考这一战略问题，迎接新的挑战。

与欧美成熟的体育赛事产业相比，中国的体育赛事产业发展很不充分，主要表现在三个方面：消费者现场观赏的消费意识不足；经典赛事安排少；赞助商开发困难。可以预见，北京奥运后的 10 多年将是中国体育赛事产业蓬勃发展的时期，与此同时中国足球“不争气”、赞助商退出等话题屡屡成为社会舆论的焦点，这两方面正是我们研究体育赛事产业的动机所在。国内对体育赛事产业的科学严谨的研究还比较缺乏，因此，利用西方成熟的理论框架，对中国体育市场做一些有针对性的实证研究，是这个领域中比较有意义的工作。希望本书能起到抛砖引玉的作用，并为政府和企业的决策提供些许借鉴。

南京大学顾江先生指出：“文化一旦与经济结合，传统的古典经济学要素理论受到挑战。文化产品和服务无论作为一种资本要素，还是一种创意要素，不仅改变了人们的价值观和生活方式，而且正在加速改变经济增长方式。”①我们正处在一个伟大的变革时代，国家正进行着伟大的社会主义实践，而一个民族要站在科学的高峰，就一刻也不能没有理论思维。体育产业实践同样

---

① 参见顾江著《文化产业经济学》封底，南京，南京大学出版社，2007。

呼唤着理论创新。坚持从理论与现实的结合点入手，利用双边市场理论，结合体育赛事的产业特点，揭示体育赛事产业发展规律，我们就有可能克服因“成就负担”而步履蹒跚的“资源诅咒”，就有可能在此基础上驾驭乃至引领五彩缤纷的体育世界。

主要参考文献

英文文献：

1. Aaron Schiff. Open and Closed Systems of Two-sided Networks. *Information Economics and Policy*. 2003 (15): 425—442.

2. Ahmet Alizan. A Class of Multipartner Matching Markets with a Strong Lattice Structure. *Economic Theory*, 2002 (19): 737—746.

3. Ahmet Alkan. On Preferences over Subsets and the Lattice Structure of Stable Matchings. *Rev. Econ. Design*. 2001 (6): 99—111.

4. Andrei Hagiu. Platforms, Pricing, Commitment and Variety in Two-sided Markets. Working Paper. 2004.

5. Andrei Hagiu: Two-Sided Platforms: Pricing and Social Efficiency. Working Paper. 2004.

6. Andrei Hagiu. Pricing and Commitment by Two-sided Platforms. *The Rand Journal of Economics*. 2006 (10): 720—737.

7. Andrei Hagiu: Multi-Sided Platforms: From Micro found At Ions to Design and Expansion Strategies. Working Paper. 2006.

8. Andrei Hagiu: Merchant or Two-Sided Platform? Working Paper. 2006.

9. Andras Niedermayer. Does a Platform Monopolist Want Competition? *Faculty of Economics and Social Sciences*. 2006.

10. Antoine Martin, Michaey Orlando. Barriers to Network-specific Investment. *Review of Economic Dynamics*. 2007 (10): 705—728.

11. Antonio Romero-medina. Equitable Selection in Bilateral Matching Markets. *Theory and Decision*. 2005 (58): 305—324.

12. Armstrong, M. Competition in two-sided markets, *Rand Journal of Economics*. 2006 (37): 668—691.

13. Attila Ambrus，Rossella Argenziano. Network Markets and Consumers Coordination. CESifo Working Paper. 2004.

14. Bolt，W. and A. F. Tieman，Pricing payment services：an IO approach. Working Paper no. 202，International Monetary Fund. 2003.

15. Bruno Jullien. Two-sided Markets and Electronic Intermediaries. *CESifo Economic Studies*. 2005 (3)：233—266.

16. Bruno Jullien. Multi-Sided Markets：Competing with Network Externalities Price Discrimination. Working Paper. 2006.

17. Cailaud，B. and B. Jullien. Chicken and Egg：Competition among Intermediation Service Providers. *RAND Journal of Economics*. 2003 (24)：309—328.

18. Chris Gratton，Simon Shibli，Richard Coleman. The Economic Impact of Major Sports events：a Review of Ten Events in the UK. *The Editorial Board of the Sociological Review*. 2006：41—60.

19. Chris Van Raalte，Harry Webers. Spatial Competition with Intermediated Matching. *Journal of Economic Behavior. and Organization*. 1998 (34)：477—488.

20. Christian Leuz. Las versus U. S. GAAP. Information Asymmetry-Based Evidence from Germany' s New Market. *Journal of Accounting Research*. 2003 (7).

21. Dave Cliff. Explorations in Evolutionary Design of Online Auction Market Mechanisms. *Electronic Commerce Research and Applications*. 2003 (2)：162—175.

22. David A. Malueg. Marius Schwartz. Compatibility Incentives of a Large Network Facing Multiple Rivals. *The Journal of Industrial Economics*. 2006 (6)：12.

23. David S. Evans：It Takes Two to Tango：The Economics of Two-Sided Markets，*The Payment Card Economics Review*. 2003 (1)：1—11.

24. David S. Evans：Some Empirical Aspects of Multi-sided Platform Industries，*Review of Network Economics*. 2005 (3)：191—209.

25. David S. Evans，Richard Schmalensee：The Economics of Interchange Fees and Their Regulation：An Overview，*MIT Sloan School of Management*. 2005.

26. David S. Evans, Richard Schmalensee. The Industrial Organization Of Markets With Two-Sided Platforms. *Competition Policy International*, 2007 (3-1).

27. Debi Prasad Mishra, et al. Assessing the Economic Worth of Corporate Event Sponsorships: A Stock Market Perspective. *Journal of Market Management*, 1997 (2): 149—169.

28. Eldon E. Snyder, Elmer Spreitzer. Sociology of Sport: an Overview. *The Socio Logical Quarterly*. 1994 (15). 467—487.

29. Eric Hilt. Incentives in Corporations: Evidence from the American Whaling Industry. Working Paper. 2004 (3).

30. Eric W. K. Seeto. Analysis fo Electronic Micro-payment Market. *Journal of Electronic Commerce Research*. 2007 (1).

31. Erman Haruvy, M. Utku Unver. Equilibrium Selection and the Role of Information in Repeated Matching Markets. *Economics Letters*. 2007 (94): 284—298.

32. Ettore Damiano. Haoli. Price Discrimination and Efficient Matching. *Economic Theory*. 2007 (30): 243—263.

33. Ettore Damiano, Ricky Lam. Stability in Dynamic Matching Markets. *Games and Economic Behavior*. 2005 (52): 34—53.

34. Evans, D., The Antitrust Economics of Multi-Sided Platform Markets. *Yale Journal on Regulation*. 2003 (20): 325—382.

35. Fabio M. Manenti and Ernesto Somma. Plastic Clashes: Competition among Closed and Open Systems in the Credit Card Industry. Working Paper. 2003.

36. Federico Echenique. Counting Combinatorial Choice Rules. *Games and Economic Behavior*. 2007 (58): 231—245.

37. Francis J. Farrelly, Pascale G. Quester, Rick Burton. Changes in Sponsorship Value: Competencies and capabilities of Successful Sponsorship Relationships. *Industrial Marketing Management*. 2006 (35): 1016—1026.

38. Francis J. Farrelly, Pascale G. Quester. Examining Important Relationship Quality Constructs of the Focal Sponsorship Exchange. *Industrial Marketing Management*. 2005 (34): 211—219.

39. Francis J. Farrelly, Pascale G. Quester. Investigating Large-scale

Sponsorship Relationships as Co-marketing Alliances. *Business Horizons* 2005 (48): 55—62.

40. Fuhito Kojima. The Law of Aggregate Demand and Welfare in the Two-sided Matching Market. *Economics Letters*. 2007 (10).

41. Gabrielle Demange. The Strategy Structure of Some Coalition Formation Games. *Games and Economic Behavior*. 2007 (10).

42. Graeme Guthrie, Julian Wright. Competing Payment Schemes. *The Journal of Industrial Economics*. 2007 (5).

43. Hagiu, A., Two-sided platforms: pricing and social efficiency, RIETI Discussion Paper no. 04-E-035, *Research Institute of Economy, Trade and Industry, Japan*. 2004.

44. Hans Jarle Kind. etal. Efficiency Enhancing Taxation in Two-sided Markets. *Journal of Public Economics*. 2008 (92): 1531—1549.

45. Harborne W. Stuart. etal. The Supplier-firm-buyer Game and its Generalization. *Mathematical Social Sciences*. 2007 (34): 21—37.

46. Heriner Ackermann etc. A Unified Approach to Congestion Games and Two-sided Markets. *Internet and Network Economics*, 2007 (4858): 30—41.

47. Hermalin, B. and M. Katz. Sender or receiver: who should pay to exchange an electronic message? *Rand Journal of Economics*. 2004 (35): 423—448.

48. Hiroo Sasak, Manabu Toda. Two-sided Matching Problems with Externalities. *Journal of Economic Theory*. 2006 (70): 93—108.

49. Hiroyuk, Adachi. A Search Model of Two-sided Matching under Non Trasferable Utility. *Journal of Economic Theory*. 2003 (113): 182—198.

50. Howard Chang, David S. Evans and Daniel D. Garcia Swartz. The Effect of Regulatory Intervention in Two-Sided Markets: An Assessment of Interchange-Fee Capping in Australia. *Forthcoming in Review of Network Economics*. 2005.

51. Humphrey, J and M. Kim and B. Vale. Realizing the gains from electronic payment, *Journal of Money, Credit, and Banking*. 2001 (33): 216—234.

52. James Andrews, Zhu Wa. Microfoundations of Two-sided Markets: The Payment Card Example. Working Paper. 2006.

53. Jay Pil Choi. Tying in Two-Sided Markets with Multi-Homing, Michigan State University. Working Paper. 2006.

54. Jean Charles Rochet, Jean Tirole. Cooperation among Competitors: Some Economics of Payment Card Associations. *Rand Journal of Economics*. 2002 (4): 549—570.

55. Jean Charles Rochet, Jean Tirole. Platform Competition in Two-Sided Markets. Working Paper. 2002.

56. Jean Charles Rochet, Jean Tirole. Platform Competition in Two-Sided Markets. *Journal of European Economic Association*. 2003 (1): 990—1029.

57. Jean Charles Rochet, Jean Tirole. Two-Sided Markets: A Progress Report. IDEI Working Paper. 2005.

58. Jean Charles Rochet, Jean Tirole. Two-Sided Markets: A Progress Report, *Rand Journal of Economics*. 2006 (37): 645—667.

59. Jean Charles Rochet, Jean Tirole. Two-Sided Markets: An Overview. mimeo, IDEL University of Toulouse. 2004.

60. Jean Charles Rochet, Jean Tirole. Tying in Two-Sided Markets and the Honor all Cards Rule. Working Paper. 2006.

61. Jean Charles Rochet, Jean Tirole. Tying in Two-Sided Markets and the Honor all Cards Rule. *International Journal of Industrial Organization*. 2008 (1): 1—15.

62. Jean J. Gabszewicz and Xavier Y. Wauthy. Two-Sided Markets and Price Competition with Multi-homing. Working Paper. 2004.

63. Jean J. Gabszewicz and Nathalie S. Competition in the Media and Advertising Markets. *The Manchester School*. 2006 (74): 1463—1486.

64. Jinpeng Ma. Stable Matchings and Rematching-Proof Equilibria in a Two-sided Matching Market. *Journal of Economics Theory*. 1995 (66): 352—369.

65. John C. Weistart. Judicial Review of Labor Agreements: Lessons from the Sports Industry. *Law and Contemporary Problems*. 1981 (4): 109—146.

66. John C. Weistart. League Control of Market Opportunities：A Perspective on Competition and Cooperation in the Sports Industry. *Duke Law Journal*. 1984 (6)：1013—1070.

67. John M. Gallaugher，Yu-ming Wang. Understanding Network Effects in Software Markets：Evidence from Web Server Pricing. *MIS Quarterly*. 2002 (26)：303—327.

68. John O | ’ Hagan，Denice Harvey. Why do Companies Sponsor Arts Events? Some Evidence and a Proposed Classification. *Journal of Cultural Economics*. 2000 (24)：205—224.

69. John Simon：Payment Systems Are Different：Shouldn’ t Their Regulation Be Too? *Review of Network Economics*. 2005 (4)：364—383.

70. John Vrooman. The Economics of American Sports Leagues. *Scottish Journal of Political Economy*. 2000 (49)：364—399.

71. Julian Wright. Access Pricing under Competition：an Application to Cellular Networks. *The Journal of Industrial Economics*. 2002 (9).

72. Julian Wright. One-sided logic in two-sided markets，*Review of Network Economics*. 2004 (3)：44—64.

73. Kari Kemppainen. Competition and regulation in European retail payment systems，Bank of Finland Discussion Papers. 2003：16.

74. Kathleen Anne Farrell，W. Scottframe. The Value of Olympic Sponsorships：Who is Capturing the Gold? *Journal of Market Focused Management*. 1997 (11)：171—182.

75. Kerstin Weihe，Gunnar Mau，Gunter Silberer. How do Marketing-events Work? Marketing-events and Brand Attitudes. *International Advertising and Communication*. 2006：199—216.

76. Kimmo Eriksson. et al. Asymmetric Equilibria in Dynamic Two-sided Matching Markets with Independent Preferences. *International Game Theory*. 2007 (3)：182—202.

77. Koki Arai. Elimination of Competitors：Some Economics of Payment Card Associations. Discussion Paper. 2004：612.

78. Marc Rysman. An Empirical Analysis of Payment Card Usage. Working Paper. 2006.

79. Marc Rysman. An Empirical Analysis of Payment Card Usage. *The*

Journal of Industrial Economics. 2007 (5).

80. Marc Rysman. Competition Between Network: A Study of the Market for Yellow Pages. *Review of Economics Studies*. 2004 (2): 483—512.

81. Marco Celentani, Rosa Loveira. A Simple Explanation of the Relative Performance Evaluation Puzzle. *Review of Economic Dynamics*. 2006 (9), 525—540.

82. Marianne Verdier. Retail Payment Systems: What do we learn from Two-Sided Markets? Working Paper. 2006.

83. Mark Armstrong. Competition in Two-Sides Markets. Working Paper. 2004.

84. Mark Armstrong, Julian Wright. Two-Sided Markets, Competitive Bottlenecks and Exclusive Contracts. Working Paper. 2004.

85. Mark Armstrong, Julian Wright. Two-Sided Markets, Competitive Bottlenecks and Exclusive Contracts. *Economic Theory*. 2007 (32): 353—380.

86. Mark McCabe, Christopher M. Snyder. Academic Journal Prices in a Digital Age: A Two-Sided-Market Model. Working Paper. 2006.

87. Markus Franke. Competition between Network Carriers and Low-cost Carriers-retreat Battle or Breakthrough to a New Level of Efficiency. *Journal of Transport Management*. 2004 (10): 15—31.

88. Martin Reitz, Tommaso M. Valletti. Content and Advertising in the Media: Pay-tv versus Free-to-air. *International Journal of Industrial Organization*. 2008 (4).

89. Mary A. Hums, Carol A. Barr, Laurie Gullion. The Ethical Issues Confronting Managers in the Sports Industry. *Journal of Business Ethics*. 1999 (20): 51—66.

90. Marylyn, John Ccarigan. UK Sports Sponsorship: Fair Play or Fault? *A European Review*. 1997 (4): 51—60.

91. Michel Tuan Pham. Marc Vanhuele. Analyzing the Memory Impact of Advertising Fragments. *Marketing Letters*. 1997 (8): 407—417.

92. Mingchu Sun, Edison Tse. Sustainable Growth of Payment Card Networks: A Two-sided Market Approach. *Journal of Business Strategies*. 2007 (10): 165—192.

93. Mouawiyar Alawad, Thomas J. Grennes. Real Interest Parity and Transaction Costs for the Group of 10 Countries. *International Review of Economics and Finance*. 2002 (11): 363—372.

94. Neil Longley. Measuring Employer-based Discrimination Versus Customer-based *Discrimination. American Journal of Economics and Sociology*. 2003 (2): 365—382.

95. Paul Fenn, Dev Vencappa. et al. Market Structure and the Efficiency of European Insurance Companies: A Stochastic Frontier Analysis. *Journal of Banking and Finance*. 2007 (10).

96. Rabah Amir, Francis Blach. Comparative Statics in a Simple Class of Strategic Market Games. *Games and Economic Behavior*. 2006 (8).

97. Robert M. Anderson, Glenn Ellison, Drew Fudenberg. Location Choice in Two-sided Markets with Indivisible Agents. *Games and Economic Behavior*. 2008 (4): 1—40.

98. Robert M. Hunt. An Introduction to the Economics of Payment Card Networks, *Review of Network Economics*. 2003 (2): 80—96.

99. Robert M. Anderson, etc. Location Choice in Two-sided Markets with Indivisible Agents. *Games and Economics Behavior*. 2006 (11): 11—23.

100. Roberto Roson. Auctions in a Two-sided Network: the Market for Meal Voucher Services. *Networks and Spatial Economics*. 2005 (5): 339—350.

101. Roberto Roson. Platform Competition with Endogenous Multihoming. Working Paper. 2005.

102. Roberto Roson. Two-Sided Markets: A Tentative Survey, *Review of Network Economics*. 2005 (4): 142—160.

103. Rodny Fort. European and North American Sports Differences: *Scottish Journal of Political Economy*. 2000 (49): 431—456.

104. Schmalensee, R.. Payments Systems and Interchange Fees, *Journal of Industrial Economics*. 2002 (50): 103—122.

105. Simno P. Anderson. Market Provision of Broadcasting: A Welfare Analysis. *Review of Economics Studies*. 2005 (72): 942—972.

106. Sara L. Mcgaughey. Peter W. Liesch. The Global Sports-media

Nexus: Reflections on the Super League Saga' in Australia. *Journal of Management Studies*. 2002 (5): 383—417.

107. Stefan Szymanski. The Economic Evolution of Sport and Broadcasting. *The Australian Economic Review*. 2006 (4): 428—453.

108. Stefan Szymanski. The Champions League and the Coase Theorem. *Scottish Journal of Political Economy*. 2007 (3): 355—374.

109. Stephen Keysuk, Kim etc. Search for Alternatives and Collaboration with Incumbents: Two-sided Sourcing Behavior In Business Markets. *Decision Sciences*. 2008 (5).

110. Stephen R. Mcdaniel, Lance Kinney, Laurence Chalip. A Cross-cultural Investigation of the Ethical Dimension of Alcohol and Tobacco Sports Sponsorships. *Teaching Business Ethics*. 2001 (5): 307—330.

111. Steven D. Levitt. How do Markets Function: an Empirical Analysis of Gambling on the National Football League. Working Paper. 2002 (12).

112. Sujit Chakravorti, Roberto Roson. Platform Competition in Two-Sided Markets: The Case of Payment Networks. *Federal Reserve Bank of Chicago*. 2004.

113. Sujit Chakravorti, Roberto Roson. Competition between Payment Networks. Working Paper. 2004.

114. Sujit Chakravorti. Theory of Credit Card Networks: A Survey of the Literature, *Review of Network Economics*. 2003 (2): 50—68.

115. Tayfun Sonmez. Notes Comments, and Letters to the Editor. *Journal of Economic Theory*, 1999 (8): 148—156.

116. Tayfun Sonmez. Manipulation via Capacities in Two-sided Matching Markets. *Journal of Economic Theory*, 1997 (77): 197—214.

117. Toker Doganoglu, Yair Tauman. Network Competition and Access Charge Rules. *The Manchester School*. 2002 (1): 1463—1486.

118. Toker Doganoglu, Julian Wright. Multihoming and Compatibility. National University of Singapore Economics Working Paper. 2003.

119. Torben M. Andesen, Allan Sorensen. Product Market Integration and Heterogeneity-Rent Sharing and Pricing to Market. *Review of International Economics*. 2007 (10): 1450—1467.

120. Thomas Quint. On One-sided versus Two-sided Matching Games. *Games and Economic Behavior*. 2006 (16): 124—135.

121. Timothy J. Muris. Payment Card Regulation and the (MIS) Application of the Economics of Two-Sided Markets, *Columbia Business Law Review*. 2005 (3): 515—550.

122. T. Bettina Cornwell. The Use of Sponsorship-linked Marketing by Tobacco Firms: International Public Policy Issues. *The Journal of Consumer Affairs*. 1997 (2): 238—255.

123. Ulrich Kaiser, Julian Wright. Price Structure in Two-sided Markets: Evidence from the Magazine Industry. *International Journal of Industrial Organization*. 2006 (24): 1—28.

124. Walter Distaso, Paolo Lupi, Fabio M. Manenti. Platform Competition and Broadband Uptake: Theory and Empirical Evidence from the European Union. *Information Economics and Policy*. 2006 (18): 87—106.

125. Wei Shen. A Comparative Study on Corporate Sponsorship in Asia and Europe. *Asia Europe Journal*. 2004 (2): 283—295.

126. Wing Suen. The Comparative Statics of Differential Rents in Two-sided Matching Markets. *Business Media*. 2006 (10): 149—158.

127. Wilko Bolt, Alexander F. Tiean. Heavily skewed pricing in two-sided markets, International *Journal of industrial Organization*. 2007 (10): 1016.

128. Wilko Bolt. Retial Payments in the Netherlands: Facts and Theory. *De economist*. 2006 (154): 345—372.

129. Wolfram Manzenreiter. Sport Spectacles, Uniformities and the Search for Identity in late Modern Japan. *The Editorial Board of the socio Logical Review*. 2006.

130. Wray Vamplew. The Economic of A sports Industry: Scottish Gate-money Football, 1890-1914. *The Economic History Review*, 1982 (35): 549—567.

中文文献：

1. 蔡莉、王晓东：《2000—2004 年间我国电视体育节目收视状况的解析与思考》，《西安体育学院学报》，2006 (1)。

2. 曹可强：《上海市体育产业比较优势与布局模式研究》，《上海体育学院学报》，2003（10）。

3. 陈宏民：《网络外部性与规模经济性的替代关系》，《管理科学学报》，2007（62）。

4. 陈宏民、胥莉：《双边市场：企业竞争环境的新视角》，上海，上海人民出版社，2007。

5. 陈云开、俞继英：《我国竞赛表演业宏观环境分析》，《上海体育学院学报》，2003（5）。

6. 成会君等：《论我国体育产业发展中的制度约束与制度创新》，《武汉体育学院学报》，2005（1）。

7. 程贵孙、陈洪民、孙武军：《双边市场视角下的平台企业行为研究》，《经济理论与经济管理》，2006（9）。

8. 程贵孙、孙武军：《银行卡产业运作机制及其产业规制问题研究》，《国际金融研究》，2006（1）。

9. 程贵孙、孙武军、万玲珠：《国外银行卡产业理论研究的新进展》，《产业经济研究》，2007（1）。

10. 丁洁、王岗：《解读 NBA 全球化》，《体育文化导刊》，2006（4）。

11. 丁涛等：《对英国体育发展状况的考察与调研》，《北京体育大学学报》，2005（11）。

12. 董维刚、张昕竹：《银行卡产业特征与反垄断难题》，《数量经济技术经济研究》，2007（6）。

13. 方达儿：《欧美体育竞赛表演产业快速增长的经济动因及其启示》，《武汉体育学院学报》，2006（12）。

14. 费书申、邓雪震：《体育赞助对体育产业及参与企业的影响》，《广州体育学院学报》，2004（2）。

15. 傅京燕：《国际体育产业的发展特点及我国的对策选择》，《经济纵横》，2002（4）。

16. 龚艳萍、吕波：《基于网络外部性的技术标准竞争博弈分析》，《时代经贸》，2008（1）。

17. 顾江：《文化产业经济学》，南京，南京大学出版社，2007。

18. 顾永红：《市场圈定理论研究评述》，《经济学动态》，2007（3）。

19. 郭鼎文、刘炜浩：《CBA 联赛、欧洲俱乐部超级联赛和 NBA 联赛比较》，《体育学刊》，2006（3）。

20. 何慧娴：《无争议规则与有争议实践——我国体育赛事广播电视转播权开发的实践与思考》，《体育文史》，2002（6）。

21. 胡群、鲍小志：《双边市场视角下的企业行为策略研究综述》，《经济论坛》，2007（19）。

22. 黄海燕等：《上海大型单项体育赛事运营中政府作用之研究》，《体育科学》，2007（2）。

23. 黄海燕、张林：《体育赛事市场中介服务业培养与发展》，《武汉体育学院学报》，2007（2）。

24. 黄璐、傅小春：《论体育赛事的内涵》，《首都体育学院学报》，2005（11）。

25. 黄民礼：《双边市场与市场形态的演进》，《首都经济贸易大学学报》，2007（3）。

26. 黄文卉、黄祥富：《美国体育产业中的公共—私有合作伙伴关系》，《武汉体育学院学报》，2005（10）。

27. 吉宏伟、陈忠、孙武军：《基于网络外部性的市场进入与企业产品兼容性策略选择》，《预测》，2007（5）。

28. 吉宏伟、孙武军：《基于网络外部性的企业兼容性决策分析》，《系统管理学报》，2007（10）。

29. 吉宏伟、孙武军：《网络外部性、转移成本与产品兼容性决策分析》，《管理学报》，2007（11）。

30. 纪汉霖：《双边市场定价方式的模型研究》，《产业经济研究》，2006（4）。

31. 纪汉霖、管锡展：《双边市场及其定价策略研究》，《外国经济与管理》，2006（28-3）。

32. 纪汉霖、管锡展：《服务质量差异化条件下的双边市场定价策略研究》，《产业经济研究》，2007（1）。

33. 纪汉霖、王小芳：《双边市场视角下平台互联互通问题的研究》，《南方经济》，2007（11）。

34. 李殿伟、赵黎明：《双边市场理论与银行卡产业定价机制》，《生产力研究》，2007（20）。

35. 李克克：《关于网络产业中用户基数的壁垒效应分析》，《金融经济》，2006（5）。

36. 李克克、陈宏民：《网络外部性条件下的序贯创新与进入遏制》，《系统工程学报》，2007（10）。

37. 李廉水、周彩红：《区域分工与中国制造业发展》，《管理世界》，2007（10）。

38. 李敏、王子敏：《网络外部性下的市场策略分析》，《产业市场》，2007（8）。

39. 梁琦、钱学锋：《外部性与集聚：一个文献综述》，《世界经济》，2007（2）。

40. 刘海霞、孙振球、胡德华、刘双阳：《开放存取期刊质量的双边市场模型研究》，《情报杂志》，2007（6）。

41. 刘晓峰、黄沛、杨雄峰：《具有网络外部性的双寡头市场的动态定价策略》，《中国管理科学》，2007（2）。

42. 刘志彪：《现代产业经济学》，北京，高等教育出版社，2003。

43. 路爱国：《国外产业政策研究若干新进展》，《经济学动态》，2006（10）。

44. 罗钢、黄丽华：《网络外部性条件下的电子商务平台双边定价策略》，《企业经济》，2007（4）。

45. 罗钢、黄丽华：《电子商务交易平台的网络外部性初探》，《商场现代化》，2007（8）。

46. 罗建英、丛湖平：《长三角地区体育产业发展的要素比较研究》，《体育与科学》，2005（5）。

47. 骆品亮：《产业组织学》，上海，复旦大学出版社，2006。

48. 马飞雄、张建华：《基于网络正外部性的信息产品定价策略研究》，《生产力研究》，2007（8）。

49. 聂永有、李非：《网络外部性与消费者偏好对厂商市场份额的影响分析》，《现代管理科学》，2007（11）。

50. 潘小军、陈宏民、侯和银：《网络外部性与产品垄断定价策略研究》，《管理工程学报》，2006（1）。

51. 潘小军、陈宏民、胥莉：《基于网络外部性的产品升级与兼容选择分析》，《系统工程理论方法应用》，2006（4）。

52. 彭移风：《双边市场定价方式及其对传统市场理论的挑战》，《价格月刊》，2007（3）。

53. 芮明杰：《复旦产业评论》，上海，上海人民出版社，2006。

54. 上海大学体育研究中心：《体育软科学研究成果汇编》，北京，国家体育总局政策法规司，2003。

55. 沈华、胡汉辉：《纵向市场关闭理论研究新进展》，《经济学动态》，2007（7）。

56. 石奇、岳中刚：《大型零售商的双边市场特征及其政策含义》，《财贸经济》，2008（2）。

57. 帅旭、陈宏民、鲁文龙：《网络产业微观市场结构研究》，《系统工程理论与实践》，2003（11）。

58. 孙武军、陈宏民、陈梅：《基于网络外部性的市场结构动态演化分析》，《管理科学》，2006（2）。

59. 孙武军、吴立明、陈宏民：《网络外部性与企业产品兼容性决策分析》，《管理工程学报》，2007（2）。

60. 唐春芳：《中国体育产业面临的问题及其发展策略》，《北京体育大学学报》，2006（1）。

61. 唐晓彤、丛湖平：《大型体育赛事的产业关联和波及效应的理论研究》，《成都体育学院学报》，2006（4）。

62. 唐宇钧、汤新民：《我国体育赞助政府管制分析》，《广州体育学院学报》，2005（11）。

63. 汪玮琳、肖斌：《体育赞助的评估与管理》，《赣南师范学院学报》，2003（6）。

64. 王风仙等：《我国体育竞赛表演市场的现状及开发研究》，《武汉体育学院学报》，2005（5）。

65. 王国才：《网络外部性、差异化竞争与主流化策略研究》，《中国管理科学》，2005（10）。

66. 王国才、陶鹏德：《网络外部性存在下的产品差异化竞争与价格歧视策略》，《南大商学评论》，2006（4）。

67. 王国才、陶鹏德：《网络产品差异化竞争、市场均衡与价格歧视研究》，《系统工程学报》，2008（6）。

68. 王国才、王希凤：《基于网络外部性的产品纵向差异竞争与市场结构研究》，《数量经济技术经济研究》，2005（5）。

69. 王国才、朱道立：《网络经济下企业兼容性选择与用户锁定策略研究》，《中国管理科学》，2004（12）。

70. 王家聚：《新经济下的网络外部性》，《河南科技大学学报（社科版）》，2007（2）。

71. 王起静：《展览产品定价模型及价格影响因素研究——基于双边市场理论视角》，《经济管理》，2007（16）。

72. 王晓东：《美国职业体育赛事电视转播权开发研究》，《体育文化导刊》，2007（2）。

73. 王学斌：《银行卡的网络经济特征：一个文献综述》，《世界经济文汇》，2007（4）。

74. 吴昊：《网络外部性市场后入者的进入壁垒研究》，《南大商学评论》，2006（4）。

75. 吴延年等：《我国电视体育广告及其传播效果研究》，《体育文化导刊》，2007（2）。

76. 吴艳红：《我国电视体育赛事传播研究》，《中国集体经济》，2009（25）。

77. 吴怡刚：《中外休闲体育研究的现状与问题》，《上海体育学院学报》，2003（8）。

78. 武军：《国内外体育产业比较研究》，《生产力研究》，2006（5）。

79. 鲜于波、梅琳：《适应性预期、复杂网络与标准扩散动力学：基于计算经济学的研究》，《管理科学》，2007（8）。

80. 谢庆芝、王幼君：《NBA 经营策略探析》，《商场现代化》，2005（12）。

81. 胥莉：《中国银行卡产业的联网通用与国际化发展：基于双边市场理论框架的研究》，上海，上海人民出版社，2007。

82. 胥莉、陈宏民：《美国和日本信用卡产业的比较研究》，《国际金融研究》，2004（8）。

83. 胥莉、陈宏民：《中国银行卡组织运作模式的福利分析》，《世界经济》，2005（6）。

84. 胥莉、陈宏民：《银行卡定价理论的新进展》，《中国工业经济》，2006（6）。

85. 胥莉、陈宏民：《具有网络外部性特征的企业定价策略研究》，《管理科学学报》，2006（12）。

86. 胥莉、陈宏民：《基于不同市场结构的银行卡组织绩效研究》，《管理工程学报》，2007（3）。

87. 胥莉、陈宏民、林采宜：《国外银行卡 POS 交易价格形成机制及其启示》，《国际金融研究》，2006（8）。

88. 胥莉、陈宏民、吕艳：《从银商之争看我国银行卡产业的垄断与竞争》，《经济理论与经济管理》，2004（10）。

89. 胥莉、陈宏民、潘小军：《消费者多方持有行为与厂商的兼容性选择：基于双边市场理论的探讨》，《世界经济》，2006（12）。

90. 胥莉、陈宏民、潘小军：《商业银行信用卡市场策略研究》，《系统工程学报》，2007（2）。

91. 胥莉、陈宏民、孙武军：《商户受理银行卡支付方式的策略性行为研究》，《系统工程理论方法应用》，2005（6）。

92. 徐晋：《平台经济学》，上海，上海交通大学出版社，2007。

93. 徐晋、张翔建：《平台经济学初探》，《中国工业经济》，2006（5）。

94. 徐康宁、邵军：《自然禀赋与经济增长：对“资源诅咒”命题的再检验》，《世界经济》，2006（11）。

95. 徐昕：《东部沿海中小城市体育赛事效应探析》，《企业经济》，2007（2）。

96. 许永刚：《中国竞技体育制度创新中政府与垄断问题研究》，苏州大学博士论文，2004。

97. 许永刚：《体育产业与政府垄断问题研究》，《北京体育大学学报》，2006（7）。

98. 杨新生等：《基于产业发展理论谈影响体育产业发展因素》，《商场现代化》，2007（4）。

99. 姚颂平等：《上海举办国际体育大赛的外部及内部因素分析》，《上海体育学院学报》，2004（10）。

100. 叶庆晖：《体育赛事运作研究》，北京体育大学博士论文，2003。

101. 易余胤：《网路外部性下领导企业的管理激励研究》，《统计与决策》，2007（23）。

102. 殷醒民、刘修岩、贺小海：《垄断企业网络外部性产品定价策略研究》，《产业经济研究》，2006（6）。

103. 于静等：《对NBA中国赛产品定位的研究》，《北京体育大学学报》，2005（11）。

104. 余守文：《体育赛事产业对城市竞争力的影响》，复旦大学博士论文，2007。

105. 郁义鸿、管锡展：《产业链纵向控制与经济规制》，上海，复旦大学出版社，2006。

106. 岳中刚：《双边市场的定价策略及反垄断问题研究》，《财经问题研究》，2006（8）。

107. 昝胜锋：《体育赛事与电视平台互联问题实证研究——基于 NBA 的统计数据》，《体育与科学》，2011（1）。

108. 昝胜锋、顾江：《体育赛事产品差异化：以 NBA2007 中国赛为例》，《武汉体育学院学报》，2008（3）。

109. 昝胜锋、顾江、郭新茹：《产品差异化条件下的体育赛事定价策略研究》，《体育与科学》，2008（7）。

110. 昝胜锋、顾江、梁君：《NBA 进入中国市场策略分析：基于双边市场理论的视角》，《成都体育学院学报》，2008（8）。

111. 昝胜锋、朱文雁、顾江：《双边市场视角下的体育赛事差异化竞争策略》，《体育与科学》，2008（7）。

112. 张春萍：《中国都市体育竞争力研究》，《天津体育学院学报》，2006（4）。

113. 张晓明、夏大慰：《开放平台与所有权平台的竞争：网络效应与策略选择》，《中国工业经济》，2006（12）。

114. 张鑫：《浅谈体育赞助对我国企业发展的影响》，《金融经济》，2005（5）。

115. 张新萍：《对 2008 北京奥运会后中国体育改革走向的研究》，华南师范大学博士论文，2006。

116. 张赞：《基于零售商垄断势力的纵向约束：一个经济分析框架》，《财经问题研究》，2006（3）。

117. 赵和旭、鲁耀斌：《基于网络外部性的电信运营业竞争特性研究》，《合肥工业大学学报》，2007（8）。

118. 赵红梅、刘正韬：《限制体育隐形市场行为之理论与对策研究》，《体育科学》，2007（2）。

119. 赵彦云等：《中国文化产业竞争力评价与分析》，《中国人民大学学报》，2006（4）。

120. 钟德强、仲伟俊：《Bertrand 竞争下异质产品企业委托授权与横向兼并效应分析》，《系统工程理论与实践》，2005（10）。

121. 周良君：《上海市体育竞赛表演业国际竞争力研究》，《体育科学》，2006（9）。

122. 朱国华、李雪静：《基于双边市场理论的期货交易所竞争策略》，《上海金融》，2007（6）。

123. 朱文雁：《赞助商选择与体育赛事竞争》，《武汉体育学院学报》，2009（12）。

124. 朱振中、吕廷杰：《双边市场理论研究综述》，《经济学动态》，2006（2）。

125. 朱振中、吕廷杰：《双边市场经济学研究的进展》，《经济问题探索》，2005（7）。

126. 朱振中、吕廷杰：《兼容性经济学研究的进展》，《中国工业经济》，2004（9）。

127. 朱振中、吕廷杰：《具有负的双边网络外部性的媒体市场竞争研究》，《管理科学学报》，2007（12）。

双边市场：陪我从体育产业到文化产业[①]（代后记）

值此《体育与科学》杂志入选国家社科基金首次资助计划暨核心期刊二十周年纪念庆典之际，首先要表达我内心深处对《体育与科学》杂志的热烈祝贺、无限敬意和衷心感谢。实事求是地讲，六年来我个人所取得的学术进步，与《体育与科学》杂志的支持与厚爱息息相关，紧密相连。

一、2006 年：我进入体育产业研究领域

2006 年 4 月底，我接到了南京大学商学院的博士录取通知，所学专业是产业经济学。那个时候，我对所学还是懵懵懂懂。我的导师顾江先生年轻风趣，他从 1998 年在美国做访问学者开始，专注于文化产业的制度改革、产业成长及企业战略研究，回国后陆续创办了南京大学文化产业发展研究所、《文化产业研究》集刊、南京大学国家文化产业研究中心，主持了中国首个文化产业方向的国家社科基金重大招标项目，是中国文化产业领域最为著名的经济学专家。

顾江先生在博士阶段就将产业经济学的前沿理论应用在具体产业的研究中。那个时候，北京奥运会世人瞩目，姚明在美国 NBA 的地位如日中天。我们探讨，能否将产业组织的最新理论应用在体育产业的研究方向上，因为体育产业是文化产业的一个重要支脉。可以说，顾江先生严谨的治学态度，务实进取的研究取向，以及创新求是的科研精神，为我营造了一种良好的学术氛围，潜移默化地使我领会了基本的经济学思考方式，掌握了通用的经济学研究方法，接受了全新的思想观念，这些宝贵的财富使我顺利开始了对体育产业的全新研究。最新的理论和研究方法，使我在体育产业领域的研究如鱼得水。很快，我的成果开始集中涌现。

① 原载《体育与科学》2012 年总第 200 期增刊。

二、2008 年：我在《体育与科学》上发表文章

2008 年我相继发表了若干篇关于体育产业的文章，散见于当时顶级的体育类期刊上；并开始担任某体育期刊的专栏作者，评论体育经济现象。其中，尤以《双边市场视角下的体育赛事差异化竞争策略》令我印象最为深刻，这篇文章发表在《体育与科学》2008 年第 7 期。

当时，还很少有人用前沿的经济学理论来研究体育产业，因为有太多的热门经济现象需要大家关注。我切入这个领域，是我的幸运。我在这条道路上越走越通畅，与程志理先生对我的莫大关心和勉励有着重要关系。当时，我与《体育与科学》主编程志理先生还未相知，但闻其声。关于我的文章，我们通了若干次电话。针对我文章中的表格，他提出了相当规范的建议和意见，而这促使我对自己严格要求，务求学术规范和严谨。而他对于新的理论、新的研究方法的敏感和执著，让我感叹，有这样一位敬业、专业的编辑，此刊光明的未来可期。

双边市场是当时国外产业组织理论研究的热点之一。在我的解读里，体育赛事实质上是一个由赞助商、赛事和观众组成的双边市场。将双边市场理论和产品差异化结合起来，分析体育赛事中的企业策略性定价行为及其对市场各方的影响，就是我的文章《双边市场视角下的体育赛事差异化竞争策略》分析的重点。

三、2011 年：我在《体育与科学》上发表文章

2009 年，我完成博士论文《体育赛事产业双边市场竞争研究》顺利毕业，并来到山东大学中国文化产业研究中心工作，继续从事体育产业、文化产业的学术研究。这一年的 9 月份，我与程志理先生终于得见。他是来参加第十一届全运会“聚焦全运：体育·文化·产业济南论坛”的论坛活动的，这是全运会首次举办的学术文化论坛。程志理先生的演讲《市场经济下中国体育走向给予全运会的启迪》，令我印象深刻，因为和我的研究方向契合。蓦然回首，这次际遇令我们终生相知。

我开始在文化产业和体育产业之间寻找研究的契合点。我尝试将体育赛事与媒体平台结合起来，试图发现二者共生共荣的规律。“现代科学技术的发展，特别是电视的普及，使职业竞技体育服务产品生产与消费的空间一致性制约正在被打破。”（杨年松，2003）一场精彩的体育赛事可以通过电视、网络等媒体向世界各地数以亿计的人们进行现场直播，如伦敦奥运会期间，世

界上200多个国家和地区的几十亿人坐在电视机前收看了这一赛事。我认为体育赛事服务产品是生产和消费合一的现场体验过程，尽管现在的科学技术可以实现现场直播和转播，但其不同于体育赛事本身，电子信号充其量是体育赛事服务产品的一种衍生产品。

2011年1月，我的文章《体育赛事与电视平台互联问题实证研究——基于NBA的统计数据》发表在《体育与科学》2011年第1期上。在双边市场理论中，互联互通是一个非常重要的课题。体育赛事从单边市场过渡到双边市场阶段、双边市场结构巩固阶段，进入到赛事平台互联互通阶段，即由双边市场向三边市场甚至多边市场发展，形成更为复杂而牢固的商业生态系统，进一步增强体育赛事的影响力和竞争力。

四、2012年以来：我的学术视野

如今，我依旧行进在文化产业、休闲产业、体育产业研究的道路上，并且在文化产业领域中有了更深刻、更广泛的认知。中心的事务很多，但偶有空闲，我就翻看《体育与科学》，其中的美文时常令我豁然顿悟、茅塞顿开，让我的研究少走很多弯路，平添诸多灵感。

如今，借鉴将产业经济学理论与文化产业具体实践结合的思路，我把研究触角延伸到文化产业的新业态——文化和体育的交叉领域。随着互联网信息技术的日益发达，双边市场应用日益广泛，如电视传媒、银行卡系统都是典型的双边市场；很多传统的产业不断被改造成新型的双边市场形式，如电影媒体平台、B2C电子商务、门户网站等。

比如，我开始关注体育赛事的现场广告，我把它视为一种平台内的嵌入式广告。嵌入式广告将产品或品牌及其代表性的视觉符号乃至品牌理念，策略性地融入体育媒介内容之中，构成了观众真实看到或通过联想所感知到的传播内容，以此将商品或品牌信息传递给观众，从而达到营销目的。其最大的特点就是将广告融入体育赛事内容之中，广告做得不像广告，让观众在没有任何戒备心理的情况下悄然接受。嵌入式广告的核心不是体育媒体平台的空间，而是创意，是使商品、品牌与赛事的各类资源水乳交融的创意。

赛事产品与赛事广告同理，只有理解文化暗合的神韵和精华，并将其融入到体育赛事的内容当中，微妙地满足观众消费者的心理诉求，才能打造真正的体育赛事精品。如此，将文化内涵暗合、技术变迁、现代商业模式紧密结合起来的体育文化产业，就能从一个大众化的批发市场转向一个多元化、大规模的现代服务市场，使文化消费和服务的范围不断扩大，体育文化产品的价格进一步降低，商品的客户适用面进一步扩张，更多的文化价值和技术元素被嵌入。

时光如水，日月如梭，六年的时光犹如人生旅途划过的一颗璀璨的流星，有太多的人和事值得回忆，也有太多的经验值得我总结和汲取。正值壮年的《体育与科学》，仍将陪伴我继续前行。

我在写作《体育赛事双边市场构建与竞争研究》一书的过程中，得到了山东大学中国文化产业研究中心主任王育济先生、山东大学历史文化学院院长方辉先生的大力支持和精心指导。在我的学术研究和个人成长道路上，文化部文化产业司刘玉珠司长、吴江波副司长，中华文化促进会王永章副主席，南京大学国家文化产业研究中心顾江主任，中国传媒大学文化发展研究院范周院长，云南大学文化产业研究院李炎院长，深圳大学文化产业研究院李凤亮院长，北京大学文化产业研究院向勇副院长，上海社科院文化产业研究中心花建主任，中国人民大学文化创意产业研究中心金元浦主任，上海交通大学文化产业系胡惠林教授、人文学院单世联副院长、文化产业系李康化副主任等给予了我不少的启发和鼓励。

山东大学中国文化产业研究中心唐月民教授、朱伟博士、邵明华博士、张瑞博士、何振科博士，学术研究部李翠萍、创意设计部李娇，博士研究生曹晋彰、章军杰、陈东等参与整理思路、查找资料和检索文献，做了大量基础工作。过去几年中心的学术研究和课题规划取得了非常大的进步，离不开核心团队每一个成员的努力。福建人民出版社的领导和编辑为本书的出版给予很多帮助，在此对他们表示深深的谢意。

同时，本书还是山东省社科基金青年项目“山东省文化资源评估与文化产业评价机制研究”（项目号 09DJGJ01）和山东大学自主创新基金青年团队项目“文化创意产业：内生增长与区域协同研究”（项目号 11080083399036 ）阶段性成果。期待本书能够成为产业经济学理论研究与文化产业实践经验的完美结合，成为我对文化产业商业运营进行系统思考的又一阶段性成果。期待业界同仁在工作间隙翻阅品读之时，能从书中找到一些共鸣，这是我最大的心愿。

山东大学　昝胜锋

2013 年 10 月 10 日